Klaus-Peter Brinkhoff, Hans-Gerhard Sack
Sport und Gesundheit im Kindesalter

Kindheiten

Herausgegeben von Imbke Behnken
und Jürgen Zinnecker

Band 15

Die Herausgeber der Reihe „Kindheiten“ wollen der Kindheitsforschung mit verlegerischen Mitteln einen Ort wiedergewinnen, an dem sie sich sammeln und von dem aus sie in die aktuellen Diskurse eingreifen kann. Es gilt, in lesbarer Form eine Summe der gegenwärtigen Schwerpunkte von Kindheitsforschung zu geben. Dabei sollen die Erkenntnismittel und das Ethos zur Geltung gebracht werden, die den Sozial- und Kulturwissenschaften zur Verfügung stehen. Bloßes Meinen, wertbeladenes Urteilen und mythologisches Reden werden mit kritischer Analyse, empirisch hermeneutischen Verfahren und einer Haltung engagierter Distanz konfrontiert.
Der Titel „Kindheiten“ verweist darauf, daß es um die wissenschaftliche Erschließung von kindlichen Lebenswelten an unterschiedlichen Orten und in verschiedenen Zeiträumen geht. Der Wandel von Kindheit in Lang- und Kurzzeitperspektive interessiert hier ebenso wie der Vergleich soziokultureller Umwelten von Kindern in der Gegenwart. Der Plural bezieht sich auch auf Untersuchungsverfahren, Wissenschaftsdisziplinen und Fragestellungen. Kindheit erscheint in einem anderen Licht, wenn der Darstellung eine Fallstudie oder ein Kindersurvey, eine psychologische oder eine kulturwissenschaftliche Fragestellung zugrundeliegen.
Ungeachtet dieser pluralen Perspektiven möchten die Herausgeber ein Gemeinsames der hier vertretenen Kindheitsforschung herausstellen. Kindheit wird als wechselseitige Beziehung zwischen heranwachsenden Personen und ihren sich wandelnden soziokulturellen Umwelten aufgefaßt. Das heißt, Kindheit als gesellschaftliche Institution und Kindheit als Teil des Lebenslaufes - als Entwicklung, Lernerfahrung und Biografie - sind gleichberechtigte Themen der Forschung. Wichtiger noch und zugleich schwieriger in die Praxis umzusetzen: Kinder nicht nur als Opfer gesellschaftlicher Umstände, sondern auch als Handelnde und Mitgestaltende soziokultureller Umwelten sichtbar werden zu lassen.
Die Herausgeber hoffen, daß die Reihe dazu beiträgt, unser Wissen um und unser Verständnis für Kindheit zu einem ernstzunehmenden Bestandteil des Diskurses um die risikovolle Zukunft der Moderne werden zu lassen.

Klaus-Peter Brinkhoff, Hans-Gerhard Sack

Sport und Gesundheit im Kindesalter

Der Sportverein im Bewegungsleben der Kinder

Juventa Verlag Weinheim und München 1999

Die Autoren

Klaus-Peter Brinkhoff, Jg. 1960, Dr. phil., ist Professor am Institut für Sportwissenschaft der Universität Stuttgart.
Seine Arbeitsschwerpunkte sind Sportsoziologie und Sportpädagogik.

Hans-Gerhard Sack, Jg. 1943, Dr. phil., ist Professor am Institut für Sportwissenschaft der FU Berlin.
Sein Arbeitsschwerpunkt ist die Sportpsychologie.

Die Deutsche Bibliothek - CIP-Einheitsaufnahme

Brinkhoff, Klaus-Peter:
Sport und Gesundheit im Kindesalter : der Sportverein im Bewegungsleben der Kinder / Klaus-Peter Brinkhoff ; Hans-Gerhard Sack. - Weinheim ; München : Juventa Verlag, 1999
(Kindheiten ; Bd. 15)
ISBN 3-7799-0205-2

Umschlaggestaltung: Atelier Warminski, 63654 Büdingen
Umschlagfoto: Wolfgang Schmidt, Ammerbuch
Printed in Germany

ISBN 3-7799-0205-2

Vorwort

Seit ARTUS Studie „Jugend und Freizeitsport" (1974, Daten von 1967) haben Jugendsportuntersuchungen eine gewisse Tradition erlangt. Systematisch erhobene, ausreichend repräsentative sozialwissenschaftliche Daten zum Kindersport fehlen jedoch in der Bundesrepublik Deutschland, und nicht nur in diesem Land. Das hat vor allem methodische - Kinder sind mit dem herkömmlichen Instrumentarium des Fragebogens nur schwer zu beforschen -, aber auch inhaltliche Gründe: das (sport)wissenschaftliche Interesse an der modernen Kindheit ist vergleichsweise neu.

Daher haben wir in der Studie *Kindheit, Jugend und Sport in Nordrhein-Westfalen* zum ersten Mal den Versuch unternommen, eine repräsentative Stichprobe von Kindern (über 1200) differenziert zu ihrem Sportengagement und damit verbundenen Lebensbezügen mit einem standardisierten Fragebogen (über 100 Items) zu befragen. Da die Integration der beiden Altersgruppen Kindheit (8 bis 11 Jahre) und Jugend (12 bis 19 Jahre) die zwar bekannten, aber doch unterschätzten auswertungstechnischen Schwierigkeiten bereitete, wurde der Kinderdatensatz in der Veröffentlichung der oben genannten Studie nur in kleinen Ausschnitten ausgewertet. Mit dieser Veröffentlichung wollen wir alle Kinderdaten dieser Studie präsentieren. Diese Daten bieten denn auch den Kern der vorliegenden Arbeit; er bezieht sich auf die Bewegungs-, Spiel- und Sportaktivitäten von Kindern, den Sportverein und sein Umfeld sowie die Gesundheitsleistungen des Sports und des Sportvereins.

Darüber hinaus wollen wir mit unserer Veröffentlichung einen systematischen Überblick über aktuelle Ansätze und Ergebnisse der (sport)sozialwissenschaftlichen Kindheitsforschung geben - eine Ergänzung zu jenem Überblick, den SCHMIDT (1997) publizierte. Die damit verbundene Entfaltung der Thematik fördert die Einordnung bisher vorliegender kleinerer sportwissenschaftlicher Studien zum Thema als auch die der oben genannten Nordrhein-Westfalen-Studie von 1992. Und schließlich sollen anhand des Überblicks theoretischer Ansätze Widersprüche und unerforschte Gebiete in der empirischen sportwissenschaftlichen Arbeit zum Thema Bewegung, Spiel und Sport im Kindesalter sichtbarer werden.

Diese Veröffentlichung kommt im Vergleich zum Zeitraum der Datenerhebung spät, aber wohl nicht zu spät: Denn wir schätzen den sozialen Wandel in der Kinder- und Kinderbewegungswelt nicht so rasant ein, daß fünf Jahre alte Wissens- bzw. Datenbestände heute bereits überholt sind. Die zeitliche Verzögerung ist den schwierigen Arbeitsbedingungen, auch den finanziellen, in der modernen sportwissenschaftlichen Landschaft unseres Landes geschuldet.

Unser Dank gilt zunächst jenen, die uns bei der wissenschaftlichen Arbeit in der Datenverarbeitung unterstützten, Herrn Jens Eisermann und Herrn Christian

Kämper, dann Herrn Reinhard Urbanke, der mit bekannter Geduld und Akribie die Herstellung von Teilen des Textes einschließlich des Layout besorgte. Außerdem möchten wir uns noch bei den Mitarbeitern André Gogoll, Uwe Gomolinsky und Wolfgang Schweins für ihre Mitarbeit bei den statistischen Berechnungen, Textgestaltung und Endredaktion bedanken. Und schließlich danken wir der Sportabteilung des Nordrhein-Westfälischen Kultusministeriums für die Unterstützung bei der Datenerhebung und die Überlassung der Daten.

Stuttgart/Berlin, im Oktober 1998

Klaus-Peter Brinkhoff/Hans-Gerhard Sack

Inhalt

1. Einleitung: Stand der Forschung

1.1 Kindsein ist kein Kinderspiel

In den letzten Jahren hat die nicht immer unumstrittene Rede von der industriellen Risikogesellschaft[1] deutlich an Popularität gewonnen (vgl. BECK, 1986; LUHMANN, 1991). Durch vielfältige sehr unterschiedliche Ereignisse und Tatbestände gewinnt dieser Beschreibungsansatz immer mehr an Realitätsnähe. „In der entwickelten Moderne, die angetreten war, um die Beschränkungen durch Geburt aufzuheben und den Menschen über eigene Entscheidung und Leistung eine Stelle im gesellschaftlichen Gefüge zu eröffnen, entsteht ein neuartiges *askriptives* Gefährdungsschicksal, aus dem es bei aller Leistung kein Entrinnen gibt“ (BECK 1986, 8). Risikogesellschaft ist heute eine Chiffre dafür geworden, daß „Wirklichkeit in zunehmendem Maße nach einem Schematismus von Sicherheit und Gefahr kognitiv strukturiert und wahrgenommen wird“ (LAU 1989, 418).

Vor dem Hintergrund wohlfahrtsstaatlicher Modernisierungsprozesse vollzieht sich der rasche Wechsel von der Logik der Grundversorgungs-Verteilung in der Mangelgesellschaft zur Logik der Risiko-Verteilung in der entwickelten Gesellschaft. Nicht mehr Knappheit, sondern Überfluß und Optionsvielfalten bestimmen die alltäglichen Erfahrungen eines Großteils der Menschen. Nicht mehr Versorgung, sondern Entsorgung von existentiellen Risiken und psychosozialen Belastungen wird zum gesellschaftlichen Problem und zur großen sozialpolitischen Herausforderung.

Eine Vielzahl von neuen psycho-sozialen Belastungen entsteht, die die Handlungs- und Bewältigungskompetenzen der Individuen oftmals überfordert. Diese Dysbalance von Handlungskompetenz und Handlungsanforderung wird vom Individuum in der Regel als belastend empfunden. In der Belastungs-, Streß- und Risikoforschung hat sich zur begrifflichen Erfassung für diese äußerst vielschichtige Konstellation von spezifischen Belastungsformen und -situationen der Terminus „Streß” durchgesetzt. Streß ist mittlerweile ein universelles Phänomen, ein - wie es scheint - unvermeidlicher Aspekt des täglichen Lebens, der nur manche Individuen häufiger, intensiver und substantieller trifft. Der zentra-

[1] NIKLAS LUHMAN bringt es auf eine einfache Formel: „Wie begreifen wir unsere Gesellschaft, wenn wir aus dem Risiko, das einst nur Seefahrer, Pilzsammler oder sonstige, sich selbst einem Wagnis aussetzende Gruppen betraf, ein universelles Problem machen, das weder zu vermeiden noch zu umgehen ist?“ (LUHMANN 1991, 3).

len These folgend, daß Streß ein Modernisierungsrisiko postindustrieller Gesellschaften (BADURA/PFAFF 1989) darstellt und damit alltäglicher Bestandteil des Lebens ist, entstanden in der Vergangenheit in der Psychologie, Soziologie und Medizin eine Vielzahl von Studien, die Formen und Auswirkungen von Streß insbesondere bei Erwachsenen und neuerdings auch bei Jugendlichen untersuchten.

Demgegenüber wird Kindheit häufig immer noch als sorgenfreier und behüteter Schonraum betrachtet, in dem sich die Kinder frei bewegen können und unbeschwert aufwachsen. Doch diese sehr idealistische Vorstellung scheint immer mehr an Gültigkeit zu verlieren und muß stark relativiert werden. Auch „Kinder sind in ihrer Lebenswelt Gefährdungen und Risiken ausgesetzt - heute anders als in früheren historischen Epochen und in Europa anders als auf anderen Kontinenten“ (HURRELMANN 1993, 16). Insbesondere Kinder erleben in diesen Tagen in einer Dichte und Geschwindigkeit wie kaum eine andere Generation zuvor, daß sich die Bedingungen des Aufwachsens für sie verändern. Für sie gilt es, rapide Veränderungen ihrer Lebenswelt und ein Nebeneinander von immer weniger aufeinander abgestimmter *Sozialisationsagenturen* erfolgreich zu verarbeiten. Die dabei geforderten Synthetisierungsleistungen müssen sie in einer Zeitspanne erbringen, in der zugleich mit Nachdruck soziokulturelle Anpassungen, ökonomisch relevante Qualifizierung und individuelle Entwicklung verlangt werden. Diese veränderten Bedingungen des Aufwachsens bringen für einen Großteil unserer Kinder nicht nur neue *Lebenschancen*, sondern gleichzeitig auch eine Vielzahl von *Lebensbelastungen*, welche die Generation ihrer Mütter und Väter in dieser neuen Qualität nicht gekannt hat. Kindsein ist längst kein Kinderspiel mehr. Ehemals jugendtypische Problemlagen (z.B. Alkohol-, Nikotinkonsum, spezifische psycho-soziale Belastungen) verlagern sich in die Kindheit vor (HURRELMANN/KOLIP 1994). In der Wissenschaft und in den Medien ist die Rede von besorgniserregenden Defiziten an körperlicher Entwicklung, motorischen Entwicklungsstörungen, überzogenem Video- und Fernsehkonsum und einer Vielfalt von neuen psychosozialen Belastungen. Auch Kinder müssen sich mittlerweile ihren eigenen individuellen Weg bahnen im Spannungsdreieck von Optionsvielfalten, sozialökologischen Einschränkungen und sozialstrukturellen Ungleichheiten. Schnell ist die Rede von Orientierungs- und Werteverlust und dem Verschwinden von Kindheit (vgl. POSTMAN 1987; AANDERUD 1995).

Ein erster Blick in die einschlägige Fachliteratur offenbart gleich ein ganzes Bündel von möglichen Ursachen. Die Auflösung sozialer und religiöser Bindungen, Zerfall der Familien- und Nachbarschaftsstrukturen, Orientierungslosigkeit, Vereinzelung, zubetonierte Bewegungsräume, neue soziale Armut, das „gnadenlose“ Diktat eines hoch expansiven Kinderkonsummarktes und eine Vielzahl von neuen psychosozialen Belastungen werden pauschal dafür verantwortlich gemacht (vgl. GEULEN 1989; ROLF/ZIMMERMANN 1990; BERG 1991).

Doch was wissen wir tatsächlich über die Lebensbedingungen und Lebensrisiken unserer Kinder? Eine ehrliche Antwort kann nur lauten: Wir wissen sehr wenig! Welche Konsequenzen ergeben sich daraus für die wissenschaftliche Thematisierung der sich verändernden Lebensbedingungen von Kindern? Folgen wir nicht viel zu schnell einem unreflektierten populärwissenschaftlichen Pauschalurteil? An die Stelle von Krisensemantik, nachträglicher Idealisierung von Kindheiten in den fünfziger und sechziger Jahre („die Straßenkicker") und vorschnellen - schlagzeilenträchtigen - Generalisierungen bzw. Pauschalisierungen müssen differenzierte Analysen treten; denn die *Krisenkindheit* gibt es noch nicht. Zwischen städtischen Ballungsräumen und ländlichen Wohnregionen, zwischen Ober- und Unterschichten, zwischen „Arm" und „Reich", zwischen „Gebildeten" und „Ungebildeten", zwischen „Deutschen" und „Ausländern" existieren quantitative und qualitative Differenzen.

Die einheitlichen generalisierenden Bilder von Kindheit zerfallen. Es kommt mit der gleichzeitig milieuspezifischen Wahlfreiheit und der gestiegenen Selbstverantwortung sowie Entscheidungsnotwendigkeit nicht nur zu einem äußeren Pluralismus von Lebenslagen und -stilen, sondern auch zu einer inneren Differenzierung von Lebensentwürfen und Lebenschancen. Ein bisher weitgehend ignoriertes, aber immer stärker in den Fokus der Analyse drängendes Problem dieser Ausdifferenzierungsprozesse läßt sich mit den Stichworten „soziale Ungleichheit" und „neue Armut" umschreiben; denn mittlerweile ist es auch in bundesdeutschen Städten unübersehbar, daß sich Inseln der Armen herausgebildet haben, auf denen insbesondere Kinder überdurchschnittlich häufig vertreten sind. „Mehr als jedes zehnte Kind unter 15 Jahren lebt in Westdeutschland in einem Haushalt, der nach der EU-Norm arm ist, in Ostdeutschland ist es mehr als jedes fünfte Kind" (HANESCH et al. 1994, 143) - und die Zahl dieser Kinder nimmt weiter zu. In absoluten Zahlen bedeutet das: mehr als 1,22 Millionen Kinder in den alten und 0,73 Millionen in den neuen Bundesländern waren 1992 von Armut betroffen (DANGSCHAT 1996, 156). Differenziert man weiter zwischen deutschen und nicht-deutschen Kindern, so haben nicht-deutsche Kinder noch einmal ein doppelt oder dreifach so hohes Armutsrisiko zu tragen (vgl. ebenda, 157). Welche Konsequenzen dies für die individuelle Entwicklung und Sozialisation hat, kann heute nur erahnt werden. Doch man muß kein Hellseher sein, um zu antizipieren, daß derjenige, der bereits im Kindesalter die Erfahrung machen muß, nicht die volle Teilhabe zu genießen, materiell und ideell diskriminiert zu werden, deutlich hinter der Mehrheit zurückzustehen und beim Konsumwettbewerb stärker als andere verzichten zu müssen, mehr oder weniger heftige Reaktionen zeigt und spezifische Formen der Bewältigung wählt. Wichtige Sozialisationsschritte werden behindert, wenn hierzu kein Raum, kein Geld und keine soziale Unterstützung vorhanden sind.

Die Armutsforschung zeigt in diesem Zusammenhang sehr deutlich, daß „Kinder und Jugendliche mit einer als kurzfristig erwarteten und empfundenen Armut relativ gut umgehen und positive Lernerfahrungen machen können, während eine als langwierig befürchtete und erlebte Armut zur Verbitterung oder fatalistischen

Reaktionen führt" (ebenda, 170). Das konkrete Wissen um strukturell deutlich eingeschränkte Entwicklungs- und Sozialisationschancen führt nicht selten zu der typischen Erfahrungs- und Handlungskette: Streß zu Hause, geringe Lernmotivation in der Schule, Streß in der Schule, schulischer Mißerfolg, Orientierung an den Peers der Straße, abweichendes Verhalten, Gewalt, Kriminalität, Drogen, Arbeitslosigkeit und No-Future-Haltung.

Wie lassen sich - jenseits der zwangsläufig betroffen stimmenden Armuts- und Ungleichheitsproblematik - die konkreten Veränderungen zentraler Lebensbedingungen und Risiken im Kindesalter zunächst einmal umschreiben?

1.2 Wandel der modernen Kindheit: erste Trends

Blickt man auf die letzten drei Jahrzehnte zurück, so lassen sich folgende *Trends* in Hinblick auf Veränderungen der modernen Kindheit mit aller Vorsicht herausstellen, deren tatsächliche Erscheinungsformen und Ausprägungen im Einzelfall noch einmal sehr stark über die vielfältigen Lebensmilieus und die klassischen sozialen Determinanten (Schicht, Nationalität, Geschlecht, Siedlungsstruktur, Schulform) zu differenzieren sind (vgl. BRINKHOFF 1994):

Insbesondere die wohlfahrtstaatliche Modernisierung in der Nachkriegszeit hat dafür gesorgt, daß extreme soziale Ungleichheiten aufgehoben worden sind und zumindest ein Mindestmaß an Gleichheit bezüglich des Zugangs zu den materiellen Ressourcen (vgl. HURRELMANN 1991) und den damit unweigerlich verbundenen Lebenschancen (vgl. DAHRENDORF 1979) hergestellt wurden. Immer mehr Kinder sind heute in Hinblick auf Ernährung, Kinderzimmer, Spielzeug und Medien vergleichsweise gut ausgestattet und von einem mehr oder weniger effektiven *sozialpädagogischen „Airbag"-System* umgeben.

Der in breiten Bevölkerungskreisen erheblich gestiegene Lebensstandard und ein „noch" gut aufgespanntes soziales Sicherungsnetz führen dazu, daß ein Großteil der Kinder heute in einer von existentiellen Problemlagen weitgehend befreiten Erlebnis- und Konsumwelt aufwachsen. Gestern ging es noch um das „Stopfen der hungrigen Mäuler"; heute sind es die Gummibären und die „Milka-Lila Pausen", die der Volksgesundheit großen Schaden zuführen bzw. dem Gesundsheitssystem die „letzten Zähne" ziehen. Heute sind es einmal mehr die „Dinos", morgen irgendwelche anderen Tiere oder Traumgestalten aus Hollywood, die in den Kinderzimmern feste Größen darstellen. Die materielle Medienaufrüstung im Kindesalter schreitet voran. Medien bekommen stärker sozialisierende Funktionen. Allerdings klafft derzeit noch eine erhebliche Lücke zwischen dem tatsächlichen pädagogischen Verantwortungsbewußtsein der Medien und ihrer Spitzenvertreter und dem sich zweifelsohne in den letzten Jahren erheblich ausweitenden Sozialisationsmandat. Nicht nur in der Diskussion um Gewalt im Kindes- und Jugendalter ist zumindest im Kreis ausgewiesener Fachkollegen längst unstrittig, daß von den Medien in bezug auf spezifische Verhaltensformen und Verhaltensnormen eindeutig verstärkende

Impulse ausgestrahlt werden. Längst hat die sich insbesondere am Wochenende vollziehende mediale Reizüberflutung von bis zu 20 TV-Stunden der Kinder bei einem Großteil der Lehrer zu der schon sprichwörtlichen Rede vom „nervösen Montag" geführt. Konzentrationsschwäche, Ausdauermangel, Probleme der Sprachentwicklung und beim Erwerb der Schriftsprache kumulieren und stellen insbesondere die Lehrer in der Primarstufe vor neue pädagogische Herausforderungen.

Immer mehr Kinder erleben eine zweite Wirklichkeitsdimension. Es gehört mittlerweile zum Alltag von Kindern moderner Industriegesellschaften, sich die äußere Realität in zunehmendem Maße konsumierend und mediatisierend und jenseits pädagogischer Inszenierungen kaum noch durch in Eigentätigkeit gewonnene Primärerfahrungen anzueignen. Eine Vielzahl von spezifischen für die Entwicklung des Kindes ungemein wichtige materiale Erfahrungen gehen immer stärker verloren zugunsten einer medial aufbereiteten, standardisierten Second-Hand-Erfahrungs- und Wirklichkeits-Software. Es kommt zwangsläufig zu einer Parallelisierung von Reizüberflutung durch optische und akustische Sinneseindrücke und Unterstimulierung der Nahsinne und der Motorik. Zudem bekommen Kinder im zeithistorischen Vergleich immer früher und umfassender Zugang in die symbolische Welt der Erwachsenen. Bereits Zehnjährige haben aufgrund der umfassenden Entzauberung der Welt durch die Medien z.B. konkrete Vorstellungen von Sydney oder Tokio oder sind oftmals auch schon wahre Meister im Dechiffrieren verschiedener Sexualpraktiken. Insbesondere NEIL POSTMAN hat diesen Bruch der Grenzen zwischen den Generationen sehr kritisch herausgearbeitet. Die zunehmende Schwierigkeit der Statusunterscheidung ergibt sich für ihn aus der Entdifferenzierung der Wahrnehmungswelten durch Medien. Während Erwachsene in medial gesteuerte Juventalisierungsprozesse involviert sind, würden - so POSTMAN - Kinder und Jugendliche immer früher zu Erwachsenen. In der Tat scheinen Kinder heute kaum noch die pubertäre Schlüssellochposition einnehmen zu müssen, um Einblicke in die Erwachsenenwelt und ihre Sinndeutungen zu bekommen. Auch Kinder sitzen längst in der ersten Reihe. Andererseits, und dies scheint POSTMAN nicht zu sehen, erlaubt gerade das kulturell mittlerweile zugestandene hohe Maß an Informalität, das sich bspw. an der deutlichen Lockerung von Benimmregeln, dem Verzicht der Durchsetzung von Ordnungsstrukturen, wie z.B. Schönschrift und vielem mehr, zeigen läßt, kindliche Züge bis ins hohe Jugendalter hinein. Es entsteht also das Paradoxon, daß partielle Formen von Früherwachsenheit gleichzeitig mit Merkmalen gestreckter Kindlichkeit durchsetzt sind.

Auf dem Hintergrund des Massenkonsums höherer Bildung sind Kinder heute einem extrem hohen Bildungs- und Qualifikationsdruck seitens ihrer Herkunftsfamilie ausgesetzt. Von Karrierekindheit ist vielfach die Rede. Diese latente Belastung und die damit vielfach verbundene Überforderung von Kindern hat erhebliche Auswirkung auf ihre psychosoziale Befindlichkeit (vgl. ENGEL/HURRELMANN 1989). Höhere Bildung wird finanzierbar und zur *conditio sine qua non*. Um den Status der Herkunftsfamilie zumindest zu reproduzieren, gilt es möglichst früh einen komfortablen Platz im „Bildungskarussel" zu ergattern. Ökonomisch relevante Qualifizierungserfahrungen sowie das Kennenlernen von zunächst herkunftsfremden Kulturtechniken (Tennis-, Ballett- und Klavierunterricht) gehört zur umfassenden (bisweilen kindheitsvernichtenden) Karriereplanung „moderner" Eltern. Der dezente Charme der Bourgeoisie wird zum Massenartikel. Kinder werden auf diese Weise nicht selten zu Erfüllungsgehilfen der von den Eltern nie ganz aufgegebenen und nun auf die eigenen Kinder übertragenen Karriereträume. Die, die es nur gut meinen, wissen in vielen Fällen nicht, was sie tun.

Schule wird trotz erheblicher pädagogischer Bemühungen immer mehr zum Ort ökonomisch relevanter Qualifizierungen und Lebenschancen- und Statuszuweisungen. Bereits fünfjährige Kinder geben im Rahmen qualitativer Sozialforschung als ihre größte Angst an, „daß meine Schwester (8 Jahre alt) nicht versetzt wird". Familialer Leistungsdruck und die mit zunehmendem Alter steigende Angst zu scheitern, prägt mittlerweile den Schulalltag unserer Kinder. Noch nie war sie - die Schulbildung - so wertvoll wie heute. Noch nie stand das Schulsystem vor derartig großen gesellschaftlich induzierten Herausforderungen:

- Bekämpfung der zunehmenden Gewalt unter Kindern,
- Integration von ausländischen Kindern,
- Eindämmung ethnischer Konflikte,
- Maßnahmen gegen den wachsenden Anteil von verhaltensauffälligen Schülern,
- Rückgewinnung von Primärerfahrungen,
- Stärkung der Lese- und Konzentrationsfähigkeit,
- Ganztagsbetreuung,
- Leistungsdruck (über Eltern und schulisches Umfeld vermittelt).

Verstädterung[2], Ballungsräume, hohe Wohndichte, Spielen verboten, Eltern haften für ihre Kinder, das sind derzeit die gängigen Vokabeln, die die Rahmenbedingungen für ein sorgenloses Aufwachsen pointiert wiedergeben. Natürliche Spiel- und Bewegungsräume müssen wie selbstverständlich Verkehr und Wirtschaftsgebäuden weichen. Als unmittelbare Konsequenz dieser Entwicklung auf der *sozialökologischen Ebene* wächst ein Großteil der Kinder heute in verinselten und von der Erwachsenen (pädagogisch) vorstrukturierten Sozialräumen auf. Zu-

---

2 Die deutliche Zunahme des Wohnens in Hochhäusern und Großsiedlungen und gleichzeitig aber auch in Eigenheimen mit Garten und Spielwiese ist besonders hervorzuheben. Parallel dazu kommt es zu einer erheblichen Steigerung der Wohnungsgrößen, Verbesserung der hygienischen Ausstattung (Bad, WC längst nicht mehr auf dem Hof oder Etage), und dem - zumindest für die Mittelschichten - fast schon selbstverständlichen Kinderzimmer.

nehmende Trennung von Wohnen, Arbeiten, Einkaufen und Freizeitgestaltung erzeugten bereits bei den Eltern Verinselungsphänomene und damit die Substitution fester sozialer Bezüge durch funktionale, organisierte Beziehungen (BÜCHNER 1985, 81). Die Erfahrung spontaner, ungeplanter und natürlicher Begegnungs-, Bewegungs- und Spielerlebnisse außer Haus (auf der Straße, im Wald, in der Nachbarschaft) machen immer weniger Kinder. Stattdessen werden sie von Mama und Papa zu den in vielerlei Hinsicht „sinnvollen" wie auch hoch „selektiven" Kinder-Meetings gefahren. Sowohl die Form der sozialen Kontakte als auch die tätsächlichen Anlässe und Inhalte gemeinsamer Aktivitäten sind von der zumindest theoretisch noch verfügbaren (und Kindheit gleichermaßen konstituierenden) Idee des zweckfreien und ungeplanten Kinderspiels sehr weit entfernt.

Die ersten Konsequenzen dieser nicht „gelebten" oder auch „geschuldeten" Kindheit zeichnen sich bereits ab: Spezifische Formen von Früherwachsenheit und verfrühter Rationalisierung sowie (naiv-) wissenschaftlicher Durchdringung sind immer häufiger zu beobachten und führen nicht selten zu bis dahin für diese Altersstufe vergleichsweise untypischen psychosozialen Stressymptomen wie Magenbeschwerden, Kopfschmerzen, Nervosität, Tablettenkonsum.

Die wichtigsten Befunde im Überblick:

- 18% der Kinder im Grundschulalter sind öfter krank;
- 51% der Kinder leiden unter Kopfschmerzen;
- 47% haben häufiger Bauchschmerzen;
- 26% der Kinder geben an, „schlechte Träume" zu haben;
- immer mehr Kinder und Jugendliche verfallen sehr früh den sogenannten Suchtkrankheiten; 12% der Kinder haben bereits im Grundschulalter Erfahrungen mit Zigaretten gesammelt; 58% der Kinder haben schon Bier, Wein und/oder Sekt getrunken;
- ein wachsender Anteil von Kindern leidet unter erheblichen psychosomatischen Beeinträchtigungen, z.B. Nervosität und Unruhe, Konzentrationsschwierigkeiten und Schlafstörungen (vgl. KURZ/SACK/BRINKHOFF 1996).

Es kommt auch zu einem deutlichen Wandel familialer Einbindungsstrukturen und Interaktionsmuster. Folgt man dem Artikel 6 (Abs. 2) des Grundgesetzes: „Pflege und Erziehung der Kinder sind das natürliche Recht der Eltern und die zuvörderst ihnen obliegende Pflicht. Über ihre Betätigung wacht die staatliche Gemeinschaft", kommt man schnell zu der Einschätzung, daß *die Familie* längst aus der (Ver-)fassung geraten ist. Ein Blick auf die neueren Forschungsergebnisse der Familiensoziologie mag dies verdeutlichen:

Waren Anfang der 60er Jahre 3-4 Kind-Familien noch der Normalfall, zählt heute das sogenannte Einzelkind zumindest im statistischen Mittelwert (1,39) zur Realität moderner Industriegesellschaften. Die Bundesrepublik ist Spitzenreiter unter den geburtenschwachen Ländern der Erde. Etwa 25% aller Ehepaare haben in der

Zeit des Zusammenlebens überhaupt keine Kinder. Mittlerweile wachsen mehr als 85% aller Kinder in 1 oder allenfalls 2 Kind-Familien auf. Im Zuge von Emanzipationsbestrebungen, erheblich gestiegener materieller Ansprüche (das zweite Einkommen für den Mittelklassewagen, den Sommer- und Winterurlaub und den Ausbau des Wintergartens) und empfindlicheren Ich-Vorstellungen der Eltern erlebt eine wachsende Anzahl von Kindern das dauernde Jonglieren mit bisweilen auseinanderstrebenden Mehrfachambitionen ihrer Eltern. Konsequenz der Krise der Institution Familie:

- Immer mehr Kinder müssen die belastenden Ehescheidungen ihrer Eltern ertragen (mittlerweile wird jede dritte Ehe in der Bundesrepublik Deutschland geschieden);
- immer mehr Kinder wachsen bei alleinerziehenden Elternteilen (in der Regel bei der Mutter) auf;
- immer mehr Kinder insbesondere allein erziehender Mütter erleben erhebliche Existenz- und Orientierungssorgen, die durch unzureichende Versorgungsbezüge während der Berufstätigkeit des Elternteils, durch in der Regel niedriges Einkommen, potentieller Arbeitslosigkeit und Sozialhilfe verursacht werden;
- immer mehr Kinder erfahren ihren Alltag als einen durch den Zeitrhythmus und Zeitdruck ihrer Eltern vorstrukturierte Raum-Zeit-Einheit.

Die mittlerweile schon im Kindesalter einsetzende und nicht selten auch geforderte sehr frühe sozio-kulturelle Mündigkeit korrespondiert gleichzeitig mit erheblichen Gefährdungspotentialen. „Die hohen Quoten von Delinquenz, Kriminalität und Aggressivität bei Kindern und Jugendlichen sprechen hier eine deutliche Sprache wie die Zunahme des Alkohol- und Drogenkonsums, des Medikamentenmißbrauchs, der Fehlernährung, des Unfallverhaltens, die hohen Werte der Verbreitung von psychischen Auffälligkeiten und Störungen, die steigende Quote von versuchten und vollzogenen Selbstmorden sowie der hohe und wachsende Anteil von psychosomatischen Beschwerden und chronischen Krankheiten bei jungen Menschen" (HURRELMANN 1991, 2). In der Wahrnehmung der modernen medizinischen, psychologischen, soziologischen und pädagogischen Forschung werden diese normabweichenden Verhaltensweisen als spezifische bio-psychosoziale Spannungszustände interpretiert, die auf eine Vielzahl von Problemen verweisen, die Kinder und Jugendliche bei Aneignung der sozialen und dinglichen Welt sowie des eigenen Körpers haben.

Für Kinder und Jugendliche existieren heute hohe Freiheitsgrade sowie eine Vielzahl von Individualisierungschancen aber auch Individualisierungsrisiken, die durch die Lockerung von sozialen und kulturellen Bindungen erkauft werden. Vereinzelung in der Masse Gleicher und Enttraditionalisierung von Lebensschicksalen nehmen in erhöhtem Maße zu. Mit dem Bedeutungsverlust von Milieubindungen und Verwandtschaftssystemen ist dem einzelnen der feste Boden identitätsverbürgender Sozialkontakte und homogener Wertesysteme verlorengegangen. Nicht das Subjekt hört auf zu existieren, sondern der soziale „Leim“ kollektiver Identitäten verliert spürbar an Kraft. Das immer weitere Vordringen einer warenförmigen Massenkultur löst traditionale Wertorientierungen, Kulturtechniken und Freizeitaktivitäten in zunehmendem Maße aus den familialen Privatzonen und sozial-moralisch verbindlichen Milieus heraus und wird entsprechend fern(ab) von Familie oder Nachbarschaft „neu” organisiert.

Die wenigen (repräsentativen) empirischen Untersuchungen, die grundlegende Veränderungen der modernen Kindheit systematisch erfassen (DEUTSCHES JUGENDINSTITUT 1992; ZINNECKER/ SILBEREISEN 1996), zeigen eindeutig, daß die viel zitierte krisenhafte Entwicklung noch nicht flächendeckend die gesamte bundesrepublikanische Kindheit erfaßt hat. Vielmehr spricht vieles dafür, daß die derzeit inflationäre Zauberformel vom Krisenphänomen Kindheit eher als Trendaussage zu verstehen ist. Die systematische Erfassung der Entwicklungslinien, die mit dem Fortschreiten gesellschaftlicher Differenzierung und veränderten Bedingungen des Aufwachsens verbunden sind, ist entscheidend. Was heute einige Studien verkünden, kann kaum repräsentativ sein. In diesem Sinne ist die Rede von der Krise der Kindheit beides - exemplarische Gegenwartsdiagnose und Zukunftsszenario. Was wir dringend brauchen, sind sowohl theoretische Ansätze, die den Wandel der modernen Kindheit verstehbar machen, als auch empirische Befunde, die in der Lage sind, den mittlerweile extrem hohen Differenzierungsgrad von Lebenschancen und Lebensbedingungen unserer Kinder tatsächlich abzubilden (vgl. NAUCK 1993, 143-164).

1.3 Sozialisations- und streßtheoretische Annäherungen

Versteht man Kindheit als menschliche Existenzform in einer spezifischen Lebensphase, in der Erziehung die Ausbildung des Ichs und die Vergesellschaftung des Subjekts sicherstellen soll, induziert die Rede vom Wandel dieser Lebensphase gleichzeitig:

- eine Veränderung dieser spezifischen Existenzform,
- eine Veränderung der erzieherischen Formen,
- eine Veränderung der Bedingungen und Inhalte der Ausbildung des Ichs sowie
- eine Veränderung des Vergesellschaftungsmodus.

Es ist mehr als offensichtlich, daß eine derartige Sichtweise einen sehr engen Zusammenhang zwischen den Bedingungen des Aufwachsens unserer Kinder und gesamtgesellschaftlichen Entwicklungen unterstellt. Damit bietet sich gewissermaßen der Brückenschlag zu einem hochgradig reflexiven Sozialisationsmodell an, daß die Ausbildung des Ichs als einen „Prozeß der produktiven Aneignung von und aktiven Auseinandersetzung mit der äußeren Realität, als den materiellen und sozialen Lebensbedingungen, die die Umwelt als 'Lebensraum' bilden”, versteht (HURRELMANN 1986, 7).

Gemäß diesen Vorstellungen rezipiert das Individuum durch Interaktion und Kommunikation die soziale und materielle Umwelt und baut „eine innere psychische Repräsentanz der äußeren Realität auf" (HURRELMANN 1986, 11). Es entsteht so etwas wie ein *sozialer Kompaß* des Handelns, der sich mit seinen Feinausschlägen den sich ständig verändernden situativen Gegebenheiten anpaßt. Diese theoretische Vorstellung der Ausbildung des Ichs ist durch die Dialektik von produktiver aneignender Handlung und prägender Struktur der Umwelt gekennzeichnet.

Neuere Streßkonzepte könnten in diesem Zusammenhang eine wichtige Ergänzung für die moderne Sozialisationstheorie darstellen, weil sie die Analyserichtung stärker auf die Auseinandersetzung des Individuums mit der sozialen Umgebung und möglichen Belastungspotentialen konzentriert. Streßkonzepte versuchen, sowohl innerpsychische Prozesse von persönlichen Reaktionen zu analysieren als auch eine Verbindung mit diesen Reaktionen zu den sozialen Lebenslagen und Lebensbedingungen herzustellen. Eine Integration von Streßkonzepten in die moderne Sozialisationstheorie bietet sich konzeptionell zum einen an, weil neuere sozialisationstheoretische Forschungsansätze sehr darum bemüht sind, die komplexe lebensweltliche und biographische Interdependenz der Entstehung von sozialen und psycho-physischen Belastungen differenziert zu erfassen und in ihrem Entwicklungsverlauf genauer zu bestimmen.

Darüber hinaus - und dies scheint für unsere zentralen Fragestellungen sehr naheliegend zu sein - erfordert die subjektive Auseinandersetzung mit der „inneren" und „äußeren" Realität insbesondere im Kindes- und Jugendalter ein hohes Maß an Verarbeitungs- und Bewältigungskompetenz. Von gelingender Sozialisation im Kindes- und Jugendalter kann nur dann die Rede sein, wenn die mittlerweile strukturtypischen Verlockungen und Gefährdungen des Familien-, Schul- und Freizeitstresses erfolgreich verarbeitet werden.

Anders formuliert: Ob die Vielzahl von möglichen belastenden Situationen (z.B. familiale Belastungen, schulische Überforderung, soziale Isolation, Probleme beim Statusübergang usw.) schließlich in auffälliges Verhalten umschlägt, hängt maßgeblich sowohl von den individuellen Verarbeitungs- und Bewältigungskompetenzen als auch von den sozialen Ressourcen und sozialen Unterstützungsformen ab, auf die das Individuum bei der aktiven Auseinandersetzung mit Streß- oder Krisenphänomenen zurückgreifen kann (vgl. BUCHMANN 1983; MANSEL/HURRELMANN 1991).

In der streßtheoretischen Konzeption von PEARLIN (vgl. Kap. 6) wird die Symptombildung in Reaktion auf „Streß" als differenzierter Ablauf dargestellt, der viele Verlaufsformen annehmen kann. Personale Faktoren und spezifische Persönlichkeitsmerkmale werden mit sozialen Faktoren und Rahmenbedingungen verbunden. Dieser um Integration möglicher Beeinflussungsfaktoren bemühte Ansatz, der deutlich interdisziplinär ausgerichtet ist, besitzt für die moderne Sozialisationsforschung mit dem Schwerpunkt „Entwicklung im Kindes- und Jugendalter" große Anschlußfähigkeit. Insbesondere die erfolgreiche Bewältigung der Entwicklungsaufgaben im Kindes- und Jugendalter stellt die Heranwachsenden vor sozialstrukturell tief verankerte, massive Anpassungs- und Umstellungsleistungen. Es kann erst dann von erfolgreicher Bewältigung in der Regel synchron verlaufender Entwicklungsprozesse die Rede sein, wenn von dem Individuum die Phase des Übergangs zur notwendigen Umprogrammierung oder zum Neuaufbau des Verhaltensrepertoires genutzt wird.

Gelingt dies, stärkt es den Identitätsaufbau und das Selbstwertgefühl. Kommt es zu Überforderungen oder zu Fehlanpassungen, setzen Abwehr-, Ausweich-, Rückzugs-, Konflikt- und Aggressionsmechanismen ein, die schließlich zu deviantem Verhalten führen und/oder auch körperliche bzw. seelische Erkrankungen zur Folge haben. Gemäß aktueller sozialisationstheoretischer Rahmenkonzeptionen muß jeder Heranwachsende bei der Bewältigung dieser situations- und alterstypischen Aufgaben und Anforderungen als „produktiver Realitätsverarbeiter" verstanden werden. In jeder Stufe der Entstehung und Entwicklung von Abweichung, Auffälligkeit und Beeinträchtigung setzt ein dynamischer Such- und Sondierungsprozeß ein, der eine Neuorganisation der personalen und der sozialen Ressourcen mit sich bringt. Ob es zur Entstehung und Verfestigung von Auffälligkeit und Beeinträchtigung kommt, hängt von der *moderierenden Kraft* und der Wirksamkeit der personalen und der sozialen Ressourcen ab, die bei jedem Entwicklungsschritt eingesetzt werden.

1.4 Kindheitsforschung im Schatten von Jugendforschung

Versteht man Wandel von Kindheit als einen in gesamtgesellschaftliche Veränderungen eingebetteten Prozeß, dem die Kinder auf ihre Weise antworten und zu spezifischen Arrangements im Bereich öffentlicher Beziehungen führen, gilt es offenzulegen, nach welchen Kriterien dieser Wandel rekonstruiert wird. HURRELMANN hat im Rahmen sozialisationstheoretischer Modellbildung deutlich herausgestellt, daß aus methodologischen Gründen die Beschreibung und Analyse der Dialektik von individueller produktiver Aneignung der äußeren und inneren Realität selbst auf vier Ebenen erfolgen sollte (vgl. HURRELMANN 1986, 19/20):

(1) auf der Gesellschaftsebene,

(2) auf der Organisationsebene,

(3) auf der Interaktionsebene,

(4) auf der Ebene der individuellen psychisch-physischen Strukturen.

Auf der Grundlage dieses Analyserasters gilt es die Veränderung von Kindheit heute in ihrer spezifischen Dynamik und Interdependenz sowie ihren ebenenspezifischen Entwicklungsprozessen zu analysieren. Doch die Voraussetzungen dafür sind denkbar ungünstig. Sieht man von den klassischen Disziplinen der Kindheitsforschung[3] ab, muß man den Eindruck gewinnen, daß sich in *keiner der modernen sozialwissenschaftlichen Einzeldisziplinen* - im Gegensatz zur breit angelegten Jugendforschung - tatsächlich eine Tradition der Kindheitsforschung ausgeprägt hat. Während Jugend seit jeher aufgrund ihrer gesamtgesellschaftlichen präfigurativen Bedeutung im Rampenlicht der Öffentlichkeit steht und zahllose sozialwissenschaftliche Diskurse hat über sich ergehen lassen müssen, vollzieht sich Kindheit und Kindheitsforschung eher im Stillen[4]. Dem steht gegenüber, daß insbesondere in (erziehungs-)wissenschaftlicher und sozialpolitischer Perspektive verstärkte Forschungsanstrengungen mehr denn je geboten sind, um den erheblichen Folgen der veränderten Bedingungen des Aufwachsens durch den Bedeutungswandel von Familie, der Neudefinition elterlicher Rollenzuweisung und der Marginalisierung von natürlichen kindlichen Erfahrungs-, Spiel- und Bewegungsräumen usw. pädagogisch sinnvoll begegnen zu können.

Auch wenn wir in den letzten Jahren ein wachsendes gesellschaftliches wie auch sozialwissenschaftliches Interesse an Kindheit erleben, bleibt bis heute der Vorwurf bestehen, daß die Sozialwissenschaften in der Sozialberichterstattung, in der politischen Thematisierung von Kindheit, in der ökonomischen Thematisierung von Kindheit und in besonderem Maße bei der Konstituierung einer Soziologie der Kindheit nur sehr geringe Forschungsaktivitäten entfaltet haben.

Weitgehend vergessen wird die individuelle Perspektive des Kindes! Die Umstände, unter denen Kinder heute aufwachsen, werden in der quantitativ ausgerichteten empirischen Forschung (insbesondere in der Lebenslaufforschung) bisher im Sinne der Ursachenforschung eher zur Klasse der erklärenden Variablen gezählt. Die Erforschung des Lebens und der Erfahrungen von Kindern wurde, wenn überhaupt, auf wenige Felder beschränkt: Familie, Erziehung, Schule. Spezifische Kindheitserfahrungen, wie z.B. Ehescheidungen der Eltern oder auch zentrale Sozialisationsbedingungen, z.B. sozialer Status der Herkunftsfamilie, werden gemessen und ihr Einfluß auf vielfältige Bereiche, wie z.B. Bildungspartizipation, -erfolg, soziale und räumliche Mobilität oder auch Werte- und Normensystem untersucht. Die ahistorisch, individualistisch und teleologisch geprägte Rahmentheorie von Sozialisation und Entwicklung, die Kinder mehr durch ihr Werden als durch ihr Dasein definiert, hat andere sozialwissenschaftliche Zugangsweisen zu Kindheit und Erwachsenheit weitgehend verstellt (THORNES 1985, 695-696). Der endgültige Beweis für erfolgreiche Sozialisation scheint der gesellschaftlich konforme Erwachsenenstatus zu sein. Selbstverständlich ist die Perspektive durchaus von elementarer Bedeutung, doch ein entscheidender Nach-

---

[3] Wir denken dabei vor allem an die Kinderheilkunde, die Kleinkind- und Grundschulpädagogik sowie die pädagogische Psychologie, die Entwicklungspsychologie und nicht zuletzt die interdisziplinär angelegten Sozialisationsforschung.

[4] Die nicht unerheblichen methodologischen und methodischen Unsicherheiten bzw. Unwägbarkeiten (Wie „beforscht“ man Kinder?) führten in der Vergangenheit zu einem eher vorsichtigen Herantasten der Sozialwissenschaften.

teil dieser auf Erwachsenheit konzentrierten, antizipatorischen und zugleich auch teleologischen Forschungsperspektive liegt auf der Hand: das Interesse an Kindern und ihren spezifischen Lebenssituationen ist mehr vom Erwachsenen- als vom gegenwärtigen Kinderdasein geprägt.

Entsprechend haben die (vergleichsweise wenigen) Untersuchungen zur Kindheit in industriellen Gesellschaften mehr Ideen und Fakten über soziale Phänomene hervorgebracht als tatsächliches Wissen über das Wesen der modernen Kindheit. Dafür ist sowohl die gängige psychologische Lehrmeinung über Entwicklung im Kindesalter verantwortlich, „denn sie begreift Zeitlichkeit allein als natürliche Konstante, gewissermaßen als Flußbett der teleologischen Entfaltung des Kindes, als auch das soziologische Verständnis von Sozialisation, das die Gegenwart der Kindheit eher ignoriert und sich entweder an der Vergangenheit (Was ging schief in der Sozialisation?) oder an der Zukunft (Was sind Ziele der Sozialisation?)" orientiert (PROUT/JAMES 1990, 29).

Das Verhältnis der verschiedenen Forschungsansätze sollte nicht als ein Gegeneinander unterschiedlicher konkurrierender Forschungsperspektiven verstanden werden, sie sollten vielmehr komplementär zueinander in Beziehung stehen. Alle um das Verstehen von Kindheit bemühten Disziplinen könnten von dieser Vielfalt an Perspektiven profitieren. Doch bis dahin scheint es noch ein weiter Weg zu sein. Auf der einen Seite fehlt zwar eine eigenständige kindzentrierte Perspektive bei der Analyse von Lebensbedingungen und Lebensqualitäten von einzelnen Bevölkerungsgruppen fast vollständig, auf der anderen Seite heißt das aber nicht, daß Kinder als Variable keine Rolle spielen. Allen Berichterstattungsformen ist zunächst einmal gemein, daß das Kind grundsätzlich nur als ein Wert oder - statistisch formuliert - als Kovariable für andere, nämlich für Erwachsene, Eltern oder auch für die gesamte Gesellschaft, analysiert und interpretiert wird. Eine differenzierte Analyse der tatsächlichen Lebensbedingungen und Lebensqualitäten unserer Kinder steht allerdings weitgehend noch aus. In Abwandlung eines BRONFENBRENNER-Titels muß sich jeder Sozialwissenschaftler aber auch Sozialpolitiker die Frage gefallen lassen: Kümmert sich tatsächlich keiner um unsere Kinder? Was wir brauchen sind mehr kindzentrierte Forschungsansätze. Auch Kinder müssen - trotz aller forschungsmethodologischen und -methodischen Unsicherheiten - zu einer selbstverständlichen Zielpopulation für sozialwissenschaftliche Analysen von Lebensbedingungen und Lebensqualitäten werden. Wenn Kinder auch nur (bis auf wenige Ausnahmen und vielleicht in Zukunft) im wachsenden Maße indirekten Problemdruck produzieren und kaum Mitspracherechte besitzen, so muß ihnen mehr denn je das Grundrecht auf Gehör, auch in sozialwissenschaftlichen Studien, zugestanden werden. Von der Verwirklichung solcher Rahmenbedingungen ist die Forschungsgemeinschaft in der Bundesrepublik Deutschland noch weit entfernt.

1.5 Kindheitsforschung in der Sportwissenschaft

Auch die Sportwissenschaft tat sich in der Vergangenheit mit einer angemessenen Hinwendung zu dieser Problematik recht schwer. Neben einer Vielzahl von Arbeiten, die insbesondere in anthropologischer, entwicklungspsychologischer und psychomotorischer Perspektive die besondere Bedeutung von Spiel und Sport für die kindliche Welterfahrung und Entwicklung beschrieben haben (z.B. SCHERLER 1975; SUTTON-SMITH 1978; KURZ 1979; GRUPE 1983; 1992; ZIMMER 1981; 1992; EHNI/KRETSCHMER/SCHERLER 1985; BAUR 1989; DIETRICH/LANDAU 1990), existieren kaum neuere sozialwissenschaftliche Arbeiten, die den Wandel von Spiel-, Sport- und Bewegungskultur in der Kindheit systematisch untersuchen und theoriegeleitet interpretieren. Es gibt einige phänomenologische Ansätze oder auch vereinzelte Milieustudien, die jedoch eher heuristischen Wert besitzen.

Auch in der Sportwissenschaft scheint sich Kindheitsforschung eher im Schatten der sportbezogenen Jugendforschung abzuspielen; denn im Gegensatz zur Forschungssituation im Bereich Kindheit existiert in der Sportwissenschaft mittlerweile durchaus eine Tradition groß angelegter Jugend-Sport-Surveys. Ähnlich wie in der allgemeinen Jugendforschung werden sportbezogene Themen immer wieder diskutiert. Mittlerweile existiert eine Vielzahl von Untersuchungen, die die Bedeutung des Sports in der Alltagswelt von Jugendlichen untersuchen (SACK 1980; JUGENDWERK DER DEUTSCHEN SHELL 1985, SINUS-INSTITUT 1985, 110; OPASCHOWSKI 1987; KREUTZ 1988; ZINNECKER 1989; BRETTSCHNEIDER/BRÄUTIGAM 1990; SCHRÖDER 1991; BAUR/BRETTSCHNEIDER 1994; KURZ/SACK/BRINKHOFF 1996). Insbesondere die sportwissenschaftlichen Arbeiten scheinen dabei nicht ganz frei von Verwendungszwängen zu sein. Hohe Fluktuaktionsquoten in den Jugendabteilungen der Sportvereine, Kommerzialisierungsängste, neue Sportarten und neue sportbezogene Interessen und Bedürfnisse seitens der Jugendlichen ließen es notwendig und sinnvoll erscheinen:

- Jugend als mögliche *Quelle sozialer Probleme*, bspw. für den Fortbestand des deutsche Vereinswesen,
- Jugend als *Drehscheibe des Neuen* und Trendsetter neuer Entwicklungen und
- Jugend als *Seismograph* für grundlegende Veränderungen im gesamten Sportsystem

genauer zu analysieren. Zwangsläufig drängt sich bezüglich der inhaltlichen Ausrichtung der Forschungsaktivitäten auch hier der Eindruck auf, daß Jugend die Sportwissenschaft in dem Maße interessiert, wie sie sportpolitisch in Erscheinung tritt und traditionelle Institutionen des Sports und ihre Sportcodes in Frage stellt oder verändert. Je häufiger in der Sportpolitik, aber auch in der Sportwissenschaft über Jugend nachgedacht und geforscht wird, um so mehr scheint sich die Erwachsenenwelt und ihr etabliertes System von dezidierten Vorstellungen, Meinungen und Erwartungen über die eigene Zukunft Gedanken zu machen. Daß dabei Kindheitsforschung eingedenk aller methodologischen und methodischen

Probleme zwangsläufig zunächst einmal an den Rand gedrängt wurde, mag nicht sonderlich verwundern. Kinder haben eben keine Lobby und sind auch nur begrenzt Quelle sozialer Unruhe. Die detaillierte empirische Analyse der Erscheinungsformen, Bedingungen und psychosozialen Effekte von Spiel, Sport und Bewegung im Alltag von Kindern steht weitgehend noch aus. Die Studie „Kindheit, Jugend und Sport in Nordrhein-Westfalen" (KURZ/SACK/BRINKHOFF 1996) versucht - zumindest ein Stück weit - diese Lücke zu schließen und erste repräsentative Verbreitungsdaten über die Bedeutung von Spiel und Sport im Alltag von Kindern zusammenzutragen.

An dieser Stelle soll allerdings nicht verschwiegen werden, daß diese Studie nicht originär eine Kindheitsstudie darstellt, sondern insbesondere das Sportengagement von Jugendlichen untersucht. Insofern treten die Kinder auch in dieser Studie nur ein wenig aus dem Schatten der Jugendlichen heraus. Die Vor- und Nachteile einer derart angelegten Studie liegen eng beisammen. Eine ausschließlich auf die Lebensphase der Kindheit bezogene Untersuchung hätte im stärkeren Maße die Bedeutung von Spiel, Bewegung und Sport in der Alltagswelt von Kindern und ihre Bedeutung für die kindliche Entwicklung thematisieren können. Hier deutet sich ein großes Forschungsfeld an. Die Ausweitung auf die Jugendphase bietet hingegen die Gelegenheit, Entwicklungsverläufe des Sportengagements im Übergang von der Kindheit zum Jugendalter nachzuzeichnen und detaillierter zu bestimmen. So gesehen stellt die NRW-Studie einen ersten vorsichtigen Versuch dar, trotz vielfältiger Probleme einen ersten Überblick zu geben und repräsentative Verbreitungsdaten über das Spiel- und Sportengagement von Kindern zusammenzustellen.

1.6 Kindheit und Sport in Nordrhein-Westfalen 1992: eine repräsentative Studie

Im Auftrag des nordrhein-westfälischen Kultusministeriums wurde im Herbst 1992 von einer Gruppe von Wissenschaftlern der Universität Bielefeld und der Freien Universität Berlin eine repräsentative Studie zur Bedeutung des Sports im Kindes- und Jugendalter durchgeführt. Die Probanden waren ca. 3630 Kinder und Jugendliche der Jahrgangsstufen 3 - 13 (bzw. dritte Berufsschulklasse) aus ca. 70 nordrhein-westfälischen Schulen (aller Schulformen). Aus dieser Gesamtstichprobe von Kindern und Jugendlichen möchten wir im folgenden das Hauptaugenmerk auf die Teilstichprobe der von uns befragten 1205 Kinder des 3. und 5. Schuljahres lenken. Auf der Basis dieses Datensatzes soll die besondere Bedeutung von Spiel und Sport im Kindesalter genauer analysiert werden. Durch die Größe der Stichprobe und mit Hilfe des Einsatzes komplexer statistischer Analyseverfahren lassen sich aufschlußreiche Zusammenhänge hinsichtlich der Formen des Spiel- und Sportengagements, der Bedingungskonstellation des Spiel- und Sportengagements und der moderierenden Funktionen und sozialisatorischen Bilanzen des Spiel- und Sportengagements im Kindesalter herausarbeiten.

Der Sport - so die zentrale These der vorliegenden Studie - scheint auf vielfache Weise die Rolle eines Moderators sowohl in der sozialisationstheoretischen Perspektive der Entwicklungs-Belastung-Bewältigungsbeziehung als auch in der streßtheoretischen Perspektive der Streß-Krankheits-Bewältigungsbeziehung wahrnehmen zu können. Die Meta-Analysen von SCHLICHT (1994; 1995) belegen eindrucksvoll, daß hier vermutlich äußerst komplexe Zusammenhänge wirken, die nicht zuletzt aufgrund forschungsmethodischer Unzulänglichkeiten und Probleme erst am Anfang ihrer Aufklärung stehen. In sportpädagogischer Hinsicht hängt es zum einen von den institutionellen Rahmenbedingungen und zum anderen von der sportpraktischen Umsetzung ab, ob die moderierenden Potentiale des Sports voll zur Entfaltung kommen.

Sowohl die Datenerhebung als auch die Datenanalyse ist - im Sinne neuerer sozialisationstheoretischer Modellvorstellungen - als Mehrebenenanalyse (Individuum, Interaktion, Sportgruppe; Sportverein; Sportsystem) angelegt. Das Sportengagement wird auf drei unterschiedlichen Ebenen analysiert:

1. Welche spiel- und sportbezogenen Engagementsformen gibt es? Genauer: Wir untersuchen die vielfältigen Formen eines Sportengagements im Kindesalter (Intensitäts- und Häufigkeitsgrade und die Präferenz bestimmter Sportorte, Institutionen des Sports und Sportarten).

2. Welche Bedingungskonstellationen führen zum Spiel- und Sportengagement im Kindesalter bzw. begünstigen es? Genauer: Wir suchen nach Variablen bzw. Variablenkomplexen, die für das Spiel- und Sportengagement im Kindesalter explikativ sind.

3. Welche sozialen Funktionen und sozialisatorischen Effekte hat ein Sportengagement im Kindesalter? Genauer: Wir fragen nach der konkreten sozialisatorischen Bilanz; das meint die sozialen und pädagogischen Leistungen des Sports, die sich aus Variablen eines Sportengagements erklären lassen.

Folgende zentrale Fragestellungen versuchen wir zu beantworten:

1. Welche sportbezogenen Verhaltensweisen existieren im Kindesalter?

2. Wie sportlich aktiv sind unsere Kinder heute? Welche Sportformen, Sportarten und Sportgelegenheiten favorisieren sie heute?

3. Wie sind die Spiel- und Sportchancen unserer Kinder verteilt? Lassen sich noch heute soziale Ungleicheitsrelationen nachweisen?

4. Wovon hängt es ab (Familie, Schule, soziales Umfeld), ob sich Kinder langfristig an den Sport binden, den Weg zum Sport gar nicht finden oder allenfalls gelegentlich einmal mitmachen?

5. Welche Funktionen hat ein Engagement im Sport für die erfolgreiche Bewältigung von Entwicklungsaufgaben?

6. Welche moderierenden Potentiale gehen vom Sport für die erfolgreiche Bewältigung typischer Alltagsbelastungen (Schulstreß, Familienstreß, Freizeitstreß) im Kindesalter aus?
7. Existiert ein Zusammenhang zwischen Sportengagement und gesundheitsbezogenem Risikoverhalten im Kindesalter?
8. Welche Bedeutung hat der Übungsleiter als „Sportfachmann" und „alltäglicher Helfer" für Kinder?
9. Decken sich die sehr stark auf jugendkulturelle Trends und Szenen ausgerichteten Interessen und Bedürfnisse der Kinder mit den traditionellen erwachsenenorientierten Strukturen der Vereine?

2. Zur Methodik der Untersuchung

2.1 Entwicklung des Fragebogens

Die Entscheidung, das Sportengagement, das Verhältnis von Kindern zum Sport, mit dem Instrumentarium eines standardisierten Fragebogens zu erfassen, gehorchte weitgehend ökonomischen Erfordernissen. Denn in mehreren Serien von Interviews mit Vorformen des später zum Einsatz gekommenen Fragebogens machten wir negative Erfahrungen sowohl mit einzelnen Items bzw. Itemformulierungen sowie dem Fragebogen als Ganzem: (1) Nicht alle Kinder bemerken oder behalten die wesentlichen Punkte einer Frage. Beispiel: „Welche Sportarten betreibst Du in Deiner Freizeit, also nicht in der Schule und nicht im Sportverein?" Es gab in den Interviews Kinder, die die Frage erst mit Unterstützung beantworten konnten, u.a. weil sie mit der situativen Eingrenzung des Sporttreibens nicht zurechtkamen. (2) Kinder haben Probleme, in Kategorien von Institutionen zu denken. Beispiel: Wenn eine Lehrerin für einen Sportverein eine Turngruppe leitet, die in „ihrer" (!) Schulturnhalle übt, dann gibt es Kinder, die sehr lange brauchen oder es ohne Hilfe nicht schaffen, diesen Sport institutionell zuzuordnen - abgesehen davon, daß einigen Kindern die institutionellen Gegebenheiten unbekannt sind. (3) Kinder haben noch stärker als Jugendliche und Erwachsene semantische Probleme. Beispiel: Mit dem Wort „Badminton" können einige Kinder ebensowenig anfangen wie mit der Mehrdeutigkeit der Wörter „Freunde" oder „manchmal". Da viele nicht gerne selbständig interpretieren, was gemeint ist, fragen sie Nachbarn oder Autoritätspersonen - was nicht nur Zeit kostet, sondern eigene Antworttendenzen möglicherweise verfälscht. (4) Kinder haben oft einen anderen Zeithorizont. Beispiel: Die Frage nach der Regelmäßigkeit des Sporttreibens gestaltet sich insofern schwierig, als sie institutionell angebotenen Sport („montags um 4, donnerstags um 5") zwar noch abzählen können und den Einfluß der Schulferien relativieren, aber bei selbst gestaltetem Sport wird die „Abschätzung" der Häufigkeit ein sehr großes Problem. (5) Die Lesefertigkeit von Kindern, insbesondere solchen zu Beginn des 3. Schuljahrs, ist längst noch nicht routinisiert. Sie brauchen viel Zeit, und sie sind nicht belastbar, einen längeren Fragebogen zu bearbeiten. Die Reihe ließe sich fortsetzen.

Trotz aller Verbesserungen im Detail: Die ideale Lösung wäre das Einzelinterview mit standardisiertem Fragebogen gewesen; dies ließ sich jedoch aus Kostengründen nicht verwirklichen. Der von uns entwickelte Fragebogen für die Kinder des 3. und 5. Schuljahrs unterscheidet sich daher in mehrfacher Hinsicht von dem Jugendfragebogen der Kinder- und Jugendsportstudie Nordrhein-Westfalen (KURZ/SACK/BRINKHOFF 1996): (1) Er umfaßt ca. 125 statt ca. 350 Items; (2) die Zahl der vorgegebenen Antwortalternativen ist gering(er); (3) die Kinder sollten bei der Bearbeitung des Fragebogens durch den Lehrer und den Interviewer geführt werden.

Die Inhalte des Fragebogens ergaben sich auch aus den Themen des Forschungsauftrags des Kultusministeriums des Landes Nordrhein-Westfalen:

1. Die Einstellung ehemaliger Sportvereinsmitglieder zum Sportverein.
2. Die Einstellung jener Kinder (und Jugendlichen) zum Sportverein, die bisher noch nicht Mitglied im Sportverein waren.
3. Die sozialen Leistungen des Sportvereins für die heranwachsende Generation, insbesondere Sportkompetenz, Bindung an den Sport und Gesundheit.

Diese Themenstellungen wurden theoretisch und empirisch intensiv entfaltet und ausdifferenziert. Beispielsweise entwickelten wir eine Fülle von Hypothesen über die Leistung des Sportvereins in Hinblick auf Vermittlung sportiver Kompetenzen und Förderung sportlicher Interessen, Formen der sozialen Integration und Förderung der Gesundheit seiner Mitglieder. Darüber hinaus generierten wir Hypothesen über die Bedingungen und Folgen der Leistungen des Sportvereins. Bedingungen sind beispielsweise soziale Anregungen aus dem näheren und weiteren sozialen Umfeld, Folgen sind z.B. die Entwicklung sportiver Kompetenz, soziale Integration oder Stärkung des Selbstvertrauens. Die dafür relevanten theoretischen Hintergründe und Konzepte werden in den ensprechenden inhaltlichen Kapiteln entfaltet.

Danach wurden die zentralen Konzepte und Begriffe operationalisiert. Die Operationalisierung der meisten Konzepte und Begriffe geschah mit selbstkonstruierten Items. Viele „Sportitems" sind identisch mit jenen des Fragebogens der Fluktuationsstudie von 1978 in Hessen (SACK 1980) und des Fragebogens aus der Befragung von SCHLAGENHAUF 1973/74 (1977). Items für die Untersuchung des Gesundheitsstatus wurden teilweise wörtlich, teilweise sinngemäß aus den vergleichbaren Studien von HURRELMANN (1988), ENGEL/HURRELMANN (1989) sowie MANSEL/HURRELMANN (1991) übernommen. Die Verfahren selbst werden an den entsprechenden Stellen der Kap. 3 bis 6 vorgestellt.

Wie für die Jugendlichen wurden auch für die Kinder entsprechend ihrem Sportvereinsstatus drei Fragebogentypen entwickelt, die sich weitgehend überschneiden: Es sind die Fragebögen für die jetzigen, ehemaligen und (noch) Nie-Mitglieder im Sportverein. Darüber hinaus unterscheidet sich der Fragebogen für die Kinder des dritten Schuljahres von dem für die Kinder des fünften Schuljahres lediglich durch Items, in denen Schulnoten „genutzt" werden; da erstere diese noch nicht kennen, wurde entsprechend umformuliert oder auf diese Fragen verzichtet.

Der Kinderfragebogen enthält folgende Themenkomplexe und Items, die je nach Sportvereinstatus variieren - Jetzt-Mitglieder z.B. mehr Items als Nie-Mitglieder, Früher-Mitglieder z.T. andere Items als Jetzt-Mitglieder:

1. Sport und Freizeit: Überblick über sportliche Betätigung, Mitgliedschaft in Freizeitgruppen, Sportkompetenz (20 Items).
2. Sportverein: Mitgliedschaft(en), Aktivitäten, Erfolge, soziales Umfeld, Einstellungen, Übungsleiter (60 Items).
3. Gesundheit: Gesundheitlicher Status, hygienische und gesundheitlich riskante Verhaltensweisen, Stressoren, Selbstakzeptanz (37 Items).
4. Biographische Daten (9 Items).

Die Forschergruppe war in der Formulierung der Items vom Auftraggeber unabhängig. Die vom Kultusministerium angeregten Fragen zur religiösen Praxis wurden nur den Jugendlichen, nicht aber den Kindern gestellt. Die SPORTJUGEND NORDRHEIN-WESTFALEN und die DEUTSCHE SPORTJUGEND gaben allgemein gehaltene Anregungen zu Themen der Kinder- und Jugendsportstudie, nicht jedoch zu konkreten Details.

2.2 Planung der Stichprobe

Die Fragestellungen der Untersuchung (und die zu erwartenden Ergebnisse und Schlußfolgerungen) erforderten die Befragung einer repräsentativen Stichprobe nordrhein-westfälischer Kinder und Jugendlicher. Eine „echte" repräsentative Stichprobe (z.B. Zufallsweg-Verfahren mit Einzelinterviews im Haushalt der Eltern der Befragten oder Master-Sample des ADM) kam aus finanziellen und inhaltlichen Gründen - nicht jede potentielle Stichprobenperson ist in der Lage, an einem Interview teilzunehmen - nicht in Betracht. Daher sollte die Stichprobe lediglich „annähernd" repräsentativ für die Grundgesamtheit nordrhein-westfälischer Kinder (und Jugendlicher) sein.

Die hohe soziale Bestimmtheit des Sportengagements sowohl im Erwachsenenalter als auch im Kindes- und Jugendalter erfordert zudem eine sozial differenzierte Auswertung der Daten, d.h. es müssen statistisch solide Aussagen über die wichtigsten sozialen Determinanten „Geschlecht", „Alter", „Schulbildung/soziale Schicht" und „Wohnregion" sowie ihre Interaktion gemacht werden können. Bei Besetzung einer Zelle mit ca. 10 bis 15 Versuchspersonen als Minimum erfordert dies eine Stichprobengröße von ca. 1200 Probanden.

Die Befragung der Kinder (und Jugendlichen) sollte im Schulklassenverband geschehen. Stichprobeneinheit ist also die Schulklasse, Untersuchungseinheit jedoch das einzelne Kind. In dieser Untersuchung wurde eine vierfach geschichtete Stichprobe fast aller Schulklassen in Nordrhein-Westfalen gezogen, die dann in eine vierfach geschichtete Stichprobe von Individuen umgewandelt wurde. Der daraus resultierende Klumpeneffekt sollte dadurch gering gehalten werden, daß pro Schulklasse möglichst nur 10 Schüler und Schülerinnen in die Stichprobe kommen und pro Schule nur drei Klassen befragt werden sollten. Durch die vergleichsweise hohe Zahl der Stichprobenschichten wird der Grad der Repräsentativität einer Stichprobe steuerbar. Die Schichten stehen auch für soziale Determinanten des Sportengagements (vgl. auch SCHEUCH 1977; SACK 1980; SACK 1985; BRETTSCHNEIDER/ BRÄUTIGAM 1990). Die vier Stichproben-Schichten lauten:

Schicht 1 - Region, hier Ruhrgebiet versus Nordrhein-Westfalen-Rest.

Es wird häufig angenommen, daß das Sportverhalten der Bewohner des Ruhrgebiets anders sei als das der übrigen Bewohner Nordrhein-Westfalens: geringere Sportvereinsmitgliedschaftsquote, Präferenz von Fußball und Wassersport, intensive Bindung zwischen Quartier, Arbeitgeber und (Sport-)Verein usw. Das Ruhrgebiet der Stichprobe umfaßt das Gebiet des Kommunalverbandes Ruhrgebiet; mit Stand 31.12.1986 beträgt der Flächenanteil an Nordrhein-Westfalen 13,01%, der Bevölkerungsanteil 31,05%. Zum Kommunalverband Ruhrgebiet gehören die kreisfreien Städte Duisburg, Essen, Mülheim a.d.R., Oberhausen, Bottrop, Gelsenkirchen, Bochum, Dortmund, Hagen, Hamm und Herne sowie die Kreise Wesel, Recklinghausen, Ennepe-Ruhr und Unna (vgl. LANDESAMT FÜR DATENVERARBEITUNG UND STATISTIK NORDRHEIN-WESTFALEN: Statistische Rundschau Ruhrgebiet 1987, Düsseldorf 1988). Die Anteile der Gebiete „Ruhrgebiet" und „Nordrhein-Westfalen-Rest" wurden in der Gesamtstichprobe Nordrhein-Westfalen proportional richtig abgebildet.

Schicht 2 - Raum- und Siedlungsstruktur.

Gemäß Landesentwicklungsplan I/II vom 1.5.1979 (veröffentlicht im MINISTERIALBLATT FÜR DAS LAND NORDRHEIN-WESTFALEN Nr. 50, vom 22.6.1979) wird im Ruhrgebiet unterschieden zwischen Ballungskernen, Ballungsrandzonen und ländlichen Zonen; im übrigen Nordrhein-Westfalen gibt es die zusätzliche Kategorie des solitären Verdichtungsgebietes. Nach unseren Berechnungen (aus: LANDESAMT FÜR DATENVERARBEITUNG UND STATISTIK NORDRHEIN-WESTFALEN: Kreisstandardzahlen 1990; LANDESAMT FÜR DATENVERARBEITUNG UND STATISTIK NORDRHEIN-WESTFALEN: Allgemeinbildende Schulen in Nordrhein-Westfalen 1989; LANDESAMT FÜR DATENVERARBEITUNG UND STATISTIK NORDRHEIN-WESTFALEN: Berufliche Schulen und Kollegschulen in Nordrhein-Westfalen 1989) leben in Nordrhein-Westfalen 43,4% der Schüler allgemein- und berufsbildender Schulen in Ballungszentren, 4,6% in solitären Verdichtungsgebieten, 18,5% in Ballungsrandzonen und 33,5% in ländlichen Zonen. Die Zahlen für die gesamte Bevölkerung, also nicht nur die der Schüler, weichen von dieser Verteilung nur sehr geringfügig ab.

Die Unterschiede in dieser Verteilung zwischen dem Ruhrgebiet und dem übrigen Nordrhein-Westfalen sind erheblich; beispielsweise beträgt der Anteil der Bewohner „Ländlicher Zonen" an allen Einwohnern des Ruhrgebiets 3,2%, im Gebiet Nordrhein-Westfalen-Rest jedoch 47,3%.

Aus jedem Siedlungs- und Strukturgebiet wurden Stichprobengebiete gezogen; bei den Ballungszonen des Ruhrgebiets, des Nichtruhrgebiets, und bei den Ballungsrandzonen des Ruhrgebiets gingen wir nach dem Zufallsprinzip vor. In den Ballungsrandzonen des Gebiets Nordrhein-Westfalen-Rest wählten wir bewußt bestimmte, weit von einander entfernte Regionen aus, bei den solitären Verdichtungsgebieten (Bielefeld, Münster, Paderborn, Siegen) wurde Bielefeld per Zufall ausgewählt, und in den ländlichen Zonen wurden per Zufall zwei Gemeinden des Kreises Wesel (Ruhrgebiet) bzw. absichtlich bestimmte Kreise (und Gemeinden) in der Nähe der Ballungsrandzonen und solitären Verdichtungsgebiete des Gebietes Nordrhein-Westfalen-Rest ausgewählt. Die ermittelten Befragungsgebiete decken etwa 40% der Fläche und ca. 30% der Einwohner Nordrhein-Westfalens ab. Die Stichprobengebiete gehen aus Tab. 2.1 hervor.

Tab. 2.1: Gebiete der Schulstichprobe in der Kinder- und Jugendsportstudie NRW 1992.

	Ruhrgebiet	Nicht-Ruhrgebiet
Ballungskerne	Dortmund; Recklinghausen; Gelsenkirchen; Castrop-Rauxel	Aachen; Wuppertal; Solingen; Remscheid
Ballungsrandzonen	Kreis Recklinghausen (mit den Städten Dorsten; Marl; Oer-Erkenschwick; Waltrop; ohne Haltern)	Menden; Iserlohn; Hemer im Märkischen Kreis; Stolberg; Eschweiler; Würselen im Kreis Aachen
Solitäre Verdichtungsgebiete		Bielefeld
Ländliche Zonen	Gemeinde Schermbeck (im Kreis Wesel)	Gemeinden in den Kreisen Gütersloh; Warendorf; Rhein-Sieg; Rheinisch-Bergischer Kreis; Oberbergischer Kreis

Aus verschiedenen Studien zum Sport- und Freizeitverhalten, aber auch aus Gesundheitsuntersuchungen sind große Unterschiede zwischen den oben genannten Raum- und Siedlungsstrukturgebieten bekannt: Die Bindung an den Sportverein auf dem Lande sei zum Beispiel wesentlich höher als in den Großstädten, die gesundheitlichen Beschwerden von Kindern und Jugendlichen seien in der Großstadt erheblich größer.

Schicht 3 - Schulform/Schulkarriere.

Wie in allen anderen Bundesländern besuchen auch in Nordrhein-Westfalen Kinder des 3. Schuljahres fast ausschließlich die Grundschule, während Kinder des 5. Schuljahrs die Gesamtschule oder eine der drei klassischen Schulformen (Gymnasium, Realschule, Hauptschule) besuchen. Die von einem Kind im 5. Schuljahr besuchte Schulform steht auch - aber nicht nur - mit seinen persönlichen Lebensverhältnissen in Zusammenhang: Die Hauptschule beispielsweise wird überwiegend von Kindern und Jugendlichen der unteren sozialen Schichten und ausländischen Kindern besucht, während im Gymnasium die mittleren und oberen sozialen Schichten überrepräsentiert sind. Bekanntermaßen determiniert soziale Schichtzugehörigkeit und Zugehörigkeit zu einer bestimmten Schulform bzw. Schulkarriere auch das Sportengagement in bedeutender Weise. Durch diese Stichprobenschicht sollten also sowohl die Schulformverhältnisse unter den Kindern (und Jugendlichen) als auch die Schichtungsgegebenheiten abgebildet werden; letzteres in Sonderheit deshalb, weil sich in Voruntersuchungen herausgestellt hatte, daß Kinder nicht ausreichend Auskunft über Beruf bzw. Berufsausbildung ihrer Eltern (klassische Schichtungsindikatoren) geben konnten. In der Auswertung formten wir einen Index „Schulkarriere“, bestehend aus den Merkmalsausprägungen „Hauptschulkarriere (Hauptschüler)“, „Realschulkarriere (Realschüler)“ und „Gymnasialkarriere (Gymnasiasten)“. Die Kinder, die im 5. Schuljahr eine Gesamtschule besuchen, werden keiner Schulkarriere zugeordnet, weil leistungsmäßig ausreichend sichere Anhaltspunkte für eine Zuordnung zu einer der drei Schulkarrieren noch fehlen.

Die Auswahl der Schulen pro Stufe pro ausgewähltem Befragungsgebiet (s.o.) geschah mit Hilfe der Schulverzeichnisse. Da von einer durchschnittlichen Klassengröße N=20 mit 50%igem Personenausfall (Fehlen wegen Krankheit, sehr hohe Ausländeranteile, ggfs. Nichterlaubnis der Eltern zur Teilnahme an der Befragung, unzureichende Bearbeitung des Fragebogens) ausgegangen wurde und wir zur Vermeidung von Klumpeneffekten festlegten, nicht mehr als drei Klassen pro Schule zu befragen, konnte die Zahl der für die Stichprobe(n) zu ziehenden Schulen festgelegt werden. Insgesamt kamen so 46 Schulen mit 79 Klassen in die Stichprobe. Wegen der geringen Zellbesetzung der 3. Klasse und insbesondere der 5. Klassen in der ländlichen Zone des Ruhrgebiets wurde hier auf eine Erhebung verzichtet; somit blieben 46 Schulen mit 74 Klassen in der geplanten korrigierten Stichprobe.

Desweiteren sind wir davon ausgegangen, daß sich die Schüler des 5. Schuljahrs in regional und siedlungsstrukturell gleicher Weise auf die Schulformen Hauptschule, Realschule, Gesamtschule und Gymnasium verteilen - daß also in dieser Hinsicht im Ruhrgebiet und übrigen Gebiet Nordrhein-Westfalens sowie in den Ballungskernen, Ballungsrandzonen, solitären Verdichtungsgebieten und ländlichen Zonen keine auffallend andere Verteilung herrscht. Zu dieser Annahme sind wir nach vergleichender Auswertung der Bildungsstatistik für die Regierungsbezirke Detmold (Dominanz solitärer Verdichtungsbiete und ländlicher Zonen) und Arnsberg (Dominanz Ballungskerne und Ballungsrandzonen) gekommen. Zudem hätte das zum Zeitpunkt der Befragung nicht mehr exakte statistische Material bei einer genaueren Vorgehensweise nicht zu sicheren und genaueren Verhältnissen in der Grundgesamtheit geführt. Die Schulklassen (hier Parallelklassen) wurden von den Interviewern vor Ort bestimmt, abhängig von der Bereitstellung durch die Schulleitung.

Die Stufen im einzelnen:

Stufe 1 - Grundschule: Ca. 172 000 Schüler (Schulstatistik von 1989) besuchen die 3. Klasse nordrhein-westfälischer Grundschulen; der Ausländeranteil beträgt 14%. Aus der Schulgrundgesamtheit, die Drittklässler „beschult", wurden Volksschulen, Freie Waldorfschulen und Sonderschulen ausgeschlossen. Unsere Schulgrundgesamtheit (und damit Stichprobe) deckt 96,3% aller Drittklässler ab.

Stufe 2 - Hauptschule: Ca. 41 000 Schüler besuchen auf der Klassenstufe 5 die Hauptschule, das sind ca. 26% aller Fünftklässler, von ihnen sind ca. 26% Ausländer. Unsere Schulgrundgesamtheit (und damit Basis der Stichprobe) umfaßt alle Hauptschulen des Landes mit Ausnahme der wenigen Freien Waldorfschulen und der Sonderschulen.

Stufe 3 - Realschule: Ca. 36 000 Schüler besuchen auf der Klassenstufe 5 die Realschule, das sind ca. 23% aller Fünftklässler; der Ausländeranteil beträgt 10%. Unsere Schulgrundgesamtheit (und damit Basis der Stichprobe) umfaßt alle Realschulen des Landes mit Ausnahme der wenigen Freien Waldorfschulen und der Sonderschulen.

Stufe 4 - Gymnasium: Ca. 56 000 Schüler besuchen auf der Klassenstufe 5 das Gymnasium, d.h. ca. 35% aller Fünftklässler; der Ausländeranteil beträgt ca. 6%. Unsere Grundgesamtheit umfaßt alle Gymnasien des Bundeslandes mit Ausnahme der Freien Waldorfschulen.

Stufe 5 - Gesamtschule: Ca. 21 000 Schüler besuchen auf der Klassenstufe 5 die Gesamtschule, d.h. ca. 13% aller Fünftklässler; der Ausländeranteil beträgt 19%. Unsere Grundgesamtheit umfaßt alle Gesamtschulen des Landes mit Ausnahme der Freien Waldorfschulen.

Zusammenfassend: Von 160 233 Fünftklässlern besuchen 153 553 (95,8%) die Schulformen Haupt-, Real- und Gesamtschule sowie Gymnasium. Die entsprechenden prozentualen Schüleranteile betragen 26,7%, 23,4%, 13,3% und 36,5%.

Die geplanten Schulstichproben des 3. und 5 Schuljahrs decken also über 95% der Schülerschaft Nordrhein-Westfalens zwischen 8 und 12 Jahren ab.

Schicht 4 - Schuljahr/Lebensalter.

Sport- und Freizeitverhalten sowie Genese gesundheitlicher Probleme korrelieren in hohem Maße mit dem Lebensalter (ohne dadurch kausal bedingt zu sein). Im Unterschied zu bisherigen sozialwissenschaftlichen Sportuntersuchungen sollte die Altersspanne in dieser Untersuchung bis in die Kindheit reichen. Aus Gründen der Kostenersparnis wurden Zweijahresabstände zwischen den Alterspopulationen erhoben. Es wurde geplant, 8-9-, 10-11-, 12-13-, 14-15-, 16-17-, 18-19-jährige zu befragen. Der Zugang zu diesen Altersgruppen erfolgt über die Schuljahre (Klassenstufen) 3, 5, 7, 9, 11 und 13, bei Berufsschülern über das erste und dritte Ausbildungsjahr nach der zehnklassigen allgemeinbildenden Schule (Haupt-, Real-, Gesamtschule, Gymnasium).

Da die Befragung bald nach Schuljahrsbeginn durchgeführt werden sollte, mußte „altersmäßig" auf das dritte Schuljahr zugegriffen werden und nicht auf ein jüngeres, da in diesen die Lesefertigkeit ausweislich der Voruntersuchungsergebnisse unzureichend entwickelt ist. Durch Ausschluß jener Kinder und Jugendlichen aus der befragten Stichprobe, die bei Zugehörigkeit zu einer bestimmten Schulklasse das erwartete Lebensalter um mehr als ein Jahr verfehlten, wurde die Homogenität der Altersstufen nachträglich - mit hohen Personenzahlenverlusten bei den ausländischen Kindern und in den oberen Klassenstufen - erreicht.

Tab. 2.2: Schichtung der Stichprobe der Kinder- und Jugendsportstudie NRW 1992 nach Region, Siedlungsstruktur, Schulform und Schuljahr.

	Ruhrgebiet			Nicht-Ruhrgebiet			
Schuljahr	Ballungskern	Ballungsrandzone	Ländliche Zone	Ballungskern	Ballungsrandzone	Solitäres Verdichtungsgebiet	Ländliche Zone
3	GS	GS	GS	GS	GS	GS	GS
5, 7, 9	HS	HS	HS	HS	HS	HS	HS
	RS	RS	RS	RS	RS	RS	RS
	GeS	GeS	GeS	GeS	GeS	GeS	GeS
	GY	GY	GY	GY	GY	GY	GY
11, 13	GeS	GeS	GeS	GeS	GeS	GeS	GeS
	GY	GY	GY	GY	GY	GY	GY
	BS	BS	BS	BS	BS	BS	BS

GS = Grundschule; HS = Hauptschule; RS = Realschule; GeS = Gesamtschule;
GY = Gymnasium; BS = Berufsschule

Ausweislich der Statistik des LANDESAMTES FÜR DATENVERARBEITUNG UND STATISTIK NORDRHEIN-WESTFALEN (Die Bevölkerung in Nordrhein-Westfalen nach Alter und Geschlecht 1989), umfassen diese beiden Jahrgänge (8-9 Jahre; 10-11 Jahre) 169 150 bzw. 158 762 Kinder. Davon abweichend sind die Zahlen für die Kinder, die im 3. Schuljahr (172 236) bzw. im 5. Schuljahr (160 233) in der Schulstatistik aufgeführt werden. Selbst wenn man den Altersrange der Dritt- bzw. Fünftklässler erweitert, fehlen pro Klassenstufe ca. 2000 Schüler - eine in der Grundgesamtheit zu vernachlässigende Ungenauigkeit von etwa 1-2%.

Tatsächlich wurden insgesamt 46 Schulen und 74 Klassen per Zufall aus den Schulverzeichnissen gezogen, dazu Reserveschulen und -klassen. Die Schulstichprobenquoten betragen 0,5% bei den Grundschulen, 2,1% bei den Hauptschulen, 3,2% bei den Realschulen, 12,7% bei den Gesamtschulen und 3,5% bei den Gymnasien. Nach Auswahl der Schulen wurden die Klassenstufen und ihre

Tab. 2.3: Aufteilung der Schüler/innen, Klassen und Schulen der Schulstufen 3 und 5 der geplanten Stichprobe, differenziert nach der siedlungsräumlichen Grundstruktur des Landes Nordrhein-Westfalen. Kinderstudie NRW 1992.

Gebiete/Schüler/ Klassen/Schulen	Ruhrgebiet			NRW-Rest			NRW gesamt		
Siedlungsräumliche Grundstruktur	Schüler %	Klassen N	Schulen N	Schüler %	Klassen N	Schulen N	Schüler %	Klassen N	Schulen N
Ballungskerne	73,0 s 52,7 w	15	7	30,0 s 47,3 w	15	8	43,6 s 100,0 w	30	15
Ballungsrandzonen	23,8 s 40,2 w	7	5	16,2 s 59,9 w	9	6	18,5 s 100,0 w	16	11
Solitäre Verdichtungsgebiete	- -	-	-	6,5 s 100,0 w	6	5	4,4 s 100,0 w	6	5
Ländliche Zonen	3,2 s 3,0 w	5	5	47,3 s 97,0 w	22	10	33,5 s 100,0 w	27	15
Summe	100,0 s 31,1 w	27	17	100,0 s 68,9 w	52	29	100,0 s 100,0 w	79	46

s = % senkrecht; w = % waagerecht

Frequenz pro Schule bestimmt (s.o.). Unter Berücksichtigung einer Zellbesetzung mit N=ca.15 konnten dann die Stichprobenquoten pro Zelle bei geplantem N=ca. 1210 Kinder (und ca. 2400 Jugendliche) festgelegt werden.

2.3 Durchführung der Befragung

Die Befragung der Kinder (und Jugendlichen) mit dem standardisierten Fragebogen fand zwischen dem 1.10.1991 und 15.2.1992 statt. Die Interviews wurden von 15 studentischen Interviewern durchgeführt, die zuvor zwei Tage intensiv geschult worden waren und durch den Besuch eines thematisch verwandten Seminars mit den Themen der Untersuchung vertraut waren. Die Fragebögen wurden vom Kultusministerium des Landes Nordrhein-Westfalen geprüft und akzeptiert. Die Schulleiter der für die Stichprobe ausgewählten Schulen wurden vier Wochen vor der Befragung durch ein Schreiben der Projektleitung, dem die Befürwortung des Ministeriums beilag, um Mitarbeit gebeten. Die Interviewer vereinbarten mit den Schulleitern telefonisch Interviewtermine mit den gewünschten Klassenstufen in der gewünschten Zahl. Die Interviews in der Grundschule wurden von einem Zweier-Team - unterstützt von dem unterrichtenden Lehrer - geführt, in allen anderen Klassen von einem einzelnen Interviewer. Keine der 46 Schulen verweigerte die Kooperation.

Zu Beginn jeder Befragung einer Klasse wurde den Schülern der Untersuchungszweck erläutert, und sie wurden zur Mitarbeit motiviert; anschließend wurde der individuelle Mitgliedschaftsstatus im Sportverein (Jetzt, Früher, Noch nicht/Nie) festgestellt; erst danach wurden die entsprechenden Fragebögen den Schülern zugeteilt. Da die Jetzt- und Früher-Fragebögen etwas umfangreicher als der Nie-Fragebogen sind, waren die Fehler- und Unvollständigkeitsquoten in diesen Gruppen höher. Um dadurch nicht zu einer falschen (zu hohen) Quote von Nie-Mitgliedern in der Stichprobe zu gelangen, wurde zu Beginn jeder Befragung im Klassenverband die Häufigkeit der drei Sportvereinsstatus-Kategorien festgestellt, über die Stichprobenzelle verrechnet und dann bei der Zuordnung aller gültigen Fragebögen zu den Stichprobenzellen berücksichtigt.

Eine Anschauung von den Anstrengungen, Sorgen und Freuden der Interviewertätigkeit gibt der in der Jugendstudie (KURZ/SACK/BRINKHOFF 1996, 19-21) abgedruckte Erlebnisbericht.

2.4 Beurteilung der Qualität der Daten

Um die Qualität der Stichprobe zu beurteilen, werden zentrale Merkmale (Schichtung, Alter, Geschlecht und Sportvereinsmitgliedschaft) derselben mit der Grundgesamtheit verglichen.

Tab. 2.4: Vergleich Kinderstichprobe (Ist) mit der Grundgesamtheit (Soll) hinsichtlich der ersten Stichprobenschicht „Region“ (Ruhrgebiet versus NRW-Rest). Kindersportstudie NRW 1992.

	Stichprobe Ist		Grundgesamtheit NRW*
Region	N	%	%
Ruhrgebiet	366	30,0%	31,1%
Nordrhein-Westfalen Rest	839	70,0%	68,9%
Σ	1205	100,0%	100,1%

* für Jahrgänge der Untersuchung; Chi^2=.000, df=2, nicht signifikant (Chi-Quadrat-Test über Stichprobe ist versus Stichprobe geplant = „Grundgesamtheit“ NRW); nicht signifikant = Irrtumswahrscheinlichkeit α>5%; signifikant = Irrtumswahrscheinlichkeit $\alpha \leq$5%)

Tab. 2.5 Vergleich Kinderstichprobe (Ist) mit Grundgesamtheit (Soll) hinsichtlich der zweiten Stichprobenschicht „Raum- und Siedlungsstruktur“ (Ballungszentren versus solitäre Verdichtungsgebiete versus Ballungsrandzonen versus ländliche Zonen; Kindersportstudie NRW 1992.

	Stichprobe Ist		Grundgesamtheit NRW
Siedlungsräumliche Grundstruktur	N	%	%
Ballungszentren	526	43,7%	43,4%
Solitäre Verdichtungsräume	55	4,6%	4,6%
Ballungsrandzonen	230	19,1%	18,5%
ländliche Zonen	394	32,7%	33,5%
Σ	1205	100,1%	100,0%

Chi^2=.020, df=3, nicht signifikant

Tab. 2.6: Vergleich Kinderstichprobe (Ist) mit der Grundgesamtheit (Soll) hinsichtlich der dritten und vierten Stichprobenschicht „Klassenstufen" (3. und 5. Schuljahr) sowie „Schulform", Kindersportstudie NRW 1992.

Schuljahr/Schulform	Stichprobe Ist N	Stichprobe Ist %	Grundgesamtheit NRW %
3. Schuljahr	597	49,5%	51,8%
5. Schuljahr gesamt	608	50,5%	48,2%
Σ 3. und 5. Schuljahr	1205	100,0%	100,0%
5. Schulj. Hauptschule	155	25,5%	26,7%
5. Schuljahr Realschule	136	22,4%	23.4%
5. Schuljahr Gymnasium	211	34,7%	36,5%
5. Schuljahr Gesamtschule	106	17,4%	13,3%
Σ 5. Schuljahr	608	100,0%	100,0%

Chi-Quadrat-Test Schuljahr: Chi^2=.034; df=1; nicht signifikant;
Chi-Quadrat-Test Schulform: Chi^2=.642; df=3; nicht signifikant.

Tab. 2.7: Vergleich Kinderstichprobe (Ist) mit Grundgesamtheit (Soll) hinsichtlich der Kombination der Schicht 1 (Region) mit Schicht 2 (Siedlungsräumliche Grundstruktur); Kindersportstudie NRW 1992.

Siedlungsräumliche Grundstruktur	Ruhrgebiet Stichprobe	Ruhrgebiet GG	Nicht-Ruhrgebiet Stichprobe	Nicht-Ruhrgebiet GG	NRW gesamt Stichprobe	NRW gesamt GG
Ballungskerne	75,5%	73,2%	29,7%	29,8%	43,7%	43,4%
Ballungsrandzonen	24,5%	23,6%	16,8%	16,2%	19,1%	18,5%
Solitäre Verdichtungsgebiete	-		6,5%	6,7%	4,6%	4,6%
Ländliche Zonen	0,0%	3,2%	47,0%	47,3%	32,7%	33,5%
Σ	100,0%	100,0%	100,0%	100,0%	100,1%	100,0%

Chi-Quadrat-Test Ruhrgebiet: Chi^2=3.342, df=2, nicht signifikant;
Chi-Quadrat-Test Nicht-Ruhrgebiet: Chi^2=.015, df=3, nicht signifikant;
Chi-Quadrat-Test NRW gesamt: Chi^2=.020, df=3, nicht signifikant

Tab. 2.8: Schichtung der Stichprobe nach dem Geschlecht im Vergleich zur Grundgesamtheit NRW 1992; Kindersportstudie NRW 1992.

	Stichprobe Ist		Grundgesamtheit NRW
Geschlecht	N	%	%
Männlich	603	50,0%	50,1%
Weiblich	602	50,0%	49,9%
Σ	1205	100,0%	100,0%

Chi^2=.016, df=1, nicht signifikant

Tab. 2.9: Beziehung zwischen Klassenstufe (Schulklasse) und Lebensalter in der Stichprobe im Vergleich zur Grundgesamtheit; Kindersportstudie NRW 1992.

Klassenstufe	3	5	7	9	11	13	Σ
Altersbezeichnung im Text	8	10	13	15	17	19	
N	597	608	567	583	604	671	3630
$\bar{x}$ -Alter Stichprobe	8,37	10,39	12,72	14,82	16,99	18,76	
$\bar{x}$ -Alter GG NRW 1989	8,72	10,78	12,88	14,94	16,76	18,77	
achtjährig	55%	-					
neunjährig	37%	-					
zehnjährig	7%	54%					
elfjährig	-	36%					
zwölfjährig	-	9%					
Σ	99%	99%					

Tab. 2.10: Ausländeranteil in der Kinderstichprobe im Vergleich zur Grundgesamtheit; Kindersportstudie NRW 1992.

Nationalität / Klassenstufe	N	deutsch (in BRD geboren)	deutsch (in Polen, UdSSR o.ä. geboren)	türkisch/ kurdisch	Andere	Σ
3. Klasse, Stichprobe	597	72%	12%	10%	6%	100%
3. Klasse, GG*	172 000	77%	9%	8%	6%	100%
5. Klasse, Stichprobe	608	73%	9%	10%	6%	100%
5. Klasse, GG*	160 000	79%	6%	9%	6%	100%

* Grundgesamtheit
Chi-Quadrat-Test 3. Schuljahr: Chi^2=.819, df=3, nicht signifikant;
Chi-Quadrat-Test 5. Schuljahr: Chi^2=1.175, df=3, nicht signifikant.

Wie die Tabellen 2.4 bis 2.10 (mit anschließenden Chi-Quadrat-Tests) zeigen, entspricht unsere Stichprobe in wesentlichen Merkmalen und Merkmalskombinationen der Grundgesamtheit nordrhein-westfälischer Kinder des 3. und 5. Schuljahrs. Selbst da, wo signifikante Abweichungen auftreten, fallen sie für die Aussagen dieser Untersuchung nicht ins Gewicht, da sie quantitativ gering sind (siehe C_{korr}). Das vergleichsweise etwas niedrigere Stichprobenalter ist darauf zurückzuführen, daß die NRW-Statistik das Alter der Schüler zu Mitte des Schuljahrs ansetzt, wir jedoch die Datenerhebung am Ende des ersten Viertels des Schuljahrs vornahmen.

Der vergleichsweise höhere Ausländeranteil in unserer Stichprobe erklärt sich durch die überholte NRW-Statistik von 1989. Ausweislich dieser Statistik liegt der Ausländeranteil in den Kindergärten bei 20%, und zum Zeitpunkt der Untersuchung waren die Kindergartenjahrgänge im befragten 3. Schuljahr. Die Repräsentativität des Ausländeranteils in unserer Stichprobe ist jedoch nicht nur quantitativ kritisch zu beurteilen, sondern auch inhaltlich: Da die deutschstämmigen Kinder aus Polen und besonders der UdSSR (heute: GUS) deutschsprachlich noch sehr inkompetent waren, haben wir viele der von ihnen unvollständig und/oder sehr fehlerhaft ausgefüllten Fragebögen nicht in die Stichprobe genommen, sondern durch Fragebögen deutschsprachiger („deutscher“) Kinder ersetzt.

Wesentliche Merkmale der Kinderstichprobe werden im folgenden zusammengefaßt:

Die Stichprobe umfaßt 1205 Kinder des 3. und 5. Schuljahrs mit einem Durchschnittsalter von etwa 9,5 Jahren (95% sind zwischen 8 und 11 Jahre alt). Jungen und Mädchen sind zu gleichen Teilen vertreten. Wie in der Grundgesamtheit

NRW wohnen ca. 30% im Ruhrgebiet, etwa ein Drittel der Kinder wohnt in ländlichen Zonen, die übrigen in Großstädten oder großstädtisch geprägten Gebieten. Während alle Kinder der 3. Klassenstufe die Grundschule besuchen, verteilen sich die Kinder des 5. Schuljahrs auf die Schulformen Hauptschule (26%), Realschule (22%), Gymnasium (35%) und Gesamtschule (17%).

Ausweislich der Bundesstatistik (STATISTISCHES BUNDESAMT 1988) kann man unsere für Nordrhein-Westfalen repräsentative Stichprobe hinsichtlich der Geschlechts- und Alterszusammensetzung, der siedlungsgeographischen Zusammensetzung (Großstadt, Mittelstadt, Landgemeinde) und der Verteilung der im 5. Schuljahr besuchten Schulform auch repräsentativ für die Bundesrepublik Deutschland halten. Sofern die vorgenannten soziodemographischen Merkmale allein das Sportengagement vorrangig beeinflussen, kann man unsere Ergebnisse auf deutsche Kinder verallgemeinern. Zwar wird das Sportengagement von Kindern (und anderen Altersgruppen) in der Freizeit auch von geographischen Besonderheiten beeinflußt, aber da die davon betroffenen Sportarten (z.B. Skilaufen und Wasserfahrsport) quantitativ im Kindesalter nur eine geringe Rolle spielen, vermuten wir auch in dieser Hinsicht eine ausreichende Repräsentativität unserer Kinderstichprobe.

Ein anderer Aspekt der Beurteilung der Datenqualität ist die Qualität der Antworten. Wie reliabel und valide sind sie? Diese Aspekte wurden nicht systematisch untersucht. An zwei Beispielen wird jedoch sichtbar, daß die Datenqualität für Zwecke gruppenstatistischer Aussagen befriedigend ist:

Die interne Konsistenz der 8-Item-Skala zur Erfassung der Selbstwertgefühls (ROSENBERG 1968; ENGEL/HURRELMANN 1988, 100 ff) erreicht mit r_{tt} (Cronbach Alpha) = .76 einen Wert, der denen der beiden Bezugsuntersuchungen entspricht und der nur unwesentlich unter dem Wert für unsere Jugendstichprobe liegt (r_{tt} Cronbach Alpha = .73). Dies ist um so höher einzuschätzen, da der Antwortmodus bei den Kindern dichotom ist, bei den Jugendlichen vierfach abgestuft. Wenn Kinder die Items wesentlich stärker mit itemfremden Erwägungen beantwortet hätten, dann wäre auch die interne Konsistenz der Gesamtskala erheblich schwächer ausgefallen.

Ein anderes Maß für die Qualität der Fragebogenbearbeitung sind logische Verknüpfungen; für die Qualitätsfragestellung wurden zwei überprüft: (1) In Frage K2 wird zunächst gefragt, wie oft jemand mit Vater oder Mutter Sport treibt („zweimal oder öfter in der Woche“ bis „nie“). Danach wird gefragt, wann jemand mit seinen Eltern Sport treibt, und es werden die drei Möglichkeiten „wochentags“, „am Wochenende“ und „in den Ferien“ vorgegeben. Ein Fragebogen wäre nicht sorgfältig bearbeitet worden, wenn jemand „nie“ mit seinen Eltern Sport treibt, jedoch mindestens einen der drei Zeiträume nennt; gleiches würde für jene gelten, die mit ihren Eltern Sport treiben, aber keinen Zeitraum nennen. Beide Fälle machen insgesamt 0,5% aller hier relevanten Personen in der Stichprobe aus.

(2) Ähnlich verfuhren wir bei der Frage, ob sie einer Kindergruppe angehören. Wenn jemand in der nachfolgenden Frage nach der Häufigkeit des Sporttreibens eine Aktivität angibt, vorher jedoch die Mitgliedschaft oder Zugehörigkeit verneint, ist dieses Antwortverhalten widersprüchlich bzw. inkonsistent. Es kommt tatsächlich in weniger als 1% der Fälle vor.

Aus diesen Stichproben schließen wir auf eine ausreichende Qualität der erhobenen (und verarbeiteten) Daten der Kinderstichprobe.

2.5 Hinweise zur Auswertung und Datenverarbeitung

Nach Abschluß der Befragung (Kinder und Jugendliche) wurden alle ungültigen (unvollständige, oberflächlich ausgefüllte) Fragebögen aussortiert und alle gültigen den Zellen der geplanten Stichprobe zugeordnet. Von 5037 Interviewbögen erklärten wir 4134 für gültig (82,0%). Zellen, die zu stark besetzt waren, wurden per Zufallsselektion der Fragebögen auf das notwendige Mengenmaß gebracht. Daraus ergab sich die endgültige Stichprobengröße von N=3630, davon 1205 Kinder.

Es wurden ein Codeplan sowie ein Eingabeplan für die elektronische Datenverarbeitung entwickelt, getrennt für die Kinder- und Jugendversion der Fragebögen sowie eine Integrationsversion; mit letzterer wurde mehr oder weniger erfolgreich versucht, kinder- und jugendspezifische Items des identischen inhaltlichen Themas (z.B. Sportengagement, Gesundheit) direkt vergleichbar zu machen. Desweiteren wurden ca. 150 Indizes entwickelt, um viele Einzelitems zu Konstrukten (höherer Ordnung) zusammenzufassen, z.B. „sportliche Betätigung, 'harter' Sportbegriff“ oder „Selbstakzeptanz“ oder „soziale Unterstützung der Sportvereinsmitgliedschaft“ usw.

Die auf elektronische Datenträger eingegebenen Fragebögen wurden auf Plausibilität vieler Angaben überprüft, um sowohl Eingabefehler als auch weitere ungültige Fragebögen zu eliminieren. Die Auswertung der Daten gestalteten wir so, daß bei Prozentzahlen, Maßen der zentralen Tendenz und Dispersion in der Regel mit einer Genauigkeit von einer Stelle hinter dem Komma gearbeitet wurde. Bei allen anderen Maßen, insbesondere Korrelationskoeffizienten, mit zwei Stellen hinter dem Komma.

Um statistisch weniger geschulten Lesern die les- und kritische Prüfbarkeit zu ermöglichen, berichten wir nur univariate statistische Parameter als Zahl; bei Anwendung multivariater Verfahren, z.B. mehrfaktoriellen Varianzanalysen, berichten wir die wesentlichen Ergebnisse verbal und verzichten auf die Darstellung der in der sozialwissenschaftlichen Fachliteratur üblichen Tableaus - aber selbstverständlich nicht auf die Notwendigkeiten und Möglichkeiten dieser Verfahren. Im übrigen sollen auch die mehrdimensionalen Tabellen und Grafiken einerseits für sich sprechen, andererseits wird Transparenz angestrebt, indem die Rohwerte (Häufigkeiten) als Randsummen nie fehlen sollen; so kann der interessierte Leser selbst kritisch überprüfen und für sich selbst kleinere Auswertungen vornehmen.

3. Bewegung, Spiel und Sport im Kindesalter - ein empirischer Überblick

Mit der Überschrift wollen wir betonen, daß in unserer Untersuchung eine breite Palette von körperbetonten Freizeitaktivitäten untersucht werden soll - und nicht nur die traditionell „Sport" oder „sportlich" genannten. Zwar gibt es begrifflich einen Trend zur Versportung aller Bewegungsaktivitäten mit Freizeitcharakter - mittlerweile mit Gegenbewegung: „der nichtsportliche Sport" (DIETRICH/HEINEMANN 1989) -, aber sowohl unter den Akteuren (Kinder) als auch unter den sportwissenschaftlichen Rezipienten gibt es sicherlich viele, die (noch) nicht jedes Bewegungsspiel oder jede Bewegungsaktivität in der Freizeit so nennen: Federballspielen von Fünfjährigen auf der Straße kann man „Bewegungsspiel" nennen oder auch als dem Alter entsprechenden „Sport". Im Sommer im Schwimmbad oder sonstwo „Baden" mag als Schwimmsport gelten, wird aber von vielen als spielerische, erholsame körperliche Freizeitaktivität betrachtet. Im folgenden Text kürzen wir gelegentlich den Dreiklang „Bewegung, Spiel und Sport" durch „Sport" ab, ohne damit eine Position zum sportlichen Charakter von Bewegungs- und Spielaktivitäten, „zu ihrer Einheit und Vielfalt" (DIETRICH, in: DIETRICH/HEINEMANN 1989; GRUPE 1992) beziehen zu wollen.

3.1 Zur Beteiligung an sozialen Settings des Sports im Kindesalter

Sport vollzieht sich in Sportgelegenheiten - die „Frankfurter Schule" spricht gerne von Sportinszenierungen (DIETRICH, in: DIETRICH/HEINEMANN 1989, 29-44 und 186-198); diese sind spezifische soziale Settings (BARKER 1968), es sind im „physikalischen" Sinne Orte, „in denen die Teilnehmer in bestimmter Weise, in bestimmten Rollen und in bestimmten Zeitabschnitten aktiv sind. Die Faktoren Ort, Zeit, physikalische Eigenschaften, Aktivität, Teilnehmer und Rolle konstituieren die Elemente eines Settings" (BRONFENBRENNER 1981, 514). Andere Faktoren konstant gesetzt „erzwingt" die Situation Schule oder Sportverein oder Spielwiese z.B. eine andere Rolle des Fußballspielers, eine andere Teilnehmermotivation (in der Zuwendung, beim Mitmachen). In der ersten und letzten Situation könnten Mädchen ohne weiteres mitspielen, könnten Regeln ohne weiteres verändert werden, könnten die Spielfeldmaße ebenso flexibel gehandhabt werden wie die Zahl der Mitglieder der Mannschaft; in der letzten Situation z. B. müssen sich die Teilnehmer viel mehr Mühe geben, die Motivation aller Beteiligten zu befriedigen als in der Schulsportsituation. Diese

Idee, Sportaktivitäten in der Freizeit in soziale Settings zu differenzieren, hat sich in der sozialwissenschaftlichen Sportforschung durchgesetzt (vgl. KURZ 1979; SACK 1980; BAUR 1989; BRETTSCHNEIDER/BRÄUTIGAM 1990), eine empirisch fundierte Typologie steht jedoch noch aus.

In dieser Studie werden folgende Sportsettings betrachtet:

- Familie, nämlich Sporttreiben mit den Eltern bzw. Elternteilen sowie Sporttreiben mit den Geschwistern;
- Gleichaltrigengruppe (Freundesgruppe, Clique);
- kommerzielle Sporteinrichtung;
- Kindergruppe (vereinsähnlich organisiert);
- Sportverein.

Nicht untersucht wurde das Setting „Schulsport" (Pflicht- und Arbeitsgemeinschaft), weil die Inhalte durch Lehrpläne und Schulstatistiken hinlänglich bekannt sind. Im Vergleich zu der parallelen Jugenduntersuchung (vgl. KURZ/SACK/BRINKHOFF 1996) fehlen die Settings „Sporttreiben allein" und „Sporttreiben mit Freund/Freundin".

Die oben genannten Settings sind vermutlich nicht völlig, aber weitgehend exklusiv: An dem Setting „Sporttreiben mit den Geschwistern" mögen sowohl Eltern als auch Freunde beteiligt sein; andererseits vermuten wir nur eine geringe personelle Überschneidung der Situationen „Sporttreiben in einem Kinderverein" (wie Pfadfinder) und „Sporttreiben im Sportverein".

Unsere Settings überschneiden sich teilweise konzeptionell und inhaltlich mit den „Mustern des sozialen Lebens unter Kindern" (freie nachbarschaftliche Kontakte, Verabredungsgeflechte, institutionell betreute Nachbarschaftskollektive, Kursgruppen - zu denen auch die Sportvereine und kommerziellen Sporteinrichtungen sowie die Angebote kirchlicher (Sport-)Jugendarbeit gehören - und Hortgruppen) von ZEIHER (1994).

Familiensport: Spiel und Sport mit Eltern und Geschwistern

Etwa 70% der Kinder treiben mit ihren Eltern Sport (unabhängig vom Grad der Regelmäßigkeit), etwa 60% mit ihren Geschwistern. Da 98,5% der Kinder bei den Eltern oder einem Elternteil lebt, jedoch „nur" etwa 65% der Kinder dieses Alters Geschwister haben, mit denen sie potentiell Sport treiben könnten, korrigiert sich der letzte Wert auf 92% der Kinder, die mit ihren Geschwistern Sport treiben, wenn sie denn potentiell „sportfähige" Geschwister haben. Knapp jedes vierte Kind treibt mit den Eltern regelmäßig Sport, etwa jedes zweite mit den Geschwistern. Diese hohen Aktivitätsquoten verdienen vor allem deshalb Beachtung, weil in herkömmlichen Sportbetrachtungen der Familiensport „übersehen" wird, und weil arge Befürchtungen über die Funktion der

Familie - Reduktion auf physiologische Grundbedürfnisse - zumindest was die Freizeitsportaktivität angeht, nicht bestätigt werden können. Die obigen Zahlen sollen im folgenden etwas genauer betrachtet werden.

Tab. 3.1: Häufigkeit des Sporttreibens mit den Eltern und Geschwistern; N=1205 Kinder des 3. und 5. Schuljahrs; Kindersportstudie NRW 1992.

	...mit den Eltern		...mit den Geschwistern	
Häufigkeit des Sporttreibens...	alle (N=1205)	die bei den Eltern wohnen (N=1190)	alle (N=1205)	die Geschwister im sportfähigen Alter haben* (N=783)
jeden Tag	Antwort nicht vorgegeben		7,6%	11,5%
zweimal oder öfter die Woche	10,1%	10,0%	12,2%	18,8%
einmal die Woche	12,9%	13,0%	10,3%	15,8%
selten	47,0%	46,9%	30,0%	46,1%
nie	30,0%	30,1%	40,0%	7,7%
Σ	100,0%	100,0%	100,0%	99,9%

* In Ableitung von Daten aus der Jugendsportstudie und des Statistischen Bundesamts wird der Prozentsatz der Kinder, die ein Geschwister zwischen 6 und 18 Jahren haben, auf 65% geschätzt.

Sport mit den Eltern

Sport kann nur dann mit den Eltern bzw. Elternteilen betrieben werden, wenn sie „verfügbar" sind. Mit der Frage „Wo lebst Du heute?" wollten wir die Familienverhältnisse berücksichtigen. Danach wohnen 88% bei ihren Eltern (Vater und Mutter), 11% leben bei einem Elternteil (erfahrungsgemäß meistens die Mutter) und 1% leben außerhalb der Familie (erfahrungsgemäß bei Großeltern, Tante/Onkel oder in einem Heim). Die Cross-Tabulierung „Sportaktivität mit den Eltern" und „Wohnstatus der Kinder" ergibt, daß erheblich mehr Kinder über Sportaktivität (überhaupt und regelmäßig) berichten, die mit beiden Elternteilen zusammenleben als die, die nur mit einem oder keinem Elternteil zusammenleben. Da jedoch nur 1% der Kinder nicht bei den Eltern wohnt, ändern sich die obengenannten Prozentzahlen über die Sportaktivität mit den Eltern unwesentlich, wollte man die Prozentuierung der Sportaktivität nur auf jene Kinder beziehen, die bei den Eltern oder einem Elternteil wohnen.

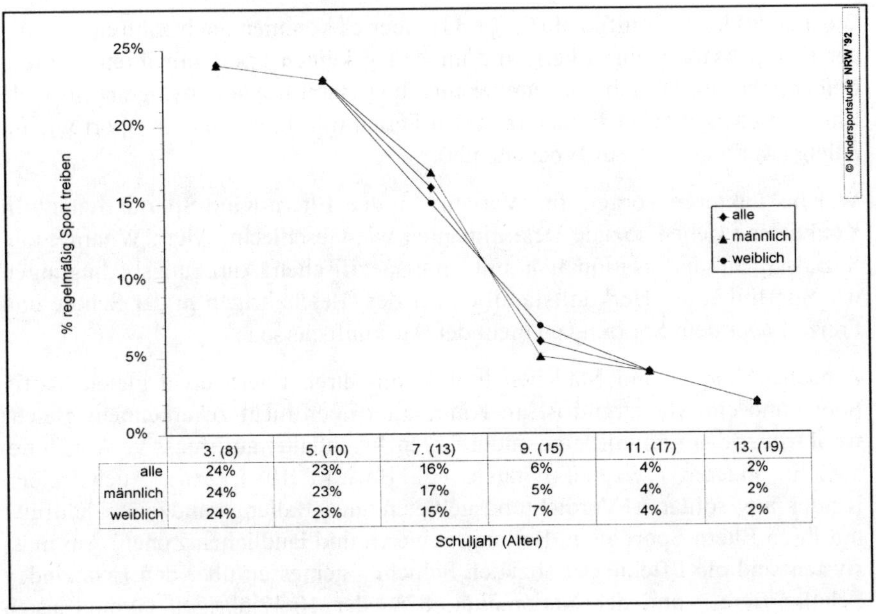

	3. (8)	5. (10)	7. (13)	9. (15)	11. (17)	13. (19)
alle	24%	23%	16%	6%	4%	2%
männlich	24%	23%	17%	5%	4%	2%
weiblich	24%	23%	15%	7%	4%	2%

Abb. 3.1: Sporttreiben mit den Eltern als Funktion des Lebensalters; N=3630 Kinder und Jugendliche des 3. bis 13. Schuljahres; Kinder- und Jugendsportstudie NRW 1992.

In einer Vorstudie zu dieser Untersuchung fanden wir, daß vor allem Väter mit ihren Kindern Sport treiben, und das gilt auch dann, wenn das (die) Kind(er) weiblichen Geschlechts ist (sind). Die von den Kindern im Familiensport berichteten Bewegungs-, Spiel- und Sportaktivitäten waren - in abfallender Häufigkeitsreihenfolge:

- Fahrrad fahren, Radtouren;
- Schwimmen/Baden;
- Fußball spielen;
- Federball spielen;
- Spazierengehen, Wandern;
- Minigolf spielen;
- Schlitten fahren/Skilaufen.

Zu spezifizieren ist noch, wann die Kinder mit ihren Eltern Sport treiben. Prozentuiert wird auf jene Kinder, die von dieser „Kommunikation" bzw. „Interaktion" überhaupt berichten: 25% berichten von Sportaktivitäten mit den Eltern während der Woche, 55% am Wochenende und gar 68% in den Ferien. Zwar ist die Kontingenz zwischen Sporttreiben mit den Kindern im Urlaub und Sporttreiben mit den Kindern außerhalb des Urlaubs (in der Woche oder am

Wochende) hoch signifikant (C_{korr}=.44), aber es kommen auch zahlreiche Fälle der Kompensation vor: Eltern, die im Alltag keinen Sport mit ihren Kindern treiben, aber im Urlaub oder umgekehrt. Insgesamt treiben etwa genauso viele Eltern in etwa gleicher Frequenz in den Ferien mit ihren Kindern Sport wie im Alltag (werktags und am Wochenende).

Welche Faktoren sorgen für Varianz in der Eltern-Kind-Sportaktivität? In Konkurrenz stehen soziale Determinanten wie Geschlecht, Alter, Wohnregion, Sozialschicht und Nationalität mit sportspezifischen Anregungsbedingungen wie Sportivität der Herkunftsfamilie oder der Gleichaltrigen in der Schule und Freizeit oder dem Sportengagement der Auskunftsperson.

Zunächst: Jungen und Mädchen treiben mit ihren Eltern etwa gleich häufig Sport, und ein Alterstrend ist im Kindesalter noch nicht zu erkennen; gleichwohl tritt er dann im mittleren und höheren Jugendalter auf (massive Abnahme, auch in anderen Freizeitaktivitäten, vgl. BAACKE 1984, 246). Auch treiben Kinder aus solitären Verdichtungsgebieten und Ballungsrandzonen häufiger mit ihren Eltern Sport als in Ballungsgebieten und ländlichen Zonen. Am massivsten sind die Effekte der sozialen Schicht - gemessen über den Ersatzindex Schulkarriere - und der Nationalität: 87% der 10-12jährigen Gymnasiasten treiben mit ihren Eltern Sport, 78% der Realschüler, aber nur 67% der Gesamtschüler und 55% der Hauptschüler. Ebenfalls stark sind die Effekte der Zugehörigkeit zur Nationalität auf das Sporttreiben von Kindern mit ihren Eltern. Am häufigsten treiben deutsche (d.h. in der Regel in Deutschland geborene) Kinder mit ihren Eltern Sport (75% überhaupt, 25% regelmäßig), während deutsche Zuwanderer-Kinder aus der UdSSR (bzw. GUS) und Polen nur zu 60% mit ihren Eltern Sport treiben (regelmäßig 18%), türkische Kinder zu 56% (22% regelmäßig) und die übrigen zu 59% überhaupt (und zu 13% regelmäßig).

Der Nationalitäteneffekt kombiniert sich in spezifischer Weise mit dem Geschlechtseffekt: Während deutsche Eltern ihre Kinder unabhängig vom Geschlecht sportlich gleich „behandeln“, treiben die Eltern ausländischer Kinder und die Aussiedlereltern aus der UdSSR bzw. GUS, wenn sie überhaupt Sport mit ihren Kindern treiben, mit den Jungen regelmäßiger Sport als mit den Mädchen, während sie mit ihren Mädchen häufiger „sporadisch-gelegentlich“ Sport treiben. Man kann vermuten: Mit den Jungen wird absichtlich-geplant Sport getrieben, mit den Mädchen, wenn sich die Gelegenheit ergibt. Da der Anteil der Ausländer- und Zuwandererkinder an den Schulformen von der Hauptschule zum Gymnasium stark abfällt (in unserer Stichprobe von 49% auf 13%), vermischen sich Schicht- und Nationalitäteneffekte.

Während also Schulkarriere (Gesamtschüler werden den Realschülern zugeordnet, um ausreichende Fallzahlen zu erzeugen) und Nationalität (Deutsche vs. Ausländer) in der dreifaktoriellen Varianzanalyse (mit Geschlecht) signifikante Haupteffekte auf das Sporttreiben der Kinder mit den Eltern darstellen, treten Interaktionseffekte nicht auf. Je höher also die von deutschen Aussiedlerkindern und den ausländischen Kindern, insbesondere den türkischen, besuchte Schulform ist, um so höher ist die sportive Interaktion zwischen Kindern und Eltern. Anders ausgedrückt: der Schichteffekt (vermittelt über die Schulkarriere Hauptschule - Realschule - Gymnasium) wirkt auch auf die ausländischen Populationen.

Zu einer anderen Gruppe von Einflußgrößen auf die Sportinteraktion Kinder - Eltern gehört die Sportivität des persönlichen Umfelds, das anregend wirken mag, in diesem Falle die Sportivität der Eltern. Wir haben die Kinder gefragt, ob ihre Mutter und ihr Vater Mitglied im Sportverein sind.

Tab. 3.2: Beziehung zwischen Sportvereinsstatus der Eltern und gemeinsames Sporttreiben Kind - Eltern. N=1197 Kinder des 3. und 5. Schuljahrs. Kindersportstudie NRW 1992.

Anregungsvariable		Kind treibt mit den Eltern Sport			
SpV-Status der Eltern*	N	regelmäßig	unregel-mäßig	nie	Σ
Kein Elternteil im SpV	1003	20,8%	47,4%	31,8%	100 %
Nur Mutter im SpV	60	30,0%	56,7%	13,3%	100%
Nur Vater im SpV	65	36,9%	38,5%	24,6%	100%
beide Elternteile im SpV	69	37,7%	46,4%	15,9%	100%
Σ	1197	23,1%	47,3%	29,6%	100%

Chi^2=29,274, df=6, p=.0001, signifikant, C_{korr}=.21
* SpV = Sportverein

Wie Tabelle 3.2 zeigt, treiben Eltern, die Mitglied im Sportverein sind (und aus Sicht der Kinder dort Sport treiben), mit ihren Kindern wesentlich häufiger Sport, als wenn sie in keinem Sportverein sportlich engagiert sind. Die Anregung zum gemeinsamen Sporttreiben dürfte also auch von den Eltern bzw. einem Elternteil ausgehen. Wenn beide Elternteile im Sportverein Mitglied sind, dann gehört der Familiensport oft zur „normalen" Alltags- und Ferienaktivität.

Schließlich ist die sportliche Interaktion zwischen Eltern und Kindern auch auf die Initiative und Aktivität der Kinder zurückzuführen. Kinder, die häufig(er) mit ihren Freunden Sport treiben oder dies in einem Sportverein tun, treiben auch mit ihren Eltern häufiger Sport als Kinder, die mit ihren Freunden gar keinen Sport treiben oder die in keinem Sportverein aktiv sind. Die Kontingenz-Koeffizienten liegen bei .31 und .35. Auffälligerweise sind besonders die Kinder mit ihren Eltern sportlich aktiv, die dies auch im Sportverein sind.

Wenn man abschließend eine Rangfolge der Einflußgrößen auf das Sporttreiben der Kinder mit den Eltern aufstellen will, kommt man zu folgender Reihung:

1. Sportivität der Eltern.
2. Sportivität der Kinder.
3. soziale Determinanten (Sozialschicht bzw. Nationalität).

Sporttreiben mit den Geschwistern

Ob Kinder mit ihren Geschwistern Sport treiben, hängt zunächst davon ab, ob sie überhaupt Geschwister haben, dann von weiteren Faktoren wie Alter, Altersdifferenz, Geschlechtsdifferenz und Zugehörigkeit zur Wohnfamilie. Leider haben wir dies alles im Kinderfragebogen nicht erfaßt. Unter Auswertung der Unterlagen des statistischen Bundesamts und der Bevölkerungsstatistik des Landes NRW und der Antworten der Siebtklässler in unserer Jugenduntersuchung (87% geben an, Geschwister zu haben), schätzen wir den Prozentsatz der Kinder unserer Stichprobe mit Geschwistern auf 85% und den Prozentsatz der Kinder mit Geschwistern im sportfähigen Alter (ab 6 Jahre) auf 65%.

Das Sporttreiben der Auskunftsperson mit einem oder mehreren Geschwister(n) findet auch unter Einbeziehung der Eltern oder eines Elternteils statt. Insofern handelt es sich hier nicht um exklusive soziale Settings. Wie später gezeigt wird, korrelieren beide Variablen stark, so daß man sagen kann, daß diejenigen Kinder, die mit ihrem bzw. ihren Geschwister(n) Sport treiben, dies gleichzeitig und/oder zusätzlich mit ihren Eltern tun (r=.28; p=.0000; signifikant).

Aus einer Voruntersuchung mit Berliner Kindern wissen wir, daß die Palette der unter Geschwistern betriebenen Sportarten größer ist als die Palette der Eltern-Kind-Sportarten. Die am häufigsten genannten sind:

- Fahrrad fahren, Mountain bike fahren;
- Schwimmen, Baden, Tauchen, Wasserspringen, Wasserball spielen;
- Fußball spielen;
- Federball spielen, Frisbee spielen;
- Ping Pong/Tischtennis spielen;
- Skateboard fahren, Rollerskates fahren;
- Minigolf spielen, Krocket spielen;
- Fangspiele;
- Geschicklichkeitsspiele;
- Schlitten fahren, Eislaufen.

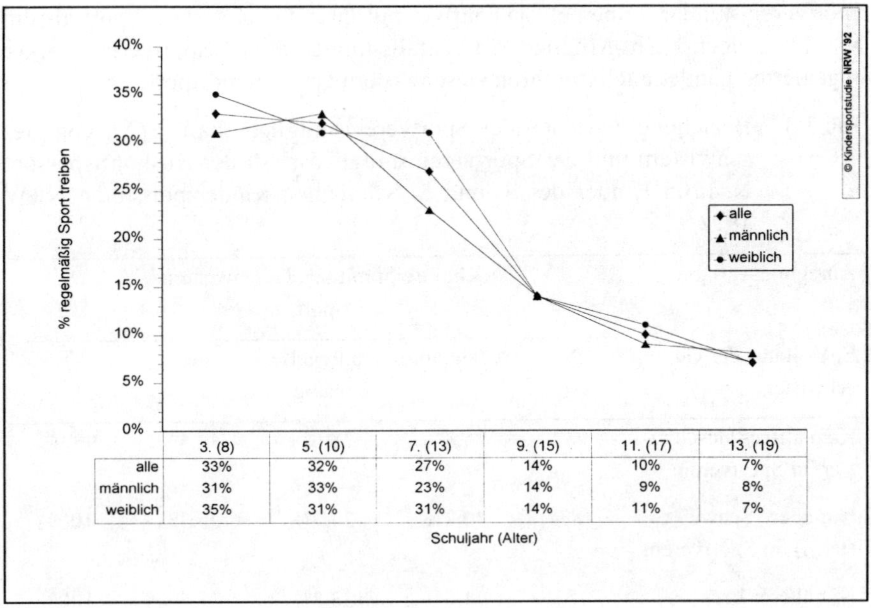

	3. (8)	5. (10)	7. (13)	9. (15)	11. (17)	13. (19)
alle	33%	32%	27%	14%	10%	7%
männlich	31%	33%	23%	14%	9%	8%
weiblich	35%	31%	31%	14%	11%	7%

Abb. 3.2: Sporttreiben mit den Geschwistern als Funktion des Lebensalters; N=3630 Kinder und Jugendliche des 3. bis 13. Schuljahres; Kinder- und Jugendsportstudie NRW 1992.

Die sportliche Aktivität unter Geschwistern wird durch keine der klassischen sozialen Determinanten Geschlecht, Alter (des schmalen Altersausschnitt von 8 bis 12 Jahre, wohl aber des größeren bis 19 Jahre; vgl. dazu KURZ/SACK/BRINKHOFF 1996, 46) und Schulkarriere (für Sozialschicht) beeinflußt, wohl aber wieder durch die Nationalität. Hier sind es die deutschen Aussiedlerkinder sowie türkischen Kinder, bei denen das Sporttreiben untereinander signifikant häufiger vorkommt als in deutschen Familien. Obwohl nicht durch unsere Daten zu belegen, da nicht erhoben, ist durch andere Studien bekannt, daß in diesen Familien mehr Kinder vorhanden sind, so daß der Nationalitäteneffekt möglicherweise auch darauf zurückzuführen ist, daß die deutschen Kinder weniger oft Geschwister haben, mit denen sie spielen oder Sport treiben könnten. In Zahlen ausgedrückt: 28% der deutschen Kinder berichten, daß sie regelmäßig mit ihren Geschwistern Sport treiben, bei den türkischen Kindern sind es 56%. Weitere Erklärungen könnten in der Kompensation liegen (ausländische Kinder befriedigen ihre Bewegungsbedürfnisse nicht in „deutschen" Sportvereinen) und der stärkeren Familienorientierung des Freizeitlebens in ausländischen Familien in Deutschland.

Wie schon im Eltern-Kind-Sport wird die Sportaktivität der Geschwister untereinander davon beeinflußt, ob die Akteure (Auskunftsperson und Geschwister) im Sportverein Mitglied sind oder nicht.

Sportvereinskinder treiben etwas häufiger mit ihren Geschwistern Sport als die Nie- bzw. Noch-Nicht-Mitglieder. Ebenfalls treiben die im Sportverein stärker engagierten Kinder auch mit ihren Geschwistern etwas mehr Sport.

Tab 3.3: Beziehung zwischen der Sportvereinsmitgliedschaft (SpV) von Geschwistern und der Sportvereinsmitgliedschaft der Auskunftsperson. N=1205 Kinder des 3. und 5. Schuljahrs. Kindersportstudie NRW 1992.

Anregungsvariable	Kind treibt mit den Geschwistern Sport				
SpV-Status der Geschwister	N	regelmäßig	unregelmäßig	nie*	Σ
Kein älteres Geschwister im Sportverein	932	25,8%	28,6%	44,5%	99,9%
Nur ältere Schwester(n) im Sportverein	87	40,2%	34,5%	25,3%	100%
Nur älterer Bruder/ältere Brüder im Sportverein	157	44,6%	33,8%	21,7%	100%
beide älteren Geschwister im Sportverein	29	44,8%	27,6%	27,6%	100%
Σ	1205	30,5%	29,7%	39,8%	100%

* Einschließlich Restkategorie: Kinder ohne Geschwister; Chi^2=60,005; df= 6; p=.0001, C_{korr}=.218

Auch wenn man einen kleinen statistischen Artefakt in der Kategorie „keine älteren Geschwister im Sportverein“ voraussetzen muß, kann man annehmen, daß die Sportfreudigkeit der Geschwister (Mitgliedschaft im Sportverein) dazu führt, daß man auch Familien-/Geschwistersport treibt. Die Effekte werden noch deutlicher, wenn man den Sportvereinsstatus der Auskunftsperson mit dem eines oder mehrerer älterer Geschwister kombiniert.

Sport mit Freunden in der Clique

Kinder treffen sich „zufällig“ auf öffentlichen Plätzen (Straße, Park, Parkhaus) oder verabreden sich zum Treff zu Hause oder anderswo - außerhalb von Institutionen, die angeleitete Freizeitaktivitäten anbieten. Der Typ von Sportaktivität, der hier bevorzugt stattfindet, wird unseres Erachtens sehr zutreffend von DENNISON (1969) am Beispiel des Streetball (Straßenbasketball) in New York beschrieben: „Ist das Spiel frei und nicht nach konventionellen Regeln gestaltet, so scheinen die dabei auftretenden Argumente der Kinder zum Wesen des

Spiels zu gehören: Sie sind laut und langatmig und auch pedantisch. Was dem Beobachter wie ein unartikuliertes Schreien erscheint (...) ist, wenn man genauer hinhört, eine Summe sehr fein differenzierter sprachlicher Mitteilungen (...). Zwischen dem Punktemachen werfen sich die Kinder ins Gras, machen Handstände, ringen miteinander, werfen Steine und rufen den vorüberfliegenden Vögeln nach. Fast immer ist ein Hund auf dem Spielfeld. Er ist in das Spiel mit eingeschlossen. Alle Erlebnisse werden während des Spiels gesammelt, alle werden wahrgenommen, und es wird von ihnen Gebrauch gemacht. Das Spiel geht bis zum Einbruch der Dunkelheit, Gewinner und Verlierer sind kaum zu unterscheiden." Eine ähnliche Vielzahl von Spielhandlungen oder Spielorganisationsweisen, wenn auch nicht unter Einbezug der nonsportiven Welt, beobachtet SCHMIDT (1989, 319-328) beim Fußballspiel. Man sollte betonen, daß auch der Freizeitsport wichtige Beiträge zum Aufbau einer postkonventionellen Moral leistet und keineswegs jene Normierung der Interaktionen vorherrscht, wie sie Kritiker des Hochleistungssports im Kindersport in den Vordergrund stellen.

In unserer Untersuchung nehmen 92% aller Kinder an dieser Peergroup-Freizeit teil, mit keinen signifikanten Geschlechts-, Alters-, Schicht- oder Nationalitätendifferenzen. Besonders guten Zugang zur Kinderclique haben die Sportvereinsmitglieder (97% haben diesen vs. 85% der Nie- bzw. Noch-Nicht-Mitglieder), entweder weil sie habituell soziale Kontakte suchen oder schaffen (Selektionseffekte des Sports, vgl. SACK 1982) oder weil sie ihre Freizeitclique aus der Sportvereinsübungsgruppe rekrutieren (oder umgekehrt: die Freizeitclique geht auch weitgehend „geschlossen" in den Sportverein).

Die in unserer Untersuchung wichtigsten Faktoren, die Kinder in das soziale Setting Sportverein einbeziehen, sind Freunde und Bekannte, die schon im Sportverein sind (22% bzw. 26% der Sportvereinsmitglieder sagen dies). So gesehen ist jemand zunächst in einer Clique und läßt sich von ihr in den Sportverein integrieren. Daten für die andere Argumentationslinie haben wir auch gesammelt: Über drei Viertel der Kinder-Sportvereinsmitglieder treffen sich außerhalb der Übungsstunden und hören sich Musikkassetten an oder spielen zusammen. Und die Antworten auf die Frage nach der Mitgliedschaft des besten Freundes/der besten Freundin im Sportverein lassen beide Deutungen zu: 56% der Kinder-Sportvereinsmitglieder sind mit ihm bzw. ihr gemeinsam dort Mitglied. In offener Fragestellung haben wir sie nach den Aktivitäten in der Kindercliquenfreizeit gefragt. Im Durchschnitt nennt jedes Kind drei Aktivitäten. Die häufigsten Aktivitäten (in Klammern: Prozentsatz der Kinder, die diese Aktivität nennen) sind:

- Sporttreiben wie Schwimmen, Reiten, Tischtennis, Volleyball (88%);
- Computerspiele (22%);
- Geschicklichkeitsspiele wie Dart werfen, Gummitwist, Tischfußball spielen, Fangen (21%);

– Gesellschaftsspiele wie Kartenspiele, Ratespiele, Knobelspiele (21%);
– Radtouren, Ausflüge machen, herumfahren (7%);
– Musizieren, Singen (7%).
– Essen, Eis essen gehen (3%);
– Reden, Zusammensein (3%);
– Fernsehen, Video anschauen, Musik hören, ins Kino gehen (6%);
– Bummeln, in Geschäfte gehen (3%);
– Malen, Zeichnen (3%);
– Sammeln/Tauschen (3%);
– Basteln, Reparieren, Zusammenbauen (3%);
– Quatsch machen, Jungen ärgern (4%).

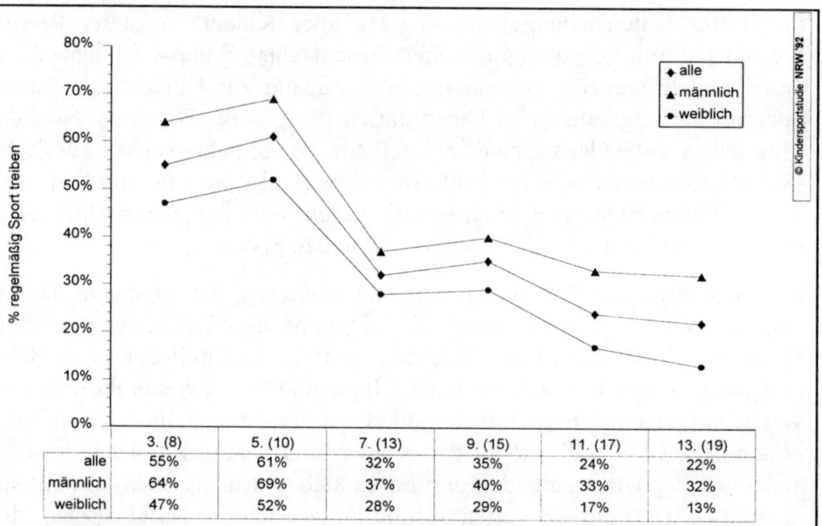

	3. (8)	5. (10)	7. (13)	9. (15)	11. (17)	13. (19)
alle	55%	61%	32%	35%	24%	22%
männlich	64%	69%	37%	40%	33%	32%
weiblich	47%	52%	28%	29%	17%	13%

Schuljahr (Alter)

Abb. 3.3: Sporttreiben in der Freundesgruppe als Funktion des Lebensalters; N=3630 Kinder und Jugendliche des 3. bis 13. Schuljahres; Kinder- und Jugendsportstudie NRW 1992.

In der „weichen" Kinderfreizeit (LÜDTKE 1972) erscheinen sowohl Aktivitäten in der Wohnung als auch solche im Freien; es erscheinen sowohl Aktivitäten mit großmotorischer Aktivität als auch die eher rezeptiv genannten. Angesichts des Charakters der „weichen" Freizeit verwundert die geringe Nennhäufigkeit des Medienkonsums. Vielleicht werden die Medien bevorzugt allein konsumiert, vielleicht sind sie angesichts ihrer Dauerpräsenz im Alltag in einer Befragungssituation mental nicht mehr voll präsent, vielleicht will man sie erwachsenen Befragern, schon gar in der Schule, nicht erzählen. HENGST (1994, 109) weist unter Auswertung einer schwedischen Untersuchung darauf hin, daß nicht nur die Musikmedien, sondern auch die Seh-Medien (Video, Fernsehen) als „background-Medien" wie schon zuvor das Radio genutzt werden (TV-Listening). Unseres Erachtens gilt dieses „parallel processing" allerdings nicht nur für diesen speziellen Bereich der Mediennutzung, sondern für den gesamten Bereich der „weichen" Freizeitaktivitäten und für wesentliche Teile der „harten" Freizeitaktivitäten: Mountainbike fahren oder Skateboard fahren ist Sport und Wegstreckenbewältigung zugleich, im dichten Wechsel von Aktivitätszirkeln laufen diese Bewegungs-Aktivitäten parallel zu verbal-kommunikativen. Noch komplexer: Auch ohne Worte wird durch Skateboard fahren oder Mountainbike fahren kommuniziert.

Unabhängig davon imponiert die große quantitative Bedeutung des körperlich-sportlichen Aktivitätenspektrums; Kinderfreizeit in der Gruppe ist offensichtlich Bewegungsfreizeit - was auch für die Mädchen gilt.

In einer Nachfrage interessierten wir uns für die Häufigkeit der Sportaktivität in der Kinderpeergroup:

Tab 3.4: Häufigkeit des Sporttreibens in der Kinderpeergroup; N=1111 Kinder des 3. und 5. Schuljahrs, die überhaupt an dieser Kinder-Freizeitkultur teilnehmen (Zahlen in Klammern: bezogen auf alle Kinder, N=1205). Kindersportstudie NRW 1992.

Häufigkeit des Sporttreibens	alle N=1096 (1205)	männlich N=549 (603)	weiblich N=547 (602)
jeden Tag	14,1% (12,9%)	18,9% (17,2%)	9,3% (8,5%)
zweimal oder öfter in der Woche	27,0% (24,6%)	31,8% (29,0%)	22,1% (20,1%)
einmal in der Woche	16,7% (15,3%)	15,7% (14,3%)	17,9% (16,3%)
selten	30,1% (27,4%)	23,6% (21,6%)	36,6% (33,2%)
nie	11,9% (19,9%)	9,8% (17,9%)	14,1% (21,9%)
Σ	99,8% (100,1%)	99,8% (100,0%)	100,0%(100,0%)

Chi^2=46,004; df = 4; p = .0000, C_{korr}=.192

53% der Kinder treiben regelmäßig Sport (jeden Tag, zweimal oder öfter in der Woche, einmal in der Woche), 80% überhaupt Sport in einer Clique von Altersgleichen in offenen sozialen Settings. Bezogen auf die Kinder, die überhaupt regelmäßig an den Aktivitäten einer solchen Clique teilnehmen, die also regelmäßig Zugang zu ihr haben, treiben 58% dort regelmäßig Sport, 88% überhaupt Sport.

Die Häufigkeit, mit der Kinder in der „weichen“ Freizeit Sport treiben, ist auch sozial determiniert: Signifikant mehr Jungen als Mädchen treiben häufiger Sport; in solitären Verdichtungsräumen und in ländlichen Zonen wird signifikant mehr von diesem Typ Freizeitsport betrieben als in den Ballungszentren; und die Hauptschüler betreiben diesen Typ von Freizeitsport signifikant seltener als Realschüler, Gesamtschüler oder Gymnasiasten. Ebenfalls signifikant ist der Nationalitäteneffekt: Türkische Kinder, deutsche Aussiedlerkinder sowie Kinder sonstiger Nationalität treiben in der Clique weniger häufig (überhaupt und oft) Sport. Der Alterseffekt tritt erst im Jugendalter auf - wenn diese Form des Sporttreibens nachläßt.

In einer dreifaktoriellen Varianzanalyse mit den Faktoren „Geschlecht“, „Schulkarriere“ (für Sozialschicht - Gesamtschüler zu Realschülern) und „Nationalität“ (deutsche Kinder vs. Ausländer einschließlich deutsche Aussiedlerkinder) ergeben sich die oben bekannten Haupteffekte. Interessant sind die Zwei-Wege-Interaktionseffekte: An dem Cliquensport nehmen weibliche Hauptschüler seltener teil als männliche, die sich wiederum kaum von den übrigen männlichen Schülern der Realschule und des Gymnasiums unterscheiden; und am Cliquensport nehmen insbesondere weibliche ausländische Schülerinnen (einschließlich deutsche Aussiedlerkinder) nicht teil, während sich die ausländischen Jungen von den deutschen Jungen in der Häufigkeit der Teilnahme am Cliquensport kaum unterscheiden. Die Teilhabe am Cliquensport ist fast ausschließlich durch die Verfügbarkeit einer Clique bedingt.

Die Erzeugung der Sportaktivität ist jedoch auch eine Funktion genereller Sportbegeisterung und Sportkompetenz. So kommt es, daß fast jedes Kinder-Sportvereinsmitglied in der Clique Sport treibt (93%), aber „nur“ 81% der Nie- bzw. Noch-Nicht-Mitglieder. Vermutlich (s.o.) gesellen sich die Sportvereinsmitglieder auch in der bzw. zu der Cliquenfreizeit und treiben (auch dort) Sport. Und etwa die Hälfte (49%) der Sportvereinsmitglieder treibt zweimal und mehr pro Woche Cliquensport vs. nur ein Drittel (32%) der Nie- bzw. Noch-Nicht-Mitglieder.

Das Argument, daß die Sportkompetenz zu vermehrter Sportaktivität in der Cliquenfreizeit führt, wird auch durch einige empirische Daten gestützt: Die Schülerinnen und Schüler mit einer schwächeren Sportnote (befriedigend/ausreichend) treiben signifikant seltener und weniger Cliquensport als die „sehr guten“ Schülerinnen und Schüler (44% regelmäßig vs. 73% regelmäßig). Cliquensport ist - so gesehen - auch eine Funktion allgemeiner Sportbegeisterung *und* -kompetenz neben höherer Soziabilität.

Sport in Institutionen: Sportverein, kommerzielle Angebote und Freizeitverein

Kinder wie Jugendliche und Erwachsene treiben in Institutionen, also festen Gruppen, sozialen Körperschaften, Sport. Die bekannteste dieser Institutionen, die in Kap 4. näher untersucht wird, ist der Sportverein. Daß kommerzielle Sporteinrichtungen auch für Kinder geschaffen wurden, ist oft nur Fachleuten bekannt, insbesondere die Reit(er)schulen, die Ballettschulen und die Kampfsportschulen sind sehr beliebt. Schließlich gibt es Kinder- und Jugendgruppen wie die Pfadfinder oder Kirchengruppen, die zusätzlich zu ihrer zentralen Aktivität Sport als attraktives Zusatzprogramm anbieten oder den Kindern dafür (eigeninitiativ) Platz lassen.

Der Sportverein

Tab. 3.5: Mitgliedschaft und Häufigkeit des Sporttreibens im Sportverein; N=1205 Kinder des 3. und 5. Schuljahrs; Kindersportstudie NRW 1992.

Mitgliedschaft im Sportverein	alle N=1205	männlich N=603	weiblich N=602	Chi-Quadrat-Test
alle	42,9%	50,2%	35,5%	s.s.
*Schulkarriere**				
Hauptschüler	35,9%	52,4%	17,6%	
Real- u. Gesamtschüler	45,8%	53,3%	38,1%	s.
Gymnasiasten	54,9%	66,3%	44,7%	
Nationalilität				
Deutsche	49,4%	53,7%	45,0%	
dt. Aussiedler	20,0%	24,6%	15,9%	
Türken	25,2%	50,9%	3,1%	s.s.
sonstige Ausländer	25,8%	49,1%	22,6%	
Siedlungsstruktur				
Ballungszentren	35,6%			
solitäre Verdichtungsgebiete	40,0%			
Ballungsrandzonen	47,0%			s.s.
Ländliche Zonen	50,8%			
Häufigkeit des Sporttreibens im Sportverein	**alle N=517**	**männlich N=303**	**weiblich N=214**	
öfter als 2x/Woche	15,1%	21,5%	6,1%	
2x/Woche	29,8%	33,3%	24,8%	
1x/Woche	50,7%	40,6%	65,0%	s.s.
selten/nie	4,4%	4,6%	4,2%	

* In den Subgruppen der Variable Schulkarriere in allen Tabellen nur Versuchspersonen des 5. Schuljahres (N=608).

Die im Kindersport des Sportvereins betriebenen Sportarten werden ausführlich in Kap. 4 beschrieben, hier nennen wir lediglich die zehn wichtigsten des erstgenannten Sportvereins:

- Fußball (26%);
- Schwimmen (16%);
- Turnen/Gerätturnen (14%);
- Handball (6%);
- Leichtathletik (5%);
- Tennis (5%);
- Judo (5%);
- Sport und Spiel allgemein (4%);
- Tischtennis (3%);
- Kampfsportarten (außer Judo): Karate, Boxen, Ringen (2%).

Die Mitgliedschaft im Sportverein und die Aktivitätsquote in ihm unterliegt den bekannten sozialen Determinanten: Jungen sind häufiger im Sportverein Mitglied als Mädchen (50,2% zu 35,5%) und treiben dort häufiger Sport (55% zweimal und mehr pro Woche vs. 31%). Die frühe geschlechtsspezifische „Prägung" überrascht negativ angesichts des langen zeithistorischen Trends zum Ausgleich von Geschlechtsdifferenzen z.B. im Bildungsbereich.

Die Mitgliedschaftsquoten unterliegen auch den siedlungsstrukturellen Gegebenheiten: Sie steigen von den Ballungsgebieten (36% der Kinder im Sportverein) über die solitären Verdichtungsgebiete und die Ballungsrandzonen zu den ländlichen Zonen (51% der Kinder sind Mitglied im Sportverein) kontinuierlich an. Die Gründe sehen wir weniger in einem geringeren Angebot an Sportvereinen in den verstädterten Gebieten als in der Menge der Alternativen, die die Stadtkinder haben und nutzen. In der Literatur und unter Sportfunktionären taucht immer wieder die These auf, daß die sportlichen Talente überproportional oft vom Lande kommen; was die Kindertalente anbetrifft. Wie zu erwarten hat der Wohnorttyp selbst keinen Einfluß auf die Häufigkeit der Sportaktivität im Sportverein.

Die Mitgliedschaftsquote im Sportverein ist auch eine Funktion der Sozialschicht, auch hier über den Ersatzindex Schulkarriere gemessen: Nur 36% der Hauptschüler sind im Sportverein organisiert, 46% der Realschüler und Gesamtschüler, jedoch 55% der Gymnasiasten. Auch hier finden wir jedoch keinen Zusammenhang mit der Aktivitätsquote im Sportverein.

Schließlich gibt es einen sehr starken Nationalitäteneffekt auf den Organisationsgrad im Sportverein: Deutsche Kinder sind zu 49% im Sportverein organisiert, türkische zu 25% und die Aussiedlerkinder zu 20%. Erneut fehlt ein

Zusammenhang mit der Aktivitätsquote im Sportverein, m.a.W.: Wenn hinsichtlich Sozialschicht und Nationalität „benachteiligte“ Gruppen erst einmal Mitglied im Sportverein sind, passen sie sich motivational den dortigen Gepflogenheiten und Möglichkeiten an.

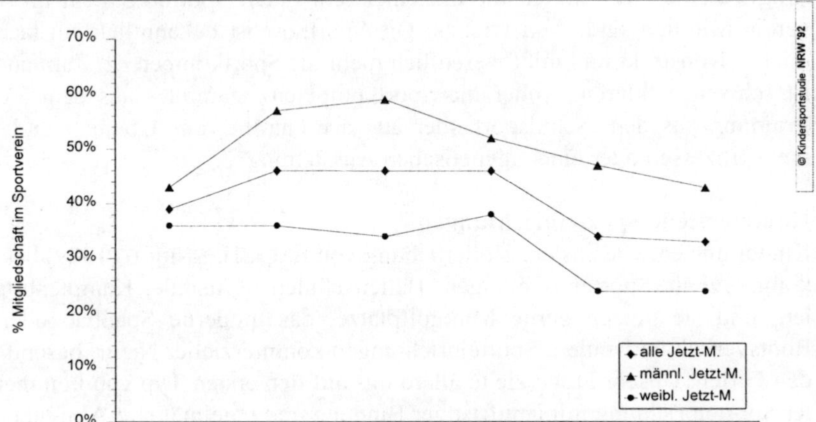

	3. (8)	5. (10)	7. (13)	9. (15)	11. (17)	13. (19)
alle Jetzt-M.	39%	46%	46%	46%	34%	33%
männl. Jetzt-M.	43%	57%	59%	52%	47%	43%
weibl. Jetzt-M.	36%	36%	34%	38%	24%	24%

Schuljahr (Alter)

Abb. 3.4: Mitgliedschaft im Sportverein als Funktion des Lebensalters, differenziert nach Geschlecht; N=1476 Jetzt-Mitglieder des 3. bis 13. Schuljahres; Kinder- und Jugendsportstudie NRW 1992.

Die dreifaktorielle Varianzanalyse belegt, neben den bereits erwähnten signifikanten Haupteffekten, eine signifikante Interaktion zweiter Ordnung: Besonders die Ausländermädchen und die deutschen Aussiedlermädchen sind im Sportverein kaum vertreten - während die auch vorhandenen großen Unter schiede zwischen männlichen und weiblichen Hauptschülern nicht signifikant sind. Beeindruckend deutlich: nur 3% der türkischen Mädchen sind in einem Sportverein Mitglied (Aussiedler: 16%) - gegenüber 35% der deutschen Mädchen. Ähnlich verhält es sich mit der Schulkarriere: 18% der Hauptschülerinnen sind im Sportverein, 38% der Real- und Gesamtschülerinnen und 45% der Gymnasiastinnen.

Die Mitgliedschaft im Sportverein ist jedoch nicht nur durch die klassischen sozialen Merkmale (co-)determiniert, sondern viel stärker durch Anregungsvariablen im sozialen Umfeld (Familie, Freunde), was in Kap. 4 dargestellt wird.

Auch kovariieren Sportkompetenz (gemessen über Schulsportnote für die Fünftklässler) und Sportvereinsmitgliedschaft systematisch: 63% der Schüler mit der Note „sehr gut“ sind im Sportverein Mitglied, aber nur nur 37% der

Schüler mit den Noten „befriedigend" und „ausreichend" (Erwartungswert: 43%). Der Effekt der Sportnote auf die Sportvereinsmitgliedschaft ist allerdings beeindruckend stark, nicht nur quantitativ ($C=.18$; $C_{korr}=.20$): Denn es gibt mehr Schüler mit Sportnoten schlechter als „sehr gut", die im Sportverein Mitglied sind, als Schüler, die mit einer sehr guten Sportnote nicht im Sportverein Mitglied sind. Andererseits: Die Sportnote ist bekanntlich ein facettenreiches Konstrukt und mißt wesentlich mehr als Sportkompetenz. Zum anderen ist schwer zu klären, woher die Sportkompetenz stammt - aus dem Vereinstraining, aus dem Schulsport oder aus der Familie, aus Übungs- und Trainingsprozessen oder einer „genetischen Ausstattung".

Kommerzielle Sporteinrichtungen

Kinder nutzen, wie aus der Vollerhebung von SACK/HENNRICH (1989) bekannt, kommerzielle Sporteinrichtungen: Ballettschulen, Reitställe, Kampfsportschulen; und sie nutzen gerne Minigolfplätze, das moderne Spaßbad oder den Bootsverleih und andere Sporteinrichtungen kommerzieller Natur, besonders in den Ferien. Unsere Frage zielte allerdings auf den ersten Typ von kommerzieller Sporteinrichtung mit langfristiger Bindung und regelmäßiger Aktivität.

In unserer Stichprobe berichten 30% der Kinder von Mitgliedschaft bzw. Aktivität in diesen Einrichtungen, und die Mehrheit von diesen (82%) nutzen diese Einrichtung mindestens einmal wöchentlich. Bezogen auf alle Kinder nutzen 29% der Kinder eine solche kommerzielle Sporteinrichtung überhaupt, 24% regelmäßig.

Die in den kommerziellen Sporteinrichtungen betriebenen Sportarten sind, aus einer Berliner Vorstudie bekannt, in erster Linie:

- Ballett;
- Gymnastik;
- Kampfsportarten wie Judo, Karate, seltener Ringen und Boxen;
- Reiten, auch Dressurreiten und Voltigieren;
- Konditionstraining.

Die kommerziellen Sporteinrichtungen werden häufiger von Mädchen als von Jungen besucht (34% vs. 23%), was durch das angebotene und genutzte Sportartenspektrum (s.o.) erklärlich ist. Bemerkenswert ist, daß ungefähr gleich viele acht- bis zwölfjährige Mädchen in die kommerzielle Sporteinrichtung und den Sportverein gehen (vgl. dazu die systematische Zusammenfassung am Ende dieses Unterkapitels). Was die Frequenz der Nutzung dieser Einrichtung angeht, tritt wiederum das gleiche Bild auf: Jungen nutzen sie häufiger als Mädchen.

Auch die anderen klassischen sozialen Determinanten sind von großem Einfluß: Vom dritten zum fünften Schuljahr nimmt die Zuwendung zur kommerziellen Sporteinrichtung stark zu, Schicht- und Nationalitätenunterschiede wiederholen sich im bekannten Muster: Die Hauptschüler sind in kommerziellen

Tab. 3.6: Mitgliedschaft und Häufigkeit des Sporttreibens in einer kommerziellen Sporteinrichtung; N=1205 Kinder des 3. und 5. Schuljahrs; Kindersportstudie NRW 1992.

Mitgliedschaft in kommerzieller Sporteinrichtung	alle N=1205	männlich N=603	weiblich N=602	Chi-Quadrat-Test
alle	28,7%	23,1%	34,3%	s.s.
*Schulkarriere**				
Hauptschüler	25,6%	35,8%	14,9%	s.s.
Real- u. Gesamtschüler	32,6%	32,5%	32,8%	
Gymnasiasten	40,7%	23,9%	54,5%	
Nationalilität				
Deutsche	31,3%	24,6%	39,7%	s.s.
dt. Aussiedler	19,2%	17,9%	20,6%	
Türken	26,1%	32,1%	22,2%	
sonstige Ausländer	21,7%	16,0%	28,8%	
Siedlungsstruktur				
Ballungszentren	27,3%			s.s.
solitäre Verdichtungsgebiete	7,3%			
Ballungsrandzonen	47,0%			
Ländliche Zonen	27,2%			
Häufigkeit des Sporttreibens in kommerzieller Sporteinrichtung	**alle N=346**	**männlich N=139**	**weiblich N=207**	
2x oder öfter die Woche	33,8%	41,7%	28,5%	s.s.
1x/Woche	48,3%	40,2%	53,6%	
selten	17,9%	18,0%	17,9%	

* In den Subgruppen der Schulkarriere in allen Tabellen nur Versuchspersonen des 5. Schuljahres (N=608).

Sporteinrichtungen wesentlich seltener anzutreffen als die Gymnasiasten (26% zu 41%), und deutsche Kinder häufiger als nichtdeutsche sowie die Aussiedlerkinder. Bemerkenswert ist jedoch auch hier der relativ hohe Anteil von türkischen Kindern. Die Mitgliedschaft in einer kommerziellen Sporteinrichtung unterliegt auch siedlungsstrukturellen Gegebenheiten, wobei die auffällig niedrige Mitgliedschaftsquoten der Kinder aus dem solitären Verdichtungsraum ebenso schwer verständlich sind wie die gleich hohen Quoten der Kinder aus den Ballungszentren und den ländlichen Zonen. Die Kenntnis über die Verteilung kommerzieller Sporteinrichtungen und die Ergebnisse der Studie des

Deutschen Jugendinstituts (1992) haben andere Ergebnisse erwarten lassen.

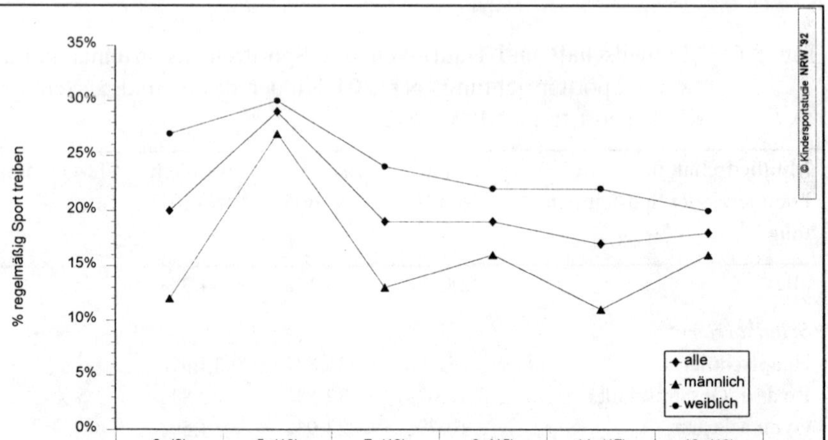

	3. (8)	5. (10)	7. (13)	9. (15)	11. (17)	13. (19)
alle	20%	29%	19%	19%	17%	18%
männlich	12%	27%	13%	16%	11%	16%
weiblich	27%	30%	24%	22%	22%	20%

Schuljahr (Alter)

Abb. 3.5 Sporttreiben in kommerziellen Sporteinrichtungen als Funktion des Lebensalters; N=3630 Kinder und Jugendliche des 3. bis 13. Schuljahres; Kinder- und Jugendsportstudie NRW 1992.

In der dreifaktoriellen Varianzanalyse (Geschlecht, Schulkarriere für Schicht stehend sowie Nationalität) wiederholen sich die bekannten Haupteffekte und treten statistisch bedeutsame Interaktionen auf: Mit zunehmender Sozialschicht sind weniger Jungen, aber mehr Mädchen in einer kommerziellen Sporteinrichtung Mitglied und aktiv - der seltene Fall einer tatsächlich disordinalen Interaktion. Signifikant ist auch die Interaktion zwischen Sozialschicht (Schulkarriere) und Nationalität (deutsch vs. Aussiedler und Ausländer): Unter den deutschen Hauptschülern gibt es wesentlich weniger Mitglieder kommerzieller Sporteinrichtungen als unter den nichtdeutschen. Umgekehrt ist der Nationalitäteneffekt auf die Mitgliedschaft in einer kommerziellen Sporteinrichtung bei Gymnasiasten sehr gering.

Der Besuch einer kommerziellen Sporteinrichtung hat offensichtlich wenig mit allgemeiner Sportkompetenz zu tun, denn eine systematische Kovariation mit der Schulsportnote tritt nicht auf. Dagegen dominieren auch in der kommerziellen Sporteinrichtung die Sportvereinsmitglieder, so daß - bezogen auf Mitgliedschaft - beide Fälle vorkommen: Kompensation wie auch Ergänzung (vgl. dazu den Abschluß dieses Unterkapitels).

Sport in anderen Kinder- und Jugendorganisationen

Kinder gehören auch anderen Organisationen an, wie einem Gesangsverein oder einem Chor (Schule, Kirche usw.), einer Musikschule, den Pfadfindern oder gehen regelmäßig zu den Kinderfreizeitgruppen der Kirchengemeinde u.a.m. Tcil des Programms dieser Gruppen ist insbesondere im Jugendalter der Sport. Uns interessierte, ob Sport schon im Kindesalter ein attraktiver Programmpunkt dieser Organisationen ist.

Tab. 3.7: Mitgliedschaft und Häufigkeit des Sporttreibens in einer Kinder- und Jugendorganisation; N=1205 Kinder des 3. und 5. Schuljahrs; Kindersportstudie NRW 1992.

Mitgliedschaft in Kinder- und Jugendorganisation	alle N=1205	männlich N=603	weiblich N=602	Chi-Quadrat-Test
alle	29,8%	23,5%	36,0%	s.
Schulkarriere				
Hauptschüler	23,7%	18,3%	29,7%	s.s.
Real- u. Gesamtschüler	28,8%	21,3%	36,4%	
Gymnasiasten	38,7%	29,6%	46,5%	
Nationalität				
Deutsche	33,4%	25,9%	41,2%	s.s.
dt. Aussiedler	20,0%	21,1%	19,0%	
Türken	15,1%	10,9%	18,8%	
sonstige Ausländer	28,3%	20,8%	35,8%	
Siedlungsstruktur				
Ballungszentren	27,6%			s.s.
solitäre Verdichtungsgebiete	18,2%			
Ballungsrandzonen	29,7%			
Ländliche Zonen	34,5%			
Häufigkeit des Sporttreibens in Kinder- und Jugendorganisation	N=359	N=142	N=217	
2x oder öfter die Woche	6,1%	8,5%	4,6%	s.
1x/Woche	20,9%	23,9%	18,9%	
selten	29,0%	26,8%	30,4%	
nie	44,0%	40,8%	46,1%	
Σ	100,0%	100,0%	100,0%	

Die Häufigkeit des Sporttreibens in diesen Organisationen ist - angesichts ihrer anderen thematischen Hauptzielsetzungen - beträchtlich, etwa jedes vierte Mitglied (27%) treibt dort regelmäßig Sport, über die Hälfte (56%) überhaupt. Der Sport in diesen Organisationen ist also überwiegend Gelegenheitssport und kein Routineangebot.

Die Untersuchung der sozialen Determinanten Geschlecht, Alter, Siedlungsstruktur, Sozialschicht (über Schulkarriere) und Nationalität ergibt überwiegend signifikante Unterschiede: Mädchen sind in diesen Organisationen häufiger Mitglied als Jungen, Gymnasiasten häufiger als Realschüler, Deutsche häufiger als Ausländer. Dagegen spielt das Alter (noch) keine Rolle bei der Determinierung der Zuwendung zu solchen Organisationen. Schließlich: je ländlicher das Siedlungsgebiet, um so höher der Organisationsgrad der Kinder in diesen Kinder- und Jugendorganisationen. Die dreifaktorielle Varianzanalyse (mit den Faktoren Geschlecht, Schulkarriere und Nationalität) bestätigt die oben genannten Haupteffekte, Interaktionen sind nicht signifikant.

Die Teilhabe am Sport dieser Organisationen zeigt auch hier geschlechtsspezifische Differenzen. Andere Effektgrößen erreichen - auch in der Interaktionsanalyse - keine Signifikanz: Sind die Kinder erst einmal durch den Filter des Zugangs zu diesen Organisationen gegangen, wäre es erstaunlich, wenn bei den (sportlichen oder anderen) Aktivitäten erneut gefiltert würde. Den geschlechtsspezifischen Effekt erklären wir erstens damit, daß einige Kindergruppen auch diesen Alters schon geschlechtsspezifisch homogen sind - und Mädchen schon in diesem Alter generell, so auch in dieser Organisation weniger Sport treiben, zum anderen damit, daß sich Mädchen diesem Gelegenheitssport nicht immer anschließen.

Die Nutzung von Sportgelegenheiten im Vergleich

Zunächst ist zu fragen, in wieviel sportlichen Gelegenheiten die Kinder eingebunden sind bzw. daran teilhaben. Im Durchschnitt sind die Kinder in drei von sechs Gelegenheiten Mitglied/haben „natürlichen“ Zugang, und zwar Eltern, Geschwister, Freundesgruppe, kommerzielle Sporteinrichtung, Freizeitorganisation und Sportverein, und in knapp zwei Situationen treiben sie regelmäßig Sport (vgl. Tab 3.8): Dies ist insgesamt über alle Kinder eine große situative Breite des Sportengagements, die erst dann schmal(er) wird, wenn man auf die Regelmäßigkeit des Sportengagements Bezug nimmt. Und die Kinder unterscheiden sich sehr danach, ob sie an einer Vielfalt von Sportgelegenheiten teilnehmen oder nur einen schmalen Ausschnitt wahrnehmen: 4% der Kinder nehmen an keiner Sportgelegenheit teil, 10% nur an einer, aber etwa ebensoviele nutzen fünf bis sechs, also jede der von uns genannten. Da sich die Sportgelegenheiten überschneiden, z.B. Elternsport mit Geschwistersport und Geschwistersport mit Cliquensport, kann über diesen methodischen Zugang nicht ohne weiteres auf die Häufigkeit des Sportengagements geschlossen werden - sie liegt vermutlich etwas niedriger.

Immerhin jedes fünfte Kind nimmt an keiner Sportgelegenheit *regelmäßig* teil, und ein weiteres Viertel der Kinder nutzt nur eine Sportgelegenheit regelmäßig. Weniger als 5% der Kinder besuchen fünf bzw. sechs Sportgelegenheiten regelmäßig. Jungen und Mädchen nehmen die Vielfalt der Sportgelegenheiten in fast gleich vielfältiger Weise in Anspruch. Da jedoch ein Viertel der Mädchen keine Sportgelegenheit regelmäßig nutzt, liegt der Mittelwert der Mädchen in der Menge der regelmäßig genutzten Sportgelegenheiten signifikant niedriger. Es treten zudem die bekannten Schulkarriere-/Schichtunterschiede zuungunsten der Hauptschüler auf, die im wesentlichen auf die geringe Sportbeteiligung der weiblichen Hauptschüler zurückzuführen sind (signifikante Interaktion). Und es wiederholen sich die signifikanten Unterschiede hinsichtlich der Ethnizität mit der geringeren Beteiligung der Ausländer einschließlich der deutschen Aussiedler am Sport, wobei die Sportpartizipation der nichtdeutschen Mädchen besonders gering ist (signifikante Interaktion). Mit zunehmendem Alter (von 8 nach 12 Jahren) nehmen die Kinder an mehr Sportgelegenheiten teil. Und: je ländlicher die Siedlungsstruktur, um so größer die Vielfalt der genutzten Sportgelegenheiten (!).

Tab. 3.8: Anzahl der Sportgelegenheiten, die Kinder überhaupt bzw. regelmäßig nutzen; maximal sechs Sportgelegenheiten: Eltern, Geschwister, Freundesgruppe, kommerzielle Sporteinrichtung, Kinderfreizeit-Organisation, Sportverein. N=1205 Kinder beiderlei Geschlechts im 3. und 5. Schuljahr. Kindersportstudie NRW 1992.

	Menge der genutzten Sportgelegenheiten (N=1205)									
Gruppe	0	1	2	3	4	5	6	Σ	$\overline{x}$	s
alle										
überhaupt	4,2%	10,3%	19,0%	30,8%	22,8%	10,8%	2,1%	100%	3,0	1,4
regelmäßig	20,7%	24,5%	25,1%	18,3%	8,1%	2,7%	0,6%	100%	1,8	1,4
überhaupt										
Jungen	3,0%	10,6%	21,1%	30,8%	23,9%	9,3%	1,3%	100%	3,0	1,3
Mädchen	5,5%	10,0%	16,9%	30,7%	21,8%	12,3%	2,8%	100%	3,0	1,4
regelmäßig										
Jungen	16,9%	23,7%	27,9%	20,6%	8,1%	2,3%	0,5%	100%	1,9	1,3
Mädchen	24,6%	25,2%	22,4%	15,9%	8,1%	3,0%	0.7%	100%	1,7	1,4

Die Beteiligung an einer Vielzahl von Sportgelegenheiten ist eine Funktion der Sportkompetenz: Von den Kindern mit der Sportnote „sehr gut“ nehmen 27% an 5 bzw. 6 Sportgelegenheiten teil, gegenüber 12% der Kinder mit den Sportnoten „befriedigend/ausreichend“. Die statistische Kontingenz zwischen Teilhabe an Situationen des Sports (Anzahl überhaupt oder regelmäßig) und Schulsportnote ist hoch signifikant.

Noch stärker ist die Kontingenz zwischen Teilhabe an einer Vielzahl von Sportgelegenheiten und Sportvereinsstatus, selbst wenn man aus dem Index „Teilhabe an Sportgelegenheiten“ den Sportverein herausnimmt: Sportvereinsmitglieder nehmen im Durchschnitt 1,5 Sportgelegenheiten mehr wahr als Nichtsportvereinsmitglieder.

Im folgenden wollen wir die verschiedenen Sportgelegenheiten in ihrer Verbreitung und Nutzung in der Grundgesamtheit vergleichen. Mit „Verbreitung der Teilhabe" (überhaupt bzw. regelmäßig) ist der Prozentsatz der Kinder gemeint, die in einer Sportgelegenheit Sport treiben, bezogen auf die Grundgesamtheit aller Kinder (N=1205); vgl. dazu auch Anmerkungen bei der Tab. 3.9. Mit „Nutzung" ist der Prozentsatz der Kinder gemeint, die als „Mitglieder" der Institution/Gruppe/Situation, dort überhaupt bzw. regelmäßig Sport treiben.

Die Zahlen in den Tabellen beruhen einerseits auf Schätzungen, andererseits können sie um sehr geringe Prozentpunkte von den Daten aus den vorigen Tabellen dieses Abschnitts abweichen, u.a. auch wegen unterschiedlicher Behandlung fehlender Antworten. Im Falle der Sportgelegenheit „Geschwistersport" haben wir geschätzt (vgl. STATISTISCHES BUNDESAMT 1988; GUTSCHMIDT 1989), daß etwa 65% der Kinder zwischen 8 und 12 Jahren Geschwister haben, die in einem sportfähigen Alter sind. Die Zahl der aktiven Mitglieder im Sportverein mußten wir schätzen, da wir bei der Erhebung der Sportaktivität im Sportverein auf die Kategorie „Treibe im Sportverein keinen Sport" verzichteten. Der Prozentsatz von 42,9% Kindern im Sportverein ergab sich methodisch dadurch, daß bei der Befragung im Klassenverband festgestellt wurde, wer in mindestens einem Sportverein aktiv Sport treibt (Kategorie „aktuell (jetzt)"); dieser erhielt den Sportvereinstatus. Wer jetzt nicht mehr aktiv war, erhielt den „Sportverein-Früher"-Status. Mit dieser Technik wollten wir einerseits die Kinder als Sportvereinsmitglieder zählen, die zwar noch nicht formell Mitgliedschaft erhalten hatten, aber dort aktiv übten. Und wir wollten diejenigen nicht mehr zu den Mitgliedern zählen, die aus formellen Gründen erst zum Jahresende oder noch später aus der Mitgliedschaft entlassen werden. Dies hat zur Folge, daß möglicherweise der Prozentsatz der Mitglieder zutreffend ist (weil sich Noch-Nicht-Mitglieder und Nicht-Mehr-Mitglieder ausgleichen), aber die Aktivitätsquote wird dadurch überschätzt. Dennoch haben wir im Falle der Kinder den Wert 99% sportaktive Kinder im Sportverein angenommen, obgleich unter Jugendlichen Werte zwischen 75% und 95% vorkommen, also 5 bis 25% der jugendlichen Mitglieder seit mehr oder weniger langer Zeit keine sportlich aktiven Mitglieder mehr sind.

Wie aus Tab. 3.9, Spalte 1 ersichtlich, ist die Situation „Eltern" am häufigsten unter Kindern verbreitet - beinahe jedes Kind hat „Zugang" zu mindestens einem Elternteil. Ähnlich verhält es sich bei der Situation „Freundesgruppe/Kinderclique", zu der 92% der Kinder gehören. Alle anderen Situationen sind deutlich seltener vorhanden, dazu zählen auch die Geschwister im sportfähigen Alter.

Tab. 3.9: Die Nutzung von Sportgelegenheiten (Eltern, Geschwister usw.) in % im Vergleich; N=1205; Kinder im 3. und 5. Schuljahr. Kindersportstudie NRW 1992.

Gruppe	1 Mitgliedschaft N=1205	2 Nutzung überhaupt N=variabel	3 Nutzung regelmäßig N=variabel	4 Verbreitung Sport treiben überhaupt N=1205	5 Verbreitung Sport treiben regelmäßig N=1205
alle (N=1205)					
Eltern	99,0	70,0	23,0	70,0	22,8
Geschwister	ca. 65,0	ca. 92,0	ca. 46,0	ca. 60,0	29,9
Freundesgruppe	92,2	88,1	58,0	81,1	53,5
Kommerz. SpE	28,7	ca. 95,0	82,1	27,3	23,6
Freizeitorganisat.	29,8	56,0	27,0	16,7	8,1
Sportverein	42,9	ca. 99,0	95,6	ca. 42,0	41,0
Jungen (N=603)					
Eltern	99,0	69,0	24,0	68,3	23,8
Geschwister	ca. 65,0	ca. 89,0	ca. 45,0	ca. 58,0	29,3
Freunde	92,3	90,2	66,4	83,3	61,3
Kommerz. SpE	23,0	ca. 95,0	81,9	21,9	18,8
Freizeitorganisat.	23,5	59,2	32,4	13,9	7,6
Sportverein	50,2	ca. 99,0	95,4	49,7	47,9
Mädchen(N=602)					
Eltern	99,0	71,1	23,1	70,1	22,9
Geschwister	ca. 65,0	ca. 95,0	ca. 47,0	ca. 62,0	30,6
Freunde	92,1	85,9	49,3	65,9	45,4
Kommerz. SpE	34,3	ca. 95,0	82,1	32,6	28,2
Freizeitorganisat.	36,0	53,9	23,5	19,4	8,3
Sportverein	35,5	ca. 99,0	95,8	35,1	34,0

Spalte 1: Mitgliedschaft: Prozentwert = Anzahl der Kinder, die „natürlichen" Zugang zu der Gruppe (Eltern, Geschwister) haben bzw. die formelles (Sportverein, Freizeitorganisation, kommerzielle Sporteinrichtung) Mitglied bzw. Mitglied einer informellen Gruppe (Kinderclique) sind, geteilt durch 1205 (Gesamtstichprobe) mal 100.

Spalte 2: Nutzung überhaupt: Prozentwert = Anzahl der Kinder, die in den angegebenen Gruppen (Eltern, Geschwister etc.) Sport treiben, geteilt durch die Anzahl der Kinder, die in diesen Gruppen Mitglied sind bzw. natürlichen Zugang haben (Wert N aus Spalte 1) mal 100.

Spalte 3: Nutzung regelmäßig: Prozentwert = Anzahl der Kinder, die in den angebenen Gruppen (Eltern, Geschwister etc.) regelmäßig Sport treiben, geteilt durch die Anzahl der Kinder, die in diesen Gruppen Mitglied sind bzw. natürlichen Zugang haben (Wert N aus Spalte 1) mal 100.

Spalte 4: Verbreitung Sport überhaupt: Prozentwert = Anzahl der Kinder, die in den angegebenen Gruppen (Eltern, Geschwister etc.) Sport treiben, geteilt durch 1205 (Stichprobe alle), mal 100.

Spalte 5: Verbreitung Sport regelmäßig: Prozentwert = Anzahl der Kinder, die in den angegebenen Gruppen (Eltern, Geschwister etc.): regelmäßig Sport treiben, geteilt durch 1205 (Stichprobe alle), mal 100.

Im nächsten Schritt vergleichen wir die Frequenzen des Sporttreibens (überhaupt, Spalte 2; regelmäßig mindestens einmal pro Woche, Spalte 3) der Mitglieder dieser Situationen. Wie ersichtlich, treibt fast jedes Kind, das Geschwister im sportfähigen Alter hat, ebenso Sport mit diesem, wie fast jedes Kind, das in einer kommerziellen Sporteinrichtung oder im Sportverein Mitglied ist, dort Sport treibt. Eine sehr hohe sportive Nutzung (88%) besteht auch unter den Mitgliedern der informellen Kinderclique. Vergleichsweise dazu fällt die Sportaktivität in der Situation Eltern, Kinder- und Jugendorganisation etwas ab, aber über die Hälfte der Mitglieder berichtet davon. Zugespitzt: Bewegung, Spiel und Sport kommt in beinahe jeder Gelegenheit vor, wo Kinder Zugang oder natürliche Mitgliedschaft haben.

Deutlich anders sieht das Sportgelegenheitenprofil aus, wenn die Regelmäßigkeit der Sportaktivität betrachtet wird. Ein hoher Grad von Regelmäßigkeit im Sporttreiben herrscht nur in den Situationen Sportverein (96%) und kommerzielle Sporteinrichtung (82%); in der Freundesgruppe wird nur von jedem zweiten Mitglied (58%) von regelmäßiger Sportaktivität berichtet, ähnliches gilt für die Situation Geschwister (46%). Und nur jedes vierte Kind berichtet von regelmäßigen Sportaktivitäten mit den Eltern oder in einer Kinderfreizeitgruppe.

Anders ausgedrückt: In den dafür vorgesehenen Institutionen treiben fast alle Kinder-Mitglieder tatsächlich regelmäßig Sport, in der Peergruppenfreizeit (Geschwister, Kinderclique) treibt jeder (jede!) zweite regelmäßig Sport, während der Elternsport und der Sport in den Kinder- und Jugendorganisationen typischerweise sporadisch ist.

Ein ganz anderer Aspekt der Betrachtung des Sportengagements der Kinder liegt in der Verbreitung des Sporttreibens bezogen auf die Gesamtheit aller Kinder, unabhängig von der Mitgliedschaft. Hier wird deutlich, daß die Kinder im Durchschnitt 1,8 Sportsituationen regelmäßig und drei überhaupt sportlich nutzen.

Was die Verbreitung unabhängig von dem Aktivitätsgrad betrifft, ist das Sporttreiben in der Freundesgruppe am universellsten, über 80% der Kinder berichten davon. Auch Eltern- und Geschwistersport sind mit mehr als zwei Drittel der Kinder noch weit verbreitet. Wenn man jedoch das Ausmaß regelmäßigen Sporttreibens in den Blick nimmt, stehen die Situationen Kinderclique und Sportverein an der Spitze, in denen etwa jedes zweite Kind aktiv ist. An den Situationen Eltern- und Geschwistersport sowie dem Sport in den kommerziellen Sporteinrichtungen hat etwa jedes vierte Kind, an der Situation Sport in der Kinder- und Jugendorganisation etwa jedes 12. Kind regelmäßig Anteil.

Die detaillierten Ausführungen sollten deutlich gemacht haben, daß sich das Sportengagement der Kinder tatsächlich in sehr verschiedenen Situationen vollzieht; die bisherige Fixierung auf die Situation Sportverein ist weder quantitativ noch inhaltlich gerechtfertigt. Dominierend im Kinderalter ist mit großem Abstand der Sport in der Clique, und in einigen Subpopulationen (männliche Hauptschüler, weibliche Gymnasiasten, Ausländer) muß sich der Sportverein den zweiten Rang mit den kommerziellen Sporteinrichtungen teilen.

Das Profil der Mitgliedschaft in und das Profil der Nutzung von Sportgelegenheiten und der Verbreitung des Sporttreibens in diesen Sportgelegenheiten unterliegt in spezifischer Weise den sozialen Determinanten, von denen hier lediglich die Auswirkungen des Geschlechts zusammengefaßt dargelegt werden sollen.

Die regelmäßige Teilhabe an den Situationen des Sports ist bei Jungen und Mädchen gleich (vgl. Tab. 3.9, Spalten 4 und 5), nur die Häufigkeit unterscheidet sich an einigen Punkten (Sportgelegenheiten) in bemerkenswerter Weise: Während Mädchen und Jungen gleich häufig in den Situationen Sport mit den Eltern, Geschwistern und Kinderfreizeitorganisation „vertreten" sind, haben wesentlich mehr Jungen regelmäßig teil an den Situationen „Sport in der Gruppe Gleichaltriger" und „Sport im Sportverein", während Mädchen etwas häufiger regelmäßig an der Situation „Sport in kommerzieller Sporteinrichtung" teilhaben. Während bei Mädchen der Prozentsatz der regelmäßig an der Situation „Sport im Sportverein" und „Sport in kommerzieller Sporteinrichtung" Teilnehmenden fast ausgeglichen ist, beträgt bei Jungen das Verhältnis 2:1 zugunsten des Sportvereins.

Zum Abschluß wollen wir auf das Problem der Mehrfachnutzung von Sportsituationen eingehen, insbesondere die Mehrfachnutzung von Sport in der Clique, Sport im Verein und Sport in kommerziellen Einrichtungen.

Oft wird in diesem Zusammenhang von Koexistenz- und Konkurrenzverhältnissen gesprochen. Mit Koexistenz ist empirisch gemeint, wenn jemand sowohl in der einen als auch in der anderen Einrichtung sportlich engagiert ist. Und von Konkurrenz wird gesprochen, wenn jemand in der einen Sport treibt, aber nicht in der anderen. Am Beispiel der Kontingenz zwischen Sporttreiben in der Freundesgruppe und Sporttreiben in einer kommerziellen Sporteinrichtung soll das Gemeinte veranschaulicht werden:

24,8% (Erwartungswert e=23,0%) der Kinder treiben sowohl mit Freunden in der Clique als auch in einer kommerziellen Sporteinrichtung Sport, gegenüber 16,0% (e=14,2%), die dort keinen Sport ausüben.

55,3% (e=57,1%) der Kinder treiben mit Freunden in der Clique Sport, aber nicht in einer kommerziellen Sporteinrichtung, und 3,9% (e=5,8%) derjenigen, die in einer kommerziellen Sporteinrichtung Sport treiben, tun dies nicht mit Freunden in der Clique.

Tab. 3.10: Kontingenz Sporttreiben im Sportverein und kommerzieller Sporteinrichtung. N=1205 Kinder beiderlei Geschlechts im 3. und 5. Schuljahr. Kindersportstudie NRW 1992. In den Tabellen Prozentsätze waagerecht bzw. senkrecht (in Klammern).

Alle		Mitglied in kommerzieller Einrichtung		
		ja (346)	nein (859)	Σ (1205)
	Ja (517)	37,9%	62,1%	100,0%
Mitglied im		(56,6%)	(37,4)%	
Sportverein	Nein (688)	21,8%	78,2%	100,0%
		(43,4%)	(62,6%)	
	Σ (1205)	(100,0%)	(100,0%)	Chi^2=s.s.

Jungen		Mitglied in kommerzieller Einrichtung		
		ja (139)	nein (464)	Σ (603)
	Ja (303)	28,4%	71,6%	100,0%
Mitglied im		(61,9%)	(46,8%)	
Sportverein	Nein (300)	17,7%	82,3%	100,0%
		(38,1%)	(53,2%)	
	Σ (603)	(100,0%)	(100,0%)	Chi^2=s.s.

Mädchen		Mitglied in kommerzieller Einrichtung		
		ja (207)	nein (395)	Σ (602)
	Ja (517)	51,4%	48,6%	100,0%
Mitglied im		(53,1%)	(26,3%)	
Sportverein	Nein (688)	25,0%	75,0%	100,0%
		(46,9%)	(73,7%)	
	Σ (1205)	(100,0%)	(100,0%)	Chi^2=s.s.

Tab. 3.11: Kontingenz Sporttreiben in der Freundesgruppe und im Sportverein. N=1205 Kinder beiderlei Geschlechts im 3. und 5. Schuljahr. Kindersportstudie NRW 1992. In den Tabellen Prozentsätze waagerecht bzw. senkrecht (in Klammern).

Alle		Mitglied in Clique, in der Versuchsperson Sport treibt		
		ja (965)	nein (240)	Σ (1205)
Mitglied im Sportverein	Ja (517)	88,5% (47,1%)	11,5% (23,3%)	100,0%
	Nein (688)	73,8% (52,9%)	26,2% (76,7%)	100,0%
	Σ (1205)	(100,0%)	(100,0%)	Chi^2=s.s.

Jungen		Mitglied in Clique, in der Versuchsperson Sport treibt		
		ja (495)	nein (108)	Σ (603)
Mitglied im Sportverein	Ja (303)	88,4% (53,9%)	11,6% (32,4%)	100,0%
	Nein (300)	75,7% (46,1%)	24,3% (67,6%)	100,0%
	Σ (603)	(100,0%)	(100,0%)	Chi^2=s.s.

Mädchen		Mitglied in Clique, in der Versuchsperson Sport treibt		
		ja (474)	nein (132)	Σ (602)
Mitglied im Sportverein	Ja (214)	88,7% (40,3%)	11,3% (18,2%)	100,0%
	Nein (388)	72,3% (59,7%)	27,3% (81,8%)	100,0%
	Σ (602)	(100,0%)	(100,0%)	Chi^2=s.s.

Tab. 3.12: Kontingenz Sporttreiben in der Freundesgruppe und in kommerzieller Sporteinrichtung. N=1205 Kinder beiderlei Geschlechts im 3. und 5. Schuljahr. Kindersportstudie NRW 1992. In den Tabellen Prozentsätze waagerecht bzw. senkrecht (in Klammern).

Alle

		Mitglied in Clique, in der Versuchsperson Sport treibt: ja (965)	nein (240)	Σ (1205)
Mitglied in kommerzieller Sporteinrichtung	Ja (517)	83,5% (30,3%)	16,5% (22,8%)	100,0%
	Nein (688)	77,5% (69,7%)	22,5% (77,2%)	100,0%
	Σ (1205)	(100,0%)	(100,0%)	Chi^2= s.

Jungen

		Mitglied in Clique, in der Versuchsperson Sport treibt: ja (495)	nein (108)	Σ (603)
Mitglied in kommerzieller Sporteinrichtung	Ja (303)	87,1% (24,4%)	12,9% (16,7%)	100,0%
	Nein (300)	80,6% (75,6%)	19,4% (83,3%)	100,0%
	Σ (603)	(100,0%)	(100,0%)	Chi^2=s.s.

Mädchen

		Mitglied in Clique, in der Versuchsperson Sport treibt: ja (470)	nein (132)	Σ (602)
Mitglied in kommerzieller Sporteinrichtung	Ja (214)	86,0% (37,9%)	14,0 (22,0)	100,0
	Nein (388)	73,9% (62,1%)	26,1 (78,0)	100,0
	Σ (602)	(100,0%)	(100,0%)	Chi^2= s.

Aus den Zahlenverhältnissen (mehr Kinder treiben nur in einer Einrichtung Sport als in beiden) kann nicht auf ein Übergewicht des Konkurrenzverhältnisses über das Koexistenzverhältnis geschlossen werden; denn die Prozentzahlen sind eine Funktion der Werte in den Einzelvariablen. Die Tatsache, daß wesentlich mehr Kinder mit Freunden in der Clique Sport treiben als in einer kommerziellen Sporteinrichtung, sorgt aus Gründen der statistischen Wahrscheinlichkeit für ein Übergewicht des Konkurrenzverhältnisses. Die empirischen Zahlen (s.o.) müssen also den wahrscheinlichkeitstheoretisch zu erwartenden Zahlen gegenübergestellt werden; sie stehen oben bereits in Klammern.

Empirisch ist - siehe die obigen Zahlen - beides zu beobachten: Koexistenz und Konkurrenz -, aber der Fall der Koexistenz ist der signifikant häufigere (Chi^2-=12,29; df=1; p=.0000), auch wenn der Betrag - 1,8% Abweichung - nicht sehr groß erscheint. Es kommt also häufiger vor, daß Kinder in beiden Situationen Sport treiben, als daß sie eine Form der Konkurrenz (Ausschließung der einen oder anderen Sportgelegenheit) praktizieren, also die eine oder andere Situation des Sporttreibens bevorzugen. Tabelle 3.13 faßt die Untersuchung zusammen:

Tab. 3.13: Kontingenz zwischen ausgewählten Situationen des Sports; bei überzufällig häufigem Engagement in beiden Situationen + (= Koexistenz), bei überzufällig häufigem Engagement in der jeweils anderen Situation - (Konkurrenz); Prozentwerte = relative Häufigkeit des doppelten Engagements (Koexistenz); Signifikanzprüfung mit Chi-Quadrat-Test. N=1205 Kinder beiderlei Geschlechts des 3. und 5. Schuljahrs. Kindersportstudie NRW 1992.

Situation	Cliquen-sport	Kommerzielle Sporteinrichtung	Freizeit-organisation	Sport-verein
Cliquensport		+s.s. (24,8%)	+h.s. (14,5%)	+h.s. (37,8%)
Kommerzielle Sporteinrichtung			-s. (9,8%)	-h.s. (16,2%)
Freizeitorganisation				+n.s. (8,0%)
Sportverein				

Unsere Daten weisen aus, daß die Sportgelegenheiten sowohl in einem Koexistenz- als auch Konkurrenzverhältnis stehen. Die Konkurrenz mag dadurch gegeben sein, daß Kinder lieber die eine Situation aufsuchen und die andere meiden. Dieses unterschiedliche Verhalten mag dadurch motiviert sein, daß sie unter zeitlich knappen Ressourcen nur das eine tun können, und das wählen, was räumlich am nächsten liegt, wo bereits Freunde und Bekannte aktiv sind oder das ihnen persönlich besser zusagende Angebot nutzen.

Koexistentielles Verhalten mag dadurch motiviert sein, daß die Kinder verschiedene Modelle und/oder Inhalte des Sports schätzen, diese aber jeweils nur eine Sporteinrichtung bereitstellt (z.B. Reiten im kommerziellen Reitstall und Gerätturnen im Sportverein); und koexistentielles Verhalten wird durch allgemeine Sportbegeisterung und hohe Sportkompetenz gefördert: wer viel Sport „braucht", muß sich diesen Sport an verschiedenen Orten (Sportgelegenheiten) abholen.

Ein sehr starkes Koexistenzverhältnis besteht zwischen Cliquensport und Sportvereinssport. Schon an anderer Stelle fanden wir, daß Freunde häufig auch im Sportverein Mitglied sind, und so setzt sich der Cliquensport im Sportverein fort und der Sportvereinssport im Cliquensport - mit vielen identischen Akteuren. Man kann sagen, daß fast jedes Sportvereinsmitglied auch Cliquensport betreibt (dies gilt insbesondere für Jungen), während das Umgekehrte - wegen der Mädchen im Cliquensport, von denen viele den Sportvereinssport nicht aufsuchen - nicht gilt.

Ein relativ starkes Konkurrenzverhältnis besteht zwischen Sportvereinssport und Sport in kommerzieller Sporteinrichtung. Der Sport in kommerzieller Sporteinrichtung und im Sportverein wird jeweils relativ regelmäßig und häufig betrieben - da entstehen Zeitprobleme; desweiteren ist die Wahl besonders der kommerziellen Sporteinrichtungen fast immer die Wahl einer speziellen Sportart wie Gymnastik/Ballett, Fitneßtraining, Reiten und Kampfsport, die dann die spezifischen Interessen absorbiert. Dieses Sportartenspektrum deutet auch an, weshalb der eher exklusive Zusammenhang zwischen Sportverein und kommerzieller Sporteinrichtung durch die Subgruppe der Mädchen und türkischen Kinder erzeugt wird. Schließlich gilt im Falle der türkischen Kinder, daß für sie die kommerzielle Sporteinrichtung eine bessere Alternative ist als der (deutsche) Sportverein.

Eher parallel (weder überwiegend Konkurrenz noch Koexistenz) zu den anderen Sporteinrichtungen besteht der Sport in Kinderfreizeitorganisationen wie Pfadfinder oder Musikgruppe oder Schrebergartengruppe: wer hier engagiert ist, gehört vermutlich nicht zu den begeisterten Sportlern, sondern hat sich seinem „Vereinshobby" verschrieben. So findet man diese Kinder seltener in kommerziellen Sporteinrichtungen, und sie haben für den Sportvereinssport weder eine besondere Präferenz noch Abneigung.

Zusammengefaßt: Der häufigste Fall ist, daß Kinder sich an mehreren Situationen des Sports beteiligen, aber nicht an jeder. Cliquensport und Sportvereinssport stehen in einem auffällig starken Koexistenzverhältnis, während kommerzieller Sport und Sportvereinssport in einem relativ starken Konkurrenzverhältnis stehen. Schließlich: Kinder, die Mitglied einer Kinderfreizeitorganisation sind, wenden sich überproportional wenig den kommerziellen Sportanbietern zu. Und: der Cliquensport, Sport mit Freunden, korreliert durchgängig mit allen anderen Situationen des Sports. Die Gründe (regional, motivational, situativ) für die unterschiedlichen Verhältnisse der Sportgelegenheiten zueinander müssen in Zukunft erforscht werden, und dies um so mehr, als die Vielfalt der Sportgelegenheiten beträchtlich ist, sich hier eine zeithistorische Dynamik abzeichnet und die Sportpolitik gefordert ist.

3.2 Zur Sportartenpräferenz im Kindesalter

Sporttreiben vollzieht sich in Sportarten, und in unserer Untersuchung erweiterten wir den Sportbegriff dergestalt, daß wir die Befragten ermutigten, auf die Frage nach der Sportaktivität auch Bewegungs- und körperliche Spielaktivitäten wie Fahrrad fahren, Baden im Schwimmbad, Minigolf spielen oder Gummitwist zu nennen. Die Sportaktivitäten haben wir nicht situativ erfaßt (Spielaktivitäten mit den Eltern, Geschwistern, mit den Freunden etc.), weil dies die befragten Kinder zeitlich zu sehr belastet hätte. Stattdessen differenzierten wir die Frage nach den Sportaktivitäten in zwei Bereiche: den Freizeitsport außerhalb des Sportvereins (überwiegend, aber nicht nur außerinstitutioneller Sport) und Sport im Sportverein. Zwar nicht ganz zutreffend werden hier der „weiche“ und der „harte“ Freizeitsport (ARTUS 1974; LÜDTKE 1972) gegenübergestellt, oder auch, ebenfalls nicht völlig zutreffend, der außerinstitutionelle Sport dem institutionellen Sportvereinssport. Die konzeptionelle Trennung wird herbeigeführt, weil es sich hier tatsächlich um unterschiedliche Welten des Sports handelt. Die Kinder konnten bis zu drei Aktivitäten aus der Freizeit (ohne Sportverein), sowie unbegrenzt viele Aktivitäten im Sportverein nennen.

Im Durchschnitt betreiben die Kinder in ihrer Freizeit (einschließlich Sportverein) drei *unterschiedliche* Sportarten, vermutlich jedoch mehr, denn über die Hälfte nennt im „weichen“ Freizeitsport drei Aktivitäten; die Begrenzung im Fragebogen auf maximal drei anzugebende Aktivitäten war unter dieser Perspektive falsch. Wie ersichtlich unterscheiden sich außer- und institutioneller Freizeitsport durch die Größe des Spektrums der betriebenen Sportarten: Im „weichen“ Freizeitsport sind es im Durchschnitt mehr als doppelt so viele wie im Sportvereinssport, und die starke Spezialisierung des Sportvereinssports in Verbindung mit seiner meist geringen Flexibilität mag zu hoher Fluktuation der Kinder und Jugendlichen zwischen den Sportarten innerhalb (!) des Sportvereinswesen führen, aber auch zum (frühzeitigen) Austritt aus dem (einen) Sportverein.

Im folgenden soll die im Kindesalter betriebene Palette der Sportarten quantitativ dargelegt werden (Tab. 3.15). Wie in einer Kinderbefragung im Spätherbst nicht anders zu erwarten, werden Wintersportarten überproportional selten genannt - eine Schwäche der Erhebung bzw. des Datensatzes.

Die Palette der in der Freizeit betriebenen Sportarten ist sehr groß, es sind über 50 Sportarten bzw. Bewegungs- und Spielaktivitäten; die Palette muß jedoch klein(er) genannt werden, da (nur) 19 Sportarten, Spiel- und Bewegungsaktivitäten von jeweils 1% der Kinder und mehr, und (nur) sieben Sportarten von jeweils 10% der Kinder und mehr betrieben werden.

Tab. 3.14: Anzahl der in der Freizeit (nicht in der Schule, nicht im Sportverein), im Sportverein und in der Freizeit oder im Sportverein betriebenen Sportarten; N=1205 Kinder des 3. und 5. Schuljahrs; Kindersportstudie NRW 1992.

Anzahl der Sportarten / „Ort des Sporttreibens"	N Vpn	0	1	2	3	4	5	6	N SpA	$\overline{x}$
Nur in der Freizeit - ohne Schule und Sportverein	1205	4,5%	18,0%	24,0%	54,0%				2745	2,28
Nur im Sportverein	517	3,1%	86,3%	9,5%	1,1%				556	1,08
In der Freizeit oder im Sportverein	1205	2,3%	10,3%	18,0%	32,7%	33,2%	2,9%	0,6%	3557	2,95

Das Spektrum der im weichen Freizeitsport betriebenen Sportarten ist größer als die der im Sportverein betriebenen - was den Sportverein immer wieder zwingt, sich dem außerinstitutionell entwickelten Sport zu öffnen. Im Sportverein sind es 14 Aktivitäten, die von jeweils 1% und mehr der Sportvereinsmitglieder betrieben werden, im übrigen Freizeitsport sind es 16 Aktivitäten.

Die in der gesamten Sportfreizeit (institutioneller und außerinstitutioneller Sport) am meisten präferierten Sportarten („Top 10") sind:

- Fahrrad fahren, Rad fahren,
- Schwimmen, Baden,
- Fußball,
- Rollschuh laufen,
- Jogging/Laufen,
- Tennis,
- Tischtennis,
- Skateboard fahren,
- Turnen, Geräteturnen,
- Reiten, Springreiten, Voltigieren.

Tab. 3.15: In der Freizeit (nicht in der Schule, nicht im Sportverein), im Sportverein (nur Jetzt-Mitglieder) und in der gesamten Freizeit (einschl. Sportverein) betriebene Sportarten; maximal 3 Antwortmöglichkeiten. N=1205 Kinder (Freizeit) bzw. 517 (Sportverein) im 3. und 5. Schuljahr; Kindersportstudie NRW 1992.

Sportart	Freizeitsport ohne Schule und Sportverein N=1205		Sportvereinssport N=517		Sport in Freizeit gesamt N=1205	
	%	Rang (≥1%)	%	Rang (≥1%)	%	Rang (≥1%)
Mannschaftsspiele:						
Fußball	25,6	3	25,3	1	32,5	3
Volleyball	0,3		0,2		0,4	
Handball	1,5	15	6,0	6	3,8	12
Basketball	2,9	11	1,2	13	3,2	14
Hockey	0,6		0,6		0,8	
übrige Mannschaftsspiele	1,7	-	1,6	-	2,4	
Rückschlagspiele:						
Tennis	11,3	6	6,6	4	13,2	6
Tischtennis	10,3	7	4,5	8	11,7	7
Badminton/Federball	4,1	10	1,7	10,5	4,8	11
Squash	0,1		-		0,1	
übrige Rückschlagspiele	0,2		-		0,2	
Freiluftsport:						
Jogging/Laufen	12,9	5	1,0	14	13,3	5
Schwimmen/Baden	36,1	2	16,4	2	42,2	2
Radsport/ Mountainbiking	0,6		-		0,6	
Fahrrad fahren/ Rad fahren	63,0	1	0,2		63,0	1
Wandern/Klettern	1,2		-		1,2	
Triathlon	-		-		-	
Leichtathletik	0,9		6,2	5	3,5	13

Fortsetzung der Tabelle S. 76

Fortsetzung Tab. 3.15

Sportart	Freizeitsport ohne Schule und Sportverein N=1205 %	Rang (≥1%)	Sportvereinssport N=517 %	Rang (≥1%)	Sport in Freizeit gesamt N=1205 %	Rang (≥1%)
Wassersportarten:						
Angeln	0,8		-		0,8	
Surfen	0,1		-		0,1	
Segeln	0,1		-		0,1	
Rudern	-		-		-	
Kanu/Kajak/ Paddeln	0,2		0,4		0,3	
Luftsport:						
Segelflug	0,1		0,2		0,2	
Drachenfliegen/ Windgliding	-		-		-	
Fallschirmspringen	-		-		-	
Wintersport:						
Skifahren	0,2		0,2		0,3	
Skilanglauf	0,1		-		0,1	
Eislaufen/ Schlittschuh laufen	1,4	14	-		-	
Schlitten fahren	-		-		-	
Fitneßsportarten:						
Gymnastik	0,7		1,7	10,5	1,4	17
Aerobic	0,1		0,4		0,3	
Fitneßtraining	0,3		-		-	
Bodybuilding/ Krafttraining	-		-		-	
Ästhetische Sportarten:						
Turnen/ Gerätturnen	2,0	12	12,6	3	7,2	9
Rhythmische Sportgymnastik	-		-		-	

Fortsetzung der Tabelle S. 77

Fortsetzung Tab. 3.15

Sportart	Freizeitsport ohne Schule und Sportverein N=1205 %	Rang (≥1%)	Sportvereinssport N=517 %	Rang (≥1%)	Sport in Freizeit gesamt N=1205 %	Rang (≥1%)
Tanzen/ Tuniertanzen	1,7	13	1,4	12	2,1	16
Ballett	0,8		0,4		0,9	
Trampolinturnen	0,3		0,2		0,3	
Akrobatik/ Jonglieren	-		-		-	
Kampfsportarten/asiat. Sportarten:						
Judo	0,5		5,8	7	2,8	15
Karate	0,7		0,8		1,0	19
Boxen	0,1		-		0,1	
Ringen	0,2		0,6		0,4	
Fechten	0,1		-		0,1	
übrige Kampfsportarten	1,7		1,7		1,9	
Entspannungsverfahren (Yoga)	-		-		-	
Kegel-/Kugelspiele:						
Kegeln/Bowling	0,1		0,2		0,2	
Minigolf	0,3		-		0,3	
Billard	0,3		-		0,3	
Schießsportarten:						
Schießen	-		-		-	
Bogenschießen	-		-		-	

Fortsetzung der Tabelle S. 78

Fortsetzung Tab. 3.15

Sportart	Freizeitsport ohne Schule und Sportverein N=1205		Sportvereinssport N=517		Sport in Freizeit gesamt N=1205	
	%	Rang (≥1%)	%	Rang (≥1%)	%	Rang (≥1%)
Rollsport:						
Skateboardfahren	8,2	8	-		8,2	8
Rollschuhlaufen	19,7	4	0,8		20,0	4
Motorsportarten:						
Motorradrennen	-		-		-	
Autorennen/ Gocart	-		-		-	
Pferdesport:						
Reiten/Springreiten/Voltigieren	6,0	9	3,1	9	6,9	10
Spiel und Sport allgemein/ nicht zugeordnet	7,0		4,2		7,4	

Das im Sportverein und in der übrigen Freizeit präferierte Sportartenspektrum ist zum Teil sehr unterschiedlich, und schon in dieser Hinsicht - abgesehen vom Argument des Institutionalisierungsunterschieds - handelt es sich um zwei unterschiedliche Sportwelten mit mäßiger/geringer Überschneidung. Die „Top 10“ im „weichen“ Freizeitsport und im Sportvereinssport sind:

„weicher Freizeitsport“	Sportvereinssport
Fahrrad fahren	Fußball
Schwimmen	Schwimmen
Fußball	Turnen
Rollschuh laufen	Tennis
Laufen/Joggen	Leichtathletik
Tennis	Handball
Tischtennis	Judo
Skateboard fahren	Tischtennis
Reiten	Reiten
Federball	Badminton
	Gymnastik

Von den 14 im „weichen" Freizeitsport und im Sportverein am häufigsten betriebenen Sportarten gehören vier nur im „weichen" Freizeitsport zu den am häufigsten betriebenen Sportarten, vier nur im Sportverein zu den am häufigsten betriebenen Sportarten und sechs gehören sowohl in der „weichen" Sportfreizeit als auch im Sportverein zu den „Top 10".

Erstens sind im „weichen" Freizeitsport vor allem solche Aktivitäten von Bedeutung, die der kindlichen „Raumaneignung" dienen, wie Fahrrad fahren, Rollschuh laufen, Skateboard fahren, Laufen/Joggen. Empirisch haben diese Sportarten im Sportverein kein Pendant, denn fast kein Kind betreibt im Sportverein Rennrad fahren oder Mountainbiking, gleiches gilt für das Rollschuh laufen und Skateboard fahren. Ähnliches gilt auch für das Laufen/Joggen, das inhaltlich nur eine begrenzte Schnittmenge mit der Leichtathletik hat und zudem betreiben 13% der Kinder Laufen/Joggen, aber nur 2,7% *aller* Kinder betreiben Leichtathletik.

Zweitens sind im „weichen" Freizeitsport die Spiele relevant, und zwar Fußball, Tennis, Tischtennis und Federball/Badminton. In dieser Hinsicht gibt es auf der Ebene der Bezeichnung eine perfekte Identität mit dem Sportvereinssport - allerdings ist Tischtennis im Freizeitsport der Kinder oft Pingpong in den verschiedensten Varianten (Rundumlauf, chinesisch), und das Federballspiel der „weichen" Freizeit hat nicht allzuviel gemein mit dem Badminton des Vereinssports.

Drittens gehört zum „weichen" Freizeitsport das Schwimmen, das faktisch aus Baden, Im-Wasser-Spielen, Tauchen und Ins-Wasser-Springen besteht, im Sportverein im wesentlichen aus dem Erwerb von Wettkampfkompetenz in den gängigen Schwimmstilen - ohne Tauchen und Wasserspringen. Schwimmen unter Kindern ist typisch „weiche" Freizeit, die Aktivität im Schwimmbad, im Urlaub am Strand und im Spaßbad ist, abgesehen von dem Genuß des Körpers, des Mediums und der Aktivität selbst, die Folie für Kindergeselligkeit.

Viertens spielt im „weichen" Freizeitsport das Reiten (vor allem für Mädchen) eine große Rolle, mit über die Technik des Reitens hinausgehenden Bezügen wie Kommunikation mit dem Tier bzw. Pflege des Tiers - dem Spiel mit dem Goldhamster oder Wellensittich strukturell ähnlich.

Zugespitzt: Die im Freizeitsport bedeutsamen Sportarten dienen der Raumaneignung und sind für die Befriedigung spezifischer kommunikativer Bedürfnisse der Kinder besonders geeignet; von daher ist der Begriff LÜDTKEs (1972) „weiche Freizeit" sehr zutreffend.

Zu fragen ist auch, ob die im Freizeitsport der Kinder favorisierten Sportarten sich so „sortieren" lassen, wie ZINNECKER (1989, 303) es tut: „1. Es nehmen Sportarten zu, die moderne Formen der Selbstbeherrschung, der Affektkontrolle und der Körperdistanz fördern bzw. zur Voraussetzung haben. Wir denken dabei beispielsweise an Sportarten wie Tennis und Volleyball. 2. Es nehmen Sportarten zu, die dem Muster individualisierter, selbstbezogener Körper-

Übungen entsprechen. Dazu mag man sich etwa Jogging oder Bodybuilding vorstellen".

Volleyball, Bodybuilding, aber auch Jogging sind nach unseren Daten nicht die typischen Kindersportarten, die Aktivitäten der Raumaneignung und der großen und kleinen Sportspiele passen schlecht in das ZINNECKERsche (ELIASsche) Schema; in Gegenüberstellung zu diesen zeithistorischen Trends sind wir eher geneigt, die Palette der im Kindersport bevorzugten Sportarten zeithistorisch invariant zu interpretieren: Aneignung der sozialen (Spiele) und räumlichen (Fahrrad fahren, Schwimmen) Welt; dies läuft auf traditionelle entwicklungspsychologische Entfaltungslogik-Phasen hinaus, ehe es im Jugendalter zu einer stärkeren Prägung durch die zeithistorischen Trends kommt. Damit soll nicht bestritten werden, daß sich die Vehikel der Bewegungs-, Spiel- und Sportkultur ändern.

Im Sportvereinssport der Kinder dominieren erstens die oben genannten Sportspiele, ergänzt um Handball; nähme man die weniger häufig betriebenen Spielsportarten wie Basketball u.a.m. dazu, käme man auf 50% aller Nennungen. Zugespitzt: Sportvereinssport ist in erster Linie Sportspiel oder Spielsport. Zwar vermuten wir auch hier eine große Bedeutung der „Sinnrichtung Kommunikation" (KURZ 1979), aber eben auch eine andere, nämlich: (ernsthaftes) Wettkampf-Spiel.

An zweiter Stelle des Sportvereinssports stehen die „Individualsportarten" Leichtathletik, Schwimmen, Gerätturnen und Gymnastik, letztere mit einem quantitativen Übergewicht an weiblichen Teilnehmern. Die gemeinsamen „Nenner" dieser Sportarten sind ein überwiegend zielgerichtetes Training der Bewegungs- und Wettkampfkompetenz sowie die hohe energetische Beanspruchung in den beiden erstgenannten und die hohe koordinative Beanspruchung in den beiden letztgenannten Sportarten. Dieses Spektrum der Sportarten verkörpert damit das klassische, für den Sportverein typische Sportkonzept. Aller Skepsis zum Trotz: Dieses Sportkonzept hat noch zahlreiche Anhänger, fast 40% der Nennungen entfallen hierauf.

Judo steht an vorderster Stelle stellvertretend für die Kampfsportarten, die auf fast 10% aller Vereinssportarten-Nennungen kommen. Die Kampfsportarten werden auch im „weichen" Freizeitsport betrieben, insbesondere in den Kampfsportschulen. Der Sportverein ist bei Kindern auch bei entsprechender Relativierung der Zahlen populärer als die kommerziellen Kampfsportschulen.

Schließlich spielt auch das Reiten im Sportverein eine wichtige Rolle, allerdings vermuten wir, daß der Unterschied zwischen kommerziellem Reitstall und Reitverein nicht bedeutend ist, weder in der Preisgestaltung noch in der Aktivitätsstruktur; die Kinder-Reiter im kommerziellen Stall sind genauso wenig wettkampfsportlich aktiv wie die Kinderreiter im Reitsportverein.

Im vorigen wurden die Charakteristika des „weichen" Freizeitsports und des Sportvereinssports auf der Ebene der Sportarten dargelegt. Im folgenden wollen wir einige Unterschiede zwischen diesen „Welten“ des Sports auf der Ebene der Nutzer darlegen. Wir wollen untersuchen, wo die Kinder die wichtigsten Freizeitsportarten betreiben - nur im Freizeitsport, nur im Sportvereinssport oder biographisch zeitgleich in beiden „Welten“ des Sports (vgl. dazu Tab. 3.16).

Wie in Tab. 3.14 dargelegt, nennen die Kinder im Durchschnitt drei verschiedene Sportarten, die sie im Sportvereinssport und im übrigen Freizeitsport betreiben. Im übrigen, „weichen“, sportlich nicht oder nur schwach insititutionalisierten Sport treiben die Kinder sowohl „weiche“ Sportarten, Bewegungsspiele u.ä. wie Radfahren, Angeln, Minigolf, Billard u.ä. als auch klassische Sportarten wie Tennis, Fußball usw.

Wir untersuchten, welchen Sportartentyp, der in diesem Falle auch die Sportvereinswelt (nur klassische Sportarten) von der „Freizeitwelt“ des Sports („weiche“ und klassische Sportarten) trennt, wieviele der Kinder betreiben:

- 5% nennen keine Sportart,
- 10% betreiben ausschließlich „weiche“ Sportarten,
- 14% ausschließlich klassische „sportive“ Sportarten, und eine Mehrheit von
- 72% betreibt sowohl „weiche“ als auch klassische Sportarten.

Es mag also sein, daß in den Welten des Sports - Sportverein und außerinstitutionalisierter, gelegentlich nicht-sportlicher Sport - sehr unterschiedliche Aktivitäten, Handlungsmuster und Sinnbezüge prominent sind, aber die meisten Kinder bewegen sich in beiden Welten, sind kompetent, in beiden Welten Sport zu treiben, Sport zu gestalten und sich an die Erfordernisse dieser Welten anzupassen. Im folgenden präzisieren wir diese globale Aussage für die wichtigsten Sportarten im Kindesalter.

Es gibt Sportarten, die werden fast nur im Freizeitsport außerhalb des Sportvereins betrieben; prominenteste Aktivitäten sind das Fahrrad fahren, das Rollschuh laufen und Skateboard fahren, das Jogging/Laufen und Wandern. Aber auch Tischtennis, Basketball und Federball sind Sportarten, die 80% der Akteure und mehr ausschließlich im „weichen“ Freizeitsport betreiben.

Es gibt Sportarten, die werden meistens im Sportverein - und nur dort betrieben; dazu gehören Turnen/Gerätturnen, Judo, Leichtathletik und Handball; 67% bis 86% aller Akteure dieser Sportarten betreiben diese Sportarten ausschließlich im Sportverein.

Tab. 3.16: Wo werden die wichtigsten Freizeitsportarten betrieben? - im außerinstitutionalisierten Freizeitsport („weicher Freizeitsport“) oder im Sportverein? N=1205 Kinder (maximal) des 3. und 5. Schuljahrs, die eine Sportart betreiben. Kindersportstudie NRW 1992.

Sportart	N	Nur in der Freizeit betrieben	Nur im Sportverein betrieben	Sowohl als auch
Fahrrad fahren/Rad fahren	758	99,9%	0,0%	0,1%
Schwimmen/Baden	503	73,8%	13,5%	12,7%
Fußball	398	49,5%	22,4%	28,1%
Rollschuh laufen	239	97,9%	1,3%	0,8%
Tennis	159	72,3%	14,5%	23,2%
Jogging/Laufen	158	96,2%	2,5%	1,3%
Tischtennis	138	80,4%	10,1%	9,4%
Turnen/Gerätturnen	129	11,6%	81,4%	7,0%
Skateboard fahren	98	100,0%	0,0%	0,0%
Reiten/Springreiten/ Voltigieren	81	75,3%	13,6%	11,1%
Badminton/Federball	58	81,0%	15,5%	3,4%
Handball	56	19,6%	67,9%	12,5%
Leichtathletik	44	15,9%	75,0%	9,1%
Judo	42	4,8%	85,7%	9,5%
Basketball	41	80,5%	14,6%	4,9%
Tanzen/Turniertanzen	30	53,3%	30,0%	16,7%
Gymnastik	18	38,9%	55,5%	5,5%
Ballett	18	50,0%	44,4%	5,6%
Wandern	15	100,0%	0,0%	0,0%
Karate	15	53,3%	46,7%	0,0%
Erwartungswert	(2998)	75,3%	15,5%	9,2%

Auch das Sportarten-Engagement der Kinder unterliegt sozialen Determinanten. Die wichtigsten: Geschlecht, Schulkarriere/Sozialschicht und Nationalität stellen wir für die sieben wichtigsten Freizeitsportarten (außerinstitutionalisierter Freizeitsport und Sportverein) vor.

Tab. 3.17: Zusammenhang zwischen den sozialen Determinanten (Geschlecht, Schulkarriere-Sozialschicht und Nationalität) und den in der Freizeit betriebenen Sportarten; Prozent Aktive pro (Sub-)Gruppe. N=1205 Kinder (max.) beiderlei Geschlechts im 3. und 5. Schuljahr. Kindersportstudiestudie NRW 1992.

		%, die Sportart in der Freizeit (inkl. Sportverein) betreiben						
Gruppe	N	Fahrrad fahren	Schwim men	Fußball	Roll-schuh-laufen	Laufen/ Joggen	Tennis	Tisch-tennis
alle	1205	63,0	42,2	32,5	20,0	13,3	13,2	11,7
Geschlecht:								
männlich	603	57,2	35,8	57,5	6,3	12,3	18,2	18,6
weiblich	602	68,8	48,7	7,5	33,7	14,3	8,1	4,8
Schulkarriere:								
Haupt-schule	156	53,8	32,1	39,1	17,9	19,2	17,9	14,7
Real-schule	240	55,0	51,7	33,8	119,6	12,1	11,7	12,9
Gym-nasium	212	68,4	55,2	34,0	24,1	8,0	18,4	23,1
Nationalität:								
Deutsche	860	65,2	45,6	31,3	22,2	10,9	13,7	12,4
Dt. Aus-siedler	120	65,8	39,2	25,0	15,8	16,9	6,7	2,5
Türken	119	55,5	26,9	45,4	15,1	24,4	11,8	16,8
Andere	106	50,0	35,8	36,8	12,3	16,0	17,9	10,4

Am massivsten sind die Geschlechtsdifferenzen: Jungen und Mädchen leben in verschiedenen Sportwelten: Jungen spielen Fußball, Tennis und Tischtennis, Mädchen schwimmen und laufen Rollschuh. In etwa gleicher Häufigkeit fahren Jungen und Mädchen mit dem Rad und Laufen/Joggen.

Auch Schulkarriere bzw. Schichtdifferenzen sind zum Teil erheblich: Gymnasiasten fahren mehr Fahrrad, gehen mehr Schwimmen und spielen mehr Tischtennis, die Hauptschüler betreiben mehr Laufen/Joggen und Rollschuh laufen, während die Unterschiede im Fußballspiel und Tennis sehr gering und unsystematisch sind. Wir hätten im Falle von Laufen/Joggen höhere Beteiligungsquoten bei den Gymnasiasten und im Tischtennis höhere Beteiligungsquoten der Hauptschüler erwartet.

Tab. 3.18: Zusammenhang zwischen den sozialen Determinanten (Geschlecht, Schulkarriere/-Sozialschicht und Nationalität) und den im außerinstitutionalisierten Freizeitsport und im Sportverein betriebenen Sportarten; Prozent Aktive pro soziodemographischer Gruppe. N=1205 Kinder (max.) im 3. und 5. Schuljahr; Häufigkeitsunterschiede mit Chi-Quadrat-Test auf 5% Irrtumswahrscheinlichkeit geprüft - Signifikanz = s., Nichtsignifikanz = n.s. Kindersportstudie NRW 1992.

		Geschlecht		Schulkarriere			Nationalität			
Sportarten	Gesamt N= 1205	männlich N= 603	weiblich N= 602	HS N= 156	RS/ GS N= 240	GY N= 212	Deutsche N= 860	dt. Aussiedler N= 120	Türken N= 119	Sonstige N= 106
Schwimmen:										
nur FzSp**	30,8	25,5	36,0	24,3	38,8	34,9	30,8	38,5	26,1	28,3
SpV	11,0	9,5	12,5	6,4	13,3	18,9	14,2	1,7	0,8	6,6
Chi^2-Test		n.s.			n.s.			s.s.		
Fußball:										
nurFzSp	16,3	26,2	6,5	16,0	15,0	13,6	16,6	16,7	18,5	15,1
SpV	16,7	31,8	1,5	23,7	20,4	19,3	15,2	12,5	26,1	21,7
Chi^2-Test		n.s.			n.s.			n.s.		
Tennis:										
nurFzSp	9,5	13,9	5,1	16,7	8,8	10,4	9,0	5,8	11,8	16,0
SpV	3,7	4,0	3,3	1,3	3,3	6,6	4,7	0,8	-	2,8
Chi^2-Test		n.s.			n.s.			n.s.		
Tischtennis:										
nurFzSp	9,2	13,9	4,5	9,0	9,2	19,3	9,5	1,7	15,1	8,4
SpV	2,2	4,0	0,5	5,8	2,9	2,8	2,4	0,8	2,5	1,9
Chi^2-Test		n.s.			n.s.			n.s.		
Reiten:										
nurFzSp	5,1	0,7	9,5	4,5	9,2	8,4	6,3	2,5	-	-
SpV	1,7	0,7	2,7	0,6	2,5	2,8	2,3	-	-	-
Chi^2-Test		n.s.			n.s.					
Laufen/Joggen:										
nurFzSp	12,6	11,1	14,1	19,2	12,1	6,6	10,1	16,7	24,4	15,1
SpV	0,5	0,8	0,2	-	-	2,8	0,6	-	-	0,1
Chi^2-Test		n.s.			n.s.			-		
Leichtathletik:										
nurFzSp	0,6	0,8	0,3	-	0,4	0,9	0,7	0,8	-	-
SpV	3,1	1,9	4,1	0,8	2,5	5,2	3,7	2,5	-	1,9
Chi^2-Test		n.s.			n.s.			-		

* Schulkarriere nur 5. Schuljahr
** nur FzSp = Kinder, die diese Sportart ausschließlich außerhalb des Sportvereins betreiben
*** SpV= Kinder, die diese Sportart im Sportverein betreiben und diese Sportart zusätzlich im übrigen Freizeitsport betreiben oder dort nicht betreiben

Ebenfalls deutlich sind die Nationalitätenunterschiede in der Sportartenpräferenz: die deutschen Aussiedlerkinder fehlen beim Tennis (Effekt einer pseudosozialistischen Erziehung oder einer kollektivistischen Moral oder fehlende finanzielle Ressourcen?) und Tischtennis, die türkischen Kinder sind beim Schwimmen (Effekt eines besonderen öffentlichen Körperverständnis besonders der Mädchen und ihrer Erzieher?) stark unterrepräsentiert, im Fußball, Laufen und Tischtennis überrepräsentiert.

Zum Schluß wollen wir die Effekte der wichtigsten sozialen Determinanten auf das Sportartenengagement im außerinstitutionalisierten Freizeitsport und im Sportverein vergleichend gegenüberstellen. Verglichen werden dabei jene Kinder, die ihre Sportart wie Radfahren, Schwimmen usw. nur in der Freizeit betreiben mit jenen Kindern, die ihre Sportart im Sportverein betreiben und diese Sportart entweder zusätzlich auch in dem außerinstitutionalisierten Freizeitsport betreiben oder dies nicht tun.

Im Grunde geht es um die Beurteilung der Stärke der sozial „diskriminierenden" Eigenschaften des Sportvereins in bestimmten Sportarten, wobei der diskriminierende Effekt auch im Image einer Sportart im Sportverein bestehen kann und bis zur Diskriminierung durch soziale (angemessener Bürge) oder finanzielle Aufnahmekriterien reicht. Der Akzent liegt hier auf dem Effekt bestimmter Sportarten im Verein, nachdem die generell „diskriminierende" Funktion des Sportvereins im Kap. 3.1 belegt wurde.

Besonders hohe „geschlechtsspezifische" Hürden zuungunsten der Mädchen existieren im Vereinsfußball, Tischtennis, Reiten und Laufen/Joggen, während der Sportverein in den Sportarten Tennis und Leichtathletik für Mädchen in besonderer Weise attraktiv ist. In einer anderen Interpretation könnte man sagen, daß sich die Mädchen beim Tennisspiel und in der Leichtathletik stärker als die Jungen auf die Sportgelegenheit Sportverein stützen.

Hinsichtlich schichtspezifischer Hindernisse gilt, daß das Engagement in den Sportarten Schwimmen, Fußball, Tennis, Reiten und Laufen im Sportverein besonders die Hauptschüler diskriminiert, die diese Aktivitäten im Vergleich zu den Gymnasiasten bevorzugt außerhalb des Sportvereins betreiben.

Bezogen auf ethnische Hürden gilt, daß mit Ausnahme der türkischen Jungen, die ihren Fußballsport bevorzugt im Sportverein realisieren, die deutschen Kinder ihr Sportengagement in jeder der genannten sieben Sportarten bevorzugt im Sportverein realisieren.

3.3 Zum Umfang der sportlichen Aktivität im Kindesalter

Die üblichen Fragen zum Umfang der sportlichen Aktivitäten im Kindesalter lauten:

- Wieviele Kinder treiben in ihrer Freizeit (überhaupt) Sport - unabhängig vom Grad des zeitlichen Umfangs oder der Regelmäßigkeit?
- Mit welchem zeitlichen Aufwand - in Stunden, pro Woche im Jahresdurchschnitt, in den Jahreszeiten - treiben die Kinder Sport in der Freizeit?
- Wie häufig - pro Woche im Jahresdurchschnitt, in den Jahreszeiten - treiben Kinder Sport in der Freizeit?

Hinter diesen Fragen stehen „tiefere" Fragen nach den sozialisatorischen oder gesundheitlichen Wirkungen des Sporttreibens, der selektiven Effekte des Sports hinsichtlich ökonomischen Status der Eltern u.a.m.

Die Beantwortung dieser Fragen ist mit großen Problemen verbunden: Es bestehen erhebliche Kategorisierungsprobleme bei Wissenschaftlern und - im Falle von Befragung relevant - bei Befragten hinsichtlich des Sportkonzepts. DIETRICH und HEINEMANN (1989) geben dem Problem mit ihrem Buchtitel (und Aufsätzen) die passende reißerische Schärfe: Gelten Tai-Chi und Berglaufen, Bergwandern und Klettern als Sport? Warum nicht? Und gelten befragten Kindern Hüpfspiele und „Köpper" vom Beckenrand, Baden im Schwimmbad als Sport? Von ARTUS (1974; Reanalyse SACK 1989) liegt die unseres Wissens einzige Untersuchung zur empirischen Fundierung des subjektiven Sportbegriffs von Heranwachsenden vor.

Eine Zeitbudget-Untersuchung, die nicht auf Befragung sondern Beobachtung über einen längeren Zeitraum beruht, steht ebenfalls aus. Der zeitliche Umfang der sportlichen Aktivität (z.B. in Stunden pro Woche) wurde in dieser Untersuchung nicht erhoben.

Auch hinsichtlich der Erfassung der Frequenz sportlicher Aktivität im Kindesalter muß mit Befragungsergebnissen vorlieb genommen werden, denen wir bei dieser Population keinen befriedigend hohen wissenschaftlichen Status zubilligen: Erstens variiert der Sportbegriff erheblich, insbesondere der nicht-sportliche Sport wird stark unterschätzt; zweitens wird die sportliche Aktivität hinsichtlich Häufigkeit und Regelmäßigkeit in Befragungen überschätzt, da außerinstitutioneller Sport in Deutschland stark vom Wetter abhängig ist, die Befragten aber oft vom „positiven" Fall ausgehen. Drittens haben speziell Kinder Probleme, Häufigkeiten und Regelmäßigkeiten valide einzuschätzen.

Zur Annäherung an die Fragestellung haben wir drei Varianten des Sportbegriffs entwickelt:

1. *„Weiter" Sportbegriff*: Kinder treiben Sport, wenn sie nach eigenen Angaben in der Freizeit außerhalb von Schule und Sportverein mindestens „selten" Sport treiben oder mindestens „selten" in ihrem Sportverein üben oder in der Freizeit (draußen) Bewegungsspiele mindestens „selten" betreiben.

2. *„Enger" Sportbegriff*: Kinder treiben Sport, wenn sie nach eigenen Angaben in der Freizeit außerhalb von Schule und Sportverein mindestens „selten" Sport treiben oder mindestens „selten" in ihrem Sportverein üben, und wenn sie in der Frage nach der Sportartenaktivität mindestens eine Sportart nennen, die nicht zu dem „nichtsportlichen Sport" (wie Fahrrad fahren, Minigolf spielen, Angeln, Baden) gehört.

3. *„Situativer" Sportbegriff*: Kinder treiben Sport, wenn sie nach eigenen Angaben mit ihren Eltern mindestens „selten" Sport treiben oder mit ihren Geschwistern mindestens „selten" Sport treiben oder mit Freunden in der Freizeit mindestens „selten" Sport treiben oder in einer kommerziellen Sporteinrichtung mindestens „selten" Sport treiben oder in einer institutionellen Kinder- und Jugendgruppe mindestens „selten" Sport treiben oder im Sportverein mindestens „selten" üben.

In Fortführung dieser Ansätze kann man ebenfalls den Grad der Regelmäßigkeit des Sporttreibens feststellen, indem die angegebenen Häufigkeiten kombiniert werden.

Vorweg: In der Frage nach der betriebenen Sportart nennen 5% der Kinder keine Sportart und weitere 10% nur „nicht-sportlichen Sport" wie Wandern, Baden, Fahrrad fahren, Minigolf spielen usw. Jedes Sportvereinsmitglied nennt mindestens eine „sportliche" Sportart. Unter dieser Perspektive treiben also 85% bis 95% der Kinder Sport in der Freizeit.

Für Skeptiker der oben angeführten Indexbildungen halten wir zunächst die Originalantworten der Kinder nach ihrer sportlichen Aktivität in der Freizeit bereit (vgl. Tab. 3.19).

Im Kindesalter am häufigsten sind die *Bewegungsspiele* wie Hüpfspiele, Pakken und Fangen, Fahrrad fahren, Baden, Klettern usw., ca. 95% der Kinder berichten davon, zwei Drittel der Kinder betreiben diese „regelmäßig" mindestens einmal pro Woche.

Etwas weniger häufig ist der *Freizeitsport außerhalb des Sportvereins*, an dem „nur" 88% der Kinder teilnehmen und 65% regelmäßig. Führt man (nur an dieser Stelle!) Sporttreiben im Sportverein und Sporttreiben außerhalb des Sportvereins zusammen, dann treiben danach 92% der Kinder Freizeitsport, davon 82% regelmäßig; wie zu erwarten gibt es nur sehr wenige Kinder, die im Sportverein Sport treiben, aber nicht in der übrigen Freizeit (7%). Kaum universell kann der *Sport im Sportverein* genannt werden, an dem 43% der Kinder teilnehmen.

Tab. 3.19: Häufigkeit des Sporttreibens in der Freizeit außerhalb von Schule und Sportverein Spalte 1; Häufigkeit des Sporttreibens im Sportverein (bezogen auf alle Vpn), Frage Spalte 2; Häufigkeit von spielerischen Bewegungsaktivitäten in der Freizeit Spalte 3. N=1205 Kinder des 3. und 5. Schuljahrs. Kindersportstudie NRW 1992.

Häufigkeit des Sporttreibens	Sport in der Freizeit ohne Sportverein	Sport im Sportverein	Bewegungsspiele in der Freizeit
fast täglich/jeden Tag	20,7%	keine Antwortmöglichkeit	23,9%
mind. 2-3x/Woche	29,0%	19,3%	29,2%
regelmäßig, ca. 1x/Woche	15,9%	21,7%	13,0%
unregelmäßig; selten; ca. 1-3x/Monat	22,8%	1,7%	28,4%
nie	11,6%	[57,3%]	5,5%
Σ	100,0%	100,0%	100,0%

Fazit:

- „Nichtsportlicher Sport" ist im Kindesalter ebenso universell wie der sportliche Sport (95% zu 92%), und da beide Bereiche des kindlichen Bewegungslebens etwa gleich regelmäßig betrieben werden (67% zu 74%), kann man auch von quantitativer Gleichrangigkeit sprechen.
- Die Beteiligung an diesen beiden Formen des kindlichen Bewegungslebens korreliert sehr stark miteinander (Chi^2=265,345; df=16; p=.0000; C=.427):
- 85% der Kinder sind in beiden Formen des Bewegungs-, Spiel- und Sportleben der Freizeit aktiv,
- 4% sind nur im Sport, nicht aber in Bewegungsspielen aktiv,
- 9% sind nur in Bewegungsspielen, nicht aber im Sport aktiv,
- 2% der Kinder sind weder im Sport noch in anderen Bewegungsspielen aktiv.

Analysiert man nach dem Grad der Regelmäßigkeit des Sporttreibens (Zeiteinheit: Woche) kommt man zu folgenden Ergebnissen:

- 51,3% der Kinder sind in beiden Formen regelmäßig aktiv,
- 14,1% der Kinder sind im Sport regelmäßig aktiv, aber nicht in den Bewegungsspielen,

- 15,3% der Kinder sind nur in den Bewegungsspielen regelmäßig aktiv, nicht jedoch im Sport und
- 19,3% der Kinder sind weder im Sport noch in den Bewegungsspielen regelmäßig aktiv (10,3% in beiden Bereichen selten, 7% in einem der Bereiche unregelmäßig, in dem anderen nie aktiv, 2% in beiden inaktiv).

Der bei weitem häufigste Fall ist also die parallele Aktivität in beiden Bereichen des kindlichen Sport- und Bewegungslebens. Mit zunehmendem Lebensalter (also erst im Jugendalter) verdrängt der Sport das spielerische Bewegungsleben - wobei unseres Erachtens der Sport viele Elemente des spielerischen Bewegungslebens (Baden, Fahrrad fahren, Wandern usw.) aufnimmt, so daß das Bild der „Verdrängung" einen falschen Eindruck erweckt. Im zeithistorischen Trend sollte man annehmen, daß der Sport immer stärker in das Spiel- und Bewegungsleben der Kinder eindringt und sich auf Kosten (bewegungsorientierten) Kinderspiels ausbreitet (vgl. SCHMIDT 1996; ZINNECKER 1989).

Eine Minderheit von Kindern ist entweder nur im Sport oder nur im Bewegungsspiel aktiv. Wer sind die Kinder, die keinen Sport treiben, sondern nur spielen? Es sind unseres Erachtens besonders Kinder mit schwachem Interesse am klassischen Sport und geringerer sportiver Kompetenz. Nur 15,3% sind im Sportverein (vs. 42,9% der Gesamtstichprobe), und „nur" 51% haben die Schulsportnote 1 oder 2 (vs. 70% der Gesamtstichprobe).

Tab. 3.20: Sportaktivität von Kindern - „enger", „weiter" und „situativer" Sportbegriff im Vergleich; N=1205 Kinder beiderlei Geschlechts im 3. und 5. Schuljahr; Kindersportstudie NRW 1992.

Sportaktivität	„enger" Sportbegriff	„weiter" Sportbegriff	„situativer" Sportbegriff *
täglich/ fast täglich	18,4%	44,8%	
ca. 4-5x/Woche	7,5%	13,6%	
ca. 2-3x/Woche	29,5%	16,9%	regelmäßig 79,3%
ca. 1x/Woche	15,7%	9,7%	
unregelmäßig	13,2%	12,9%	überhaupt 95,8%
nie	15,8%	2,0%	nie 4,2%
Σ	100,1%	99,9%	

* Summierung der Sportaktivität aus verschiedenen Sport-Settings (Eltern, Geschwister, Peer, Sportverein usw.)

Mit der differenzierten Vorgehensweise - die Befragten werden zur Sportaktivität in jeder Situation (Sport-Setting) wie Eltern, Geschwister, Freunde, kommerzielle Sporteinrichtung, Kinder- und Jugendgruppe sowie Sportverein befragt - erhält man den höchsten Wert für die Sportaktivität: Danach betreibt fast jedes Kind Sport (95%), knapp 80% regelmäßig. Die Häufigkeitsverteilung sei aufgeführt (in Klammern: % regelmäßig Sport Treibende):

- 4,2% (20,7%) in keiner Situation sportlich aktiv;
- 10,3% (24,5%) in einer Situation sportlich aktiv;
- 19,0% (25,1%) in zwei Situationen sportlich aktiv;
- 30,8% (18,3%) in drei Situationen sportlich aktiv;
- 22,4% (8,1%) in vier Situationen sportlich aktiv;
- 10,8% (2,7%) in fünf Situationen sportlich aktiv;
- 2,1% (0,6%) in sechs Situationen sportlich aktiv.

Wie zu erwarten ergibt der „weite" Sportbegriff (s.o.) einen sehr hohen Prozentsatz sportlich aktiver Kinder: 98% treiben Sport, 86 % regelmäßig, also mindestens einmal pro Woche. Wenn man also Aktivitäten wie Baden im Schwimmbad, Fahrad fahren, Rollschuh laufen, Wandern, Klettern, Fangspiele oder Geschicklichkeitsspiele als Sportaktivitäten ebenso zuläßt wie Fußball, Handball oder Leichtathletik, dann treibt fast jedes Kind Sport, und 86% tun dies mindestens einmal pro Woche.

Mit einem „engeren Sportbegriff" kommt man ebenfalls noch auf hohe Aktivitätsquoten, jedoch auf niedrigerem Niveau: danach treiben 84% der Kinder Sport, 70% regelmäßig. Auch diese relativ hohe Zahl an regelmäßig Aktiven kommt dadurch zustande, daß gegebenenfalls im traditionellen Sportartenspektrum wie Leichtathletik, Tischtennis und Fußball bei nicht wenigen Kindern wenig geübt wird, jedoch im „nicht-sportlichen" Sport wie Fahrrad fahren, Fangspiele usw. viel. Wie sich dies quantitativ niederschlägt, können wir mangels differenzierter Befragung nicht beantworten. Der Anteil könnte jedoch bei zwei Drittel sportlich regelmäßig aktiven Kindern liegen - und wenn man sportliche Aktivität an Wettkampfsport im Sportverein koppelt, sind es fast 20% der Kinder, die im Sportverein regelmäßig Sport *und* häufiger (vs. selten) Wettkämpfe betreiben. Wie nicht anders zu erwarten, nimmt der Prozentsatz der in der Freizeit sportlich aktiven Kinder ab, je schärfer man den Sportbegriff faßt.

Zum Gebrauch welchen Sportbegriffs man sich entschließt, hängt von der Fragestellung ab: Wer sich für die Entwicklung moralischer Vorstellungen im Kindesalter interessiert, muß auf die verschiedenen Situationen/Kontexte des Sporttreibens Bezug nehmen, wer soziale Entwicklungen des sportlichen und „nichtsportlichen Sports" beobachten will, muß entsprechend differenzieren, und wer eher an Herz-Kreislauf-Effekten des Sporttreibens interessiert ist, wird eher auf den Sportvereinssport traditioneller Ausprägung (Training und Wettkampf) aus sein. Zudem ist unseres Erachtens eine genaue Erfassung des zeitlichen und Belastungsumfangs unerläßlich.

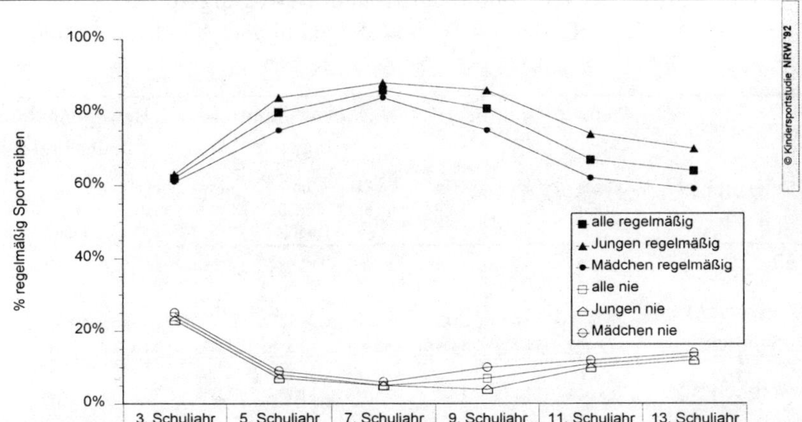

	3. Schuljahr	5. Schuljahr	7. Schuljahr	9. Schuljahr	11. Schuljahr	13. Schuljahr
alle regelmäßig	62%	80%	86%	81%	67%	64%
Jungen regelmäßig	63%	84%	88%	86%	74%	70%
Mädchen regelmäßig	61%	75%	84%	75%	62%	59%
alle nie	24%	8%	5%	7%	11%	13%
Jungen nie	23%	7%	5%	4%	10%	12%
Mädchen nie	25%	9%	6%	10%	12%	14%

Abb. 3.6: Entwicklung des Sportengagements im Kinder- und Jugendalter; („enger“ Sportbegriff; regelmäßiges Sporttreiben; nie Sporttreiben). N=3630 Kinder und Jugendliche des 3. bis 13. Schuljahres; Kindersportstudie NRW 1992.

Angesichts der starken sozialen Differenzierung im Sport, insbesondere im Sportvereinssport, ist zu fragen, ob die sozialen Determinanten auf die unterschiedlichen Parameter des Sportengagements unterschiedliche Effektstärken haben. Man sollte z.B. erwarten, daß der „weiche“ Sport für Personen unterschiedlichen Geschlechts, Schulkarriere oder Nationalität leichter zugänglich ist als der Freizeitsport engerer Definition oder der Sportvereinssport.

Signifikante Geschlechtseffekte treten nur beim „engen“ Sportbegriff auf, nicht jedoch beim „weiten“ oder bei den Bewegungsspielen in der Freizeit. Danach sind weniger Mädchen am regelmäßig betriebenen „harten“ Freizeitsport beteiligt, wohl aber in etwa gleicher Weise am „weichen“ Freizeitsport und an den Bewegungsspielen wie die Jungen.

Sehr starke (signifikante) Schulkarriere- bzw. Schichtunterschiede treten in allen Formen des Freizeitsports auf: Gymnasiasten sind stärker als Hauptschüler sowohl am „harten“ und „weichen“ Sport in der Freizeit beteiligt als auch an den Bewegungsspielen.

Tab 3.21: Einfluß der sozialen Determinanten Geschlecht, Schulkarriere und Nationalität auf Parameter des Sportengagements: „enger“ Sportbegriff, „weiter“ Sportbegriff und Bewegungsspiele in der Freizeit. N=1205 Kinder im 3. und 5. Schuljahr. Kindersportstudie NRW 1992.

	„enger“ Sportbegriff			„weiter“ Sportbegriff			Bewegungsspiele in der Freizeit		
Subgruppe	regelmäßig	unregelmäßig	nie	regelmäßig	unregelmäßig	nie	regelmäßig	unregelmäßig	nie
alle	71,0%	13,2%	15,8%	85,1%	12,9%	2,0%	66,2%	27,6%	6,3%
Geschlecht:									
männlich	73,8%	11,8%	14,4%	85,4%	12,8%	1,8%	62,1%	30,3%	7,6%
weiblich	68,3%	14,6%	17,1%	84,7%	13,1%	2,2%	70,2%	24,9%	5,0%
Schulkarriere:									
Hauptschüler	70,5%	17,3%	12,2%	83,0%	16,7%	1,3%	61,6%	33,3%	5,1%
Real-/ Gesamtschüler	81,3%	10,8%	7,9%	93,3%	6,7%	0,0%	77,9%	20,8%	1,3%
Gymnasiasten	85,4%	9,9%	4,7%	93,4%	6,1%	0,5%	73,1%	25,5%	1,4%
Nationalität:									
deutsch	75,7%	11,9%	12,4%	87,9%	10,1%	2,0%	67,9%	26,3%	5,8%
deutsche Aussiedler	52,5%	15,8%	31,7%	75,.0%	23,3%	1,7%	59,2%	35,0%	5,8%
türkisch	64,8%	35,2%	35,2%	80,7%	17,6%	1,7%	65,5%	28,6%	5,9%
Andere	61,4%	16,0%	22,6%	78,3%	18,9%	2,8%	60,4%	28,3%	11,3%

Signifikante Unterschiede zwischen den Nationalitäten treten ebenfalls in allen Formen (Konzepten) des Sports in der Freizeit auf. Deutsche Kinder sind danach sowohl im „harten“ Freizeitsport als auch im „weichen“ sowie in den Bewegungsspielen häufiger bzw. regelmäßiger engagiert als ausländische Kinder. Unter diesen kommt das Sportengagement der türkischen Kinder dem der deutschen am nächsten, während das Spiel- und Sportengagement der deutschen Aussiedlerkinder vergleichsweise viel schwächer ausfällt.

Interaktionen zweiter Ordnung treten in allen Formen des Sportengagements auf, indem das soziale Geschlecht und die Nationalität in spezifischer Weise zusammenspielen: Im allgemeinen sind die Unterschiede in der Sportpartizipation der deutschen und nichtdeutschen Jungen sehr gering, aber die zwischen den deutschen und nichtdeutschen Mädchen sehr groß.

Ein bedeutender Erkenntnisgewinn dieser Studie liegt darin, daß Ethnizität in der deutschen sozialwissenschaftlichen Sportforschung (und nicht nur dort) künftig in den Blick genommen werden muß, zum anderen liegt er darin, daß wesentliche geschlechtsspezifische Unterschiede im Sportverhalten durch Ethnizität insbesondere zum Nachteil der Mädchen determiniert sind. Es scheint, als haben die ausländischen Mädchen eine Entwicklung zu wiederholen, die die deutschen Mädchen in den letzten 15 Jahren zumindest teilweise erfolgreich durchliefen.

Desweiteren ist zu fragen, ob der „weichere" Freizeitsport toleranter hinsichtlich der Sportkompetenz seiner Teilnehmer ist als der enger definierte, traditionelle Freizeitsport und erst recht als der Sportvereinssport. Wir prüften dies an den Variablen „Sportnote" und „Sportvereinsstatus". Die Ergebnisse sind hypothesenkonform:

Die Sportnote korreliert mit der Häufigkeit der Teilhabe an Bewegungsspielen in der Freizeit mit C=.16 insignifikant, mit der Häufigkeit des „weichen" Sporttreibens mit C=.21 signifikant und mit der Häufigkeit des „harten" Sporttreibens mit C=.27. Anders ausgedrückt: Je traditioneller der Sport (je „härter" das Sportengagement oder je enger die Definition von Sport), desto größer ist der Anteil von sehr guten Schülern an den sehr häufig und intensiv Sport Treibenden. Von den sehr guten und guten Schülern im Schulsport treiben 62% zweimal oder öfter pro Woche Bewegungsspiele (Erwartungswert: 58%), treiben 85% zweimal oder öfter pro Woche „weichen" Freizeitsport (Erwartungswert: 82%), und 71% treiben zweimal oder öfter pro Woche „harten" Freizeitsport (Erwartungswert: 64%). Während die schulsportschwachen Schüler auch noch relativ häufig in den Bewegungsspielen der Freizeit und im „weichen" Freizeitsport mitmachen, fehlen viele von ihnen im traditionellen Sport.

Ähnliches wiederholt sich beim Zusammenhang zwischen Sportvereinsstatus (Mitgliedschaft vs. Nichtmitgliedschaft) als Maß für Sportkomptenz und Teilhabe an verschiedenen Formen des Freizeitsports: Sportvereinsstatus korreliert mit Teilhabe an Bewegungsspielen in der Freizeit mit C=.12, mit Teilhabe an „weichem" Freizeitsport mit C=.38 und mit Teilhabe am „harten" Freizeitsport (ohne Sportvereinssport!) mit C=.50.

Man kann also sagen, daß die drei von uns entwickelten Sportbegriffe tatsächlich Unterschiedliches erfassen und in plausibler Weise mit Sportkompetenz in Verbindung stehen: Je sportiver das Milieu (die Sportgelegenheit), desto höher die Anforderungen an die sportive Kompetenz - und desto exklusiver der Zugang!

Statt einer Zusammenfassung: Hervorhebungen

(1) Kinderfreizeit ist Bewegungsfreizeit. Bewegung, Spiel und Sport ist die häufigste Aktivität.

(2) Bewegung, Spiel und Sport unter Kindern ist Medium der Kommunikation und Mittel der Raumaneignung und -überwindung: Fahrrad fahren, Laufen, Rollschuh laufen, Skateboard fahren sind die bevorzugten Aktivitäten. In dieser Hinsicht sind sozialromantische Vorstellungen über den Verlust der Straße als Spielort nicht nur deshalb schief, weil in der Bundesrepublik Deutschland mehr als die Hälfte der Kinder in Städten unter 100.000 Einwohnern (etwa ein Viertel in ländlichen Zonen) aufwächst, sondern weil die Straße als Ort für Bewegung, Spiel und Sport noch oder doch (!) eifrig genutzt wird. Der Gedanke der Verinselung der Freizeitaktivitäten (ZEIHER 1983) „erzwingt" empirisch die Überwindung der Räume durch Eigenaktivität - und nicht nur durch den Zweitwagen der Mutter oder die Monatskarte der öffentlichen Verkehrsbetriebe. Und schließlich beschreiben BRASS und HARTMANN anschaulich die „Asphaltsozialisation" am Beispiel des Skateboard fahrens am Kölner Dom; die von der Generation 1935 bis 1945 so oft herausgestellten Vorzüge der Trümmergrundstücke (in den Großstädten) sind heute auf Straßen und öffentliche Plätze übergegangen (DIETRICH 1989, 191-196). Und das Fazit der Untersuchung von SCHMIDT (1989, 319-328) zum (freien) Fußballspielen von Kindern und Jugendlichen im historischen Vergleich: „Die Ergebnisse unserer Beobachtungen und Befragungen zeigen, daß das freie Fußballspielen in der Lebenswelt von Kindern und Jugendlichen damals (DIETRICH/LANDAU 1974) und heute eine sehr große Popularität besitzt. Die Analyse des Zeitbudgets der 8- bis 16-jährigen unterstreicht, daß ihre Spielbereitschaft trotz ungünstiger Rahmenbedingungen (geringere Freiflächen, zeitliche Belastungen während der Schulzeit, Erweiterung des Vereinstrainings durch die Einführung jüngerer Altersspielklassen = E- und F-Jugend, Bambinos) ungebrochen ist", legt nahe, daß auch in Großstädten kein Anlaß zu sozialromatischen Verklärungen der Trümmergrundstücke und ihrer Spielmöglichkeiten („Spielkultur") besteht. Insofern bilden unsere empirischen Ergebnisse einen harten Kontrast zum ideologischen Abgesang auf das Ende des freien Spiels seit den 70er Jahren (LEYENDECKER 1989, 329-337).

(3) Die sozialen Unterschiede zwischen den Kindern, insbesondere das soziale Geschlecht, die Sozialschicht (Schulkarriere) und Nationalität (Ethnizität), aber auch die Wohnregion, bedingen erhebliche Unterschiede im Freizeitverhalten und eben auch im Sportverhalten. In Anschluß an die Zweifel von BÜCHNER (1994) muß man skeptisch sein, ob es notwendig ist, sich auf komplexe Lebensstilüberlegungen einzulassen, wenn traditionelle Indikatoren sozialer Ungleichheit (Unterschiedlichkeit) noch so wirksam sind. Es reicht offensichtlich aus, Merkmale sozialer Ungleichheit zu kombinieren. Wenn man sich aber auf Lebensstilfacetten (die feinen Unterschiede sensu BOURDIEU) einläßt, dann gehört der Sport, das Bewegungsleben im Kindesalter bereits zum mächtigen kulturellen Kapital - Kindersportkultur -, das zwischen Schule und Familie erworben bzw. von diesen weitergegeben wird.

(4) Die These von SCHMIDT (1994), der Sportzugang der Kinder sei durch Zeitknappheit und Fremdorganisation bestimmt, überzieht. In unserer Stich-

probe dürften viele Hauptschüler und ausländische Kinder, aber auch Gymnasiastenkinder nicht jenen vollen Zeitplan haben, den ZEIHER (1989) nahelegt und SCHMIDT abdruckt (1994, 59), und die Fremdorganisation der sportiven Praxis existiert sicherlich neben einer Organisationsfreiheit der Sportaktivität (im Cliquensport oder Feriensport mit Eltern und Geschwistern u.a.m.). Desgleichen stimmt nach unseren Daten die Gegenüberstellung vielseitige spielerische Grunderfahrungen, Straßenspiel, mehrere Sportarten im Turnverein versus sportartspezifische Spezialisierung nicht (SCHMIDT 1994, 61). Viele Kinder haben mit 12 Jahren bereits die zweite oder dritte Sportart im Sportverein „durch", und sie betreiben in der „weichen" Freizeit viele andere Sportarten, die sie in kommerzieller Sporteinrichtung oder Sportverein nicht betreiben.

(5) Angesichts der Tatsache, daß die Kinder unserer Stichprobe an so vielen Situationen des Sports gleichzeitig (parallel) teilnehmen, so viele gleichzeitig im Sportverein und in der Kinderclique aktiv sind (u.a.m.), sind wir ebenfalls skeptisch gegenüber den Thesen KRAPPMANNs und OSWALDs (1989), daß die Kinderfreundschaften und -beziehungen ihre wesentliche „personelle Substanz" aus der Schulklasse beziehen. Wir vermuten - und teilweise wissen wir es -, daß die Teilhabe am institutionellen Sport (Sportverein, kommerzielle Sporteinrichtung) den Kindern auch den Kontakt zu anderen Kindern ermöglicht, der über die schulischen Institutionen hinausgeht; eher paßt die Idee des „Kindergeflechts" (KRAPPMANN/OSWALD 1994, 100), das das einzelne Kind für diese und jene Freizeitaktivitäten nutzt. Es ist unseres Wissens sehr weit gespannt, mit geringeren personellen Schnittmengen als vermutet.

4. Der Sportverein im Bewegungsleben der Kinder

Für immer mehr Kinder gewinnt zu einem immer früheren Zeitpunkt der Sportverein an Bedeutung. Im zeithistorischen Trend läßt sich eine deutliche Zunahme der Organisationsgrade von Kindern nachweisen[1]. Immer mehr Eltern erkennen die besondere Bedeutung des Sportvereins für die Spiel-, Sport- und Bewegungsförderung ihrer Kinder. So gesehen zeichnet sich ein deutlicher Trend zu einer „Versportlichung der Kindheit" ab. Im Vergleich zu anderen institutionalisierten Formen des Sporttreibens nimmt der Sportverein im Kindesalter eine herausragende Stellung ein. In keiner anderen Institution treiben Kinder so viel und so regelmäßig Sport wie im Verein. Keine andere institutionalisierte Form des Sporttreibens weist allerdings so starke, allgemeine, gesellschaftlich vermittelte sozialisatorische Voraussetzungen auf wie der Verein. Bei keiner anderen Sportgelegenheit ist die soziale Selektionsschwelle so hoch. Im folgenden Kapitel versuchen wir - zumindest ein Stück weit - die soziale Variabilität des Sportengagements im Kindesalter sowie die familialen Voraussetzungen zu analysieren. Im Anschluß daran geben wir einen Überblick über die Aktivitäten von Kindern im Sportverein, untersuchen die Formen der sozialen Einbindung und fragen abschließend in konstruktiver Absicht nach dem Grad der Zufriedenheit mit dem Sportvereinswesen.

4.1 Soziale Determinanten der Sportvereinsmitgliedschaft im Kindesalter

Von allen im Rahmen der NRW-Studie 92 befragten 1205 Kindern aus der 3. und 5. Schulstufe treiben zum Zeitpunkt der Untersuchung 517 Kinder (42,9%) Sport im Verein. Damit erreichen die Kinder einen Wert, der knapp über dem Wert der Jugendlichen liegt. Insgesamt ist der Organisationsgrad der Kinder in den Sportvereinen mit 39,4% im 3. Schuljahr und 46,4% im 5. Schuljahr bereits recht hoch. Lediglich die Jugendlichen des 7. Schuljahrs (46,4%) und des 9. Schuljahrs (45,8%) können dieses hohe Niveau in etwa halten. In den Jahr-

[1] Im Gegensatz zu der Forschungssituation im Jugendsport liegen repräsentative Studien zum Sportengagement im Kindesalter bis heute nicht vor. Für die detailierte Analyse zeithistorischer Trends ist dies eine maßgebliche Einschränkung. Wenn wir trotzdem an einigen ausgewählten Stellen meinen, zeithistorische Trends herausarbeiten zu können, so geschieht dies in erster Linie über den Vergleich mit den offiziellen Mitgliederstatistiken des Deutschen Sportbundes.

gangsstufen 11 und 13 gehen die Organisationsgrade auf 33,9% und 33,4% zurück. Pointiert formuliert könnte man sagen: Bereits im Kindesalter treten viele Heranwachsende in die Vereine ein, noch als Jugendliche kehren sie diesen wieder den Rücken zu (vgl. Abb. 4.1).

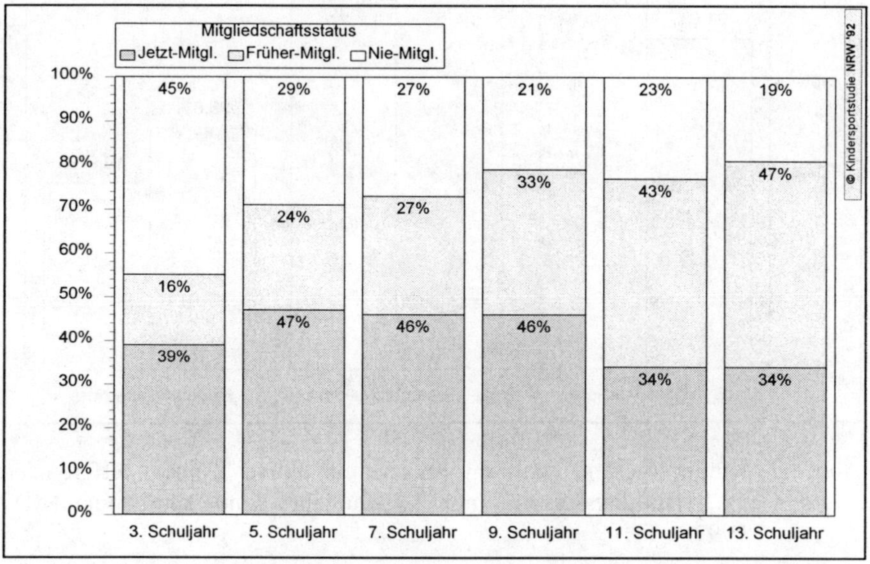

Abb. 4.1: Mitgliedschaftsstatus im Sportverein, differenziert nach Schuljahren; N=3630. Kindersportstudie NRW 1992.

Geschlecht

Die Gruppe der Vereinsmitglieder besteht zu 58,6% aus Jungen und nur zu 41,4% aus Mädchen. Bereits im Kindesalter existieren erhebliche Differenzen zwischen den Geschlechtern, die sich allerdings im Jugendalter noch einmal deutlich verschärfen. Insbesondere der Vereinssport selektiert sehr stark über das Geschlecht; und auch im Kindesalter gilt: Je weniger sportiv der Sport, um so geringer werden die geschlechtsspezifischen Unterschiede im Sportengagement.

Schulkarriere/Schicht

45,5% der jungen Vereinsangehörigen besuchen das 3. Schuljahr einer Grundschule, 54,5% der Mitglieder sind im 5. Schuljahr einer weiterführenden Schule. Die im Sportverein aktiven Fünftklässler verteilen sich auf folgende Schulkarrieren:

- Gymnasialkarriere 34,9%
- Real- und Gesamtschulkarriere 39,5%
- Hauptschulkarriere 25,6%

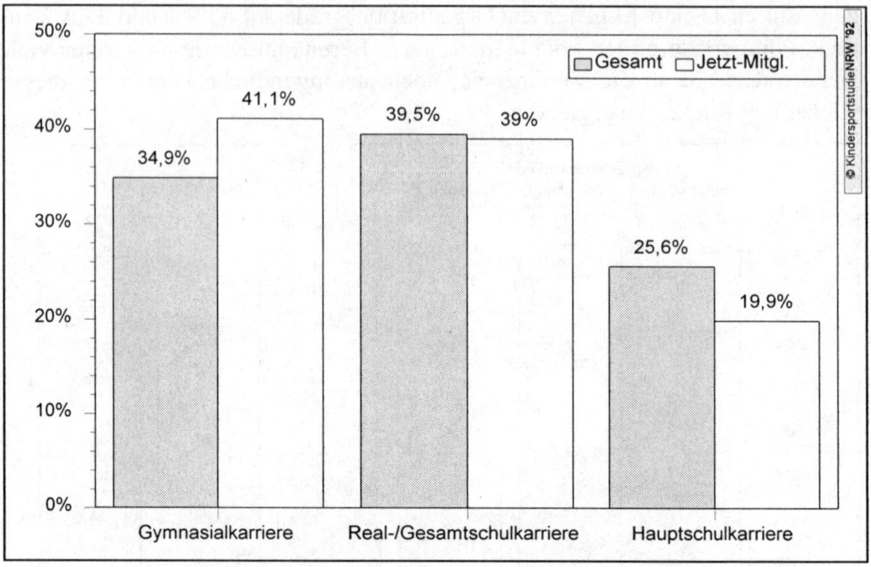

Abb. 4.2: Kinder (gesamt) und im Sportverein aktive Kinder, differenziert nach Bildungskarriere; nur 5. Schuljahr; Kindersportstudie NRW 1992.

Die Analyse des Mitgliedschaftsstatus zeigt (Abb. 4.2), wie stark die Vereinszugehörigkeit bereits im Kindesalter von der Schulkarriere determiniert wird. Gymnasiasten gehören häufiger dem Sportverein an als Realschüler und die wiederum mehr als Hauptschüler.

Siedlungsstruktur

Auch für das Kindesalter gilt: Auf dem Lande treiben mehr Kinder Sport im Verein als in den städtischen Ballungsräumen. Von den spezifischen Siedlungsstrukturmerkmalen gehen deutliche Auswirkungen auf Form, Umfang und Intensität des Sportreibens aus.

Nationalität

In der Gesamtstichprobe sind über ein Viertel der Kinder nichtdeutscher Herkunft (Abb. 4.3). Im Sportverein dagegen macht ihr Anteil nur noch 17,3% aus. 4,7% davon sind Kinder deutscher Aussiedler, 5,8% Türken und 6,8% aus anderen süd- und osteuropäischen Ländern. Die viel zitierten Wege und Pfade, die zu einem Engagement im Verein führen, scheinen insbesondere für nichtdeutsche Kinder immer noch schwer zugänglich zu sein. Selbstverständlich existieren auch hier erhebliche Differenzen zwischen den Sportarten und der Kombination der einzelnen sozialen Determinanten. Türkische Jungen haben wesentlich eher die Möglichkeit, Mitglied in einem Fußballverein zu werden als in einem Tennisclub.

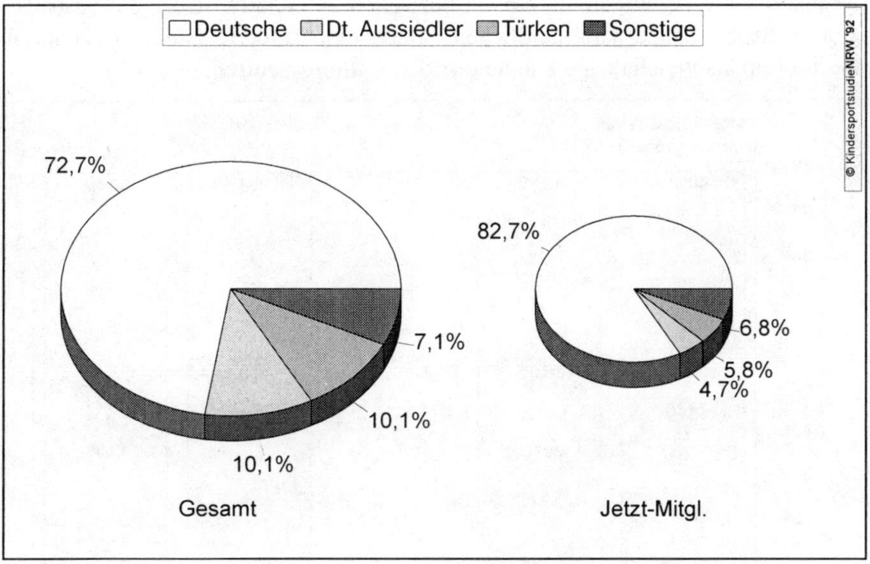

Abb. 4.3: Kinder (gesamt) und im Sportverein aktive Kinder, differenziert nach deren Nationalität; N=517; Kindersportstudie NRW 1992.

Extremgruppenvergleich

Einen besonders drastischen Eindruck über die Zugangschancen von Kindern in das deutsche Sportvereinssystem vermittelt ein Vergleich zweier Extremgruppen. Die Verteilung des Mitgliedschaftsstatus in Abhängigkeit von der Kombination ausgewählter sozialer Determinanten soll deshalb als Ausgangspunkt für eine detaillierte Beschreibung der Zugangschancen von Kindern dienen. So beeinflussen beispielsweise nicht der Schultyp oder das Geschlecht für sich allein den Sportvereinsstatus, sondern ausschlaggebend ist letztendlich die Kombination dieser sozialen Determinanten.

Da die Kinder des 3. Schuljahres sich noch in der Grundschule befinden, entfällt die Analyse möglicher diskriminierender Effekte durch das differenzierte weiterführende Schulsystem. Kinder des 3. Schuljahres werden aus diesem Grund getrennt von den Kindern des 5. Schuljahres untersucht. Die folgende Abb. 4.4 verdeutlicht den kombinierten Einfluß des Geschlechts und der Siedlungsstruktur auf die Mitgliedschaft der Kinder des 3. Schuljahres.

Besonders markant ist auch hier der starke Einfluß des Wohngebietes, in dem die Kinder aufwachsen. Nahezu unabhängig von dem Geschlecht ist der größte Anteil der Kinder aus ländlichen Zonen aktuell Mitglied in einem Sportverein. 48,5% der Jungen und 47,4% der Mädchen auf dem Land sind aktuelle Jetzt-

Mitglieder und lediglich 11,1% der Jungen und 10,3% der Mädchen bereits ehemalige Sportvereinsmitglieder. Nicht nur in bezug auf den hohen Organisationsgrad im Verein, sondern auch bezüglich der relativ niedrigen Austrittsquoten, haben Kinder aus ländlichen Zonen eine stärkere Bindung an ihren Sportverein als gleichaltrige Kinder aus den Ballungszentren.

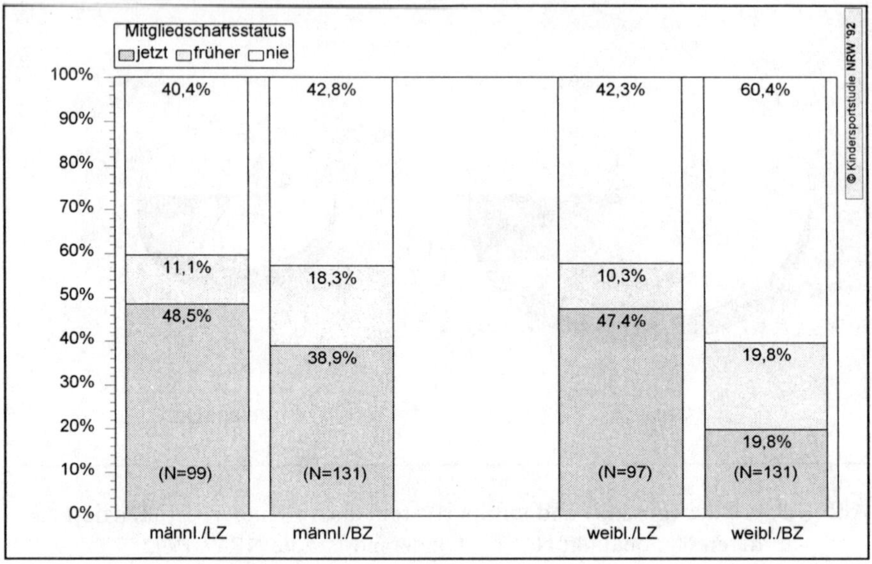

Abb. 4.4: Extremgruppenvergleich für die Kinder des 3. Schuljahres mit den Merkmalen Geschlecht und Siedlungsstruktur (LZ=Ländliche Zone; BZ=Ballungszone), N=458; Kindersportstudie NRW 1992.

Insbesondere in den Ballungszentren existieren erhebliche Differenzen zwischen den Geschlechtern. 38,9% der Jungen sind Jetzt-Mitglieder und lediglich 19,8% sind Mädchen. Obgleich der Organisationsgrad der Kinder aus Ballungszentren ohnehin schon sehr niedrig ist, sind jedoch nur halb soviel Mädchen wie Jungen aus diesen Wohngebieten aktuell Mitglied in einem Sportverein. Deutlich höher im Vergleich zu den Kindern aus ländlichen Zonen ist auch der Anteil der Ehemaligen: 18,3% der Jungen und sogar 19,8% der Mädchen haben im 3. Schuljahr den Verein bereits wieder verlassen. Damit ist der Anteil der Sportvereinsaussteiger in den Ballungszentren fast doppelt so hoch wie auf dem Land. An der Verteilung des Mitgliedschaftsstatus der Kinder aus den nordrhein-westfälischen Ballungszentren zeigt sich besonders deutlich, daß erst die Kombination der vielfältigen sozialen Determinanten die spezifischen Zusammenhänge der Verteilung von Sportvereinszugangschancen aufklären kann. Für die Kinder aus der 5. Jahrgangsstufe haben wir nun die Möglichkeit, zusätzlich zu diesen beiden soziodemographischen Merkmalen den Einfluß der verschiedenen Schultypen in die Analyse mit aufzunehmen. Aus Gründen der Übersichtlichkeit vergleichen wir an dieser Stelle erstmalig nur die Kinder aus ländlichen Zonen und Ballungszentren, welche entweder eine Hauptschule oder ein Gymnasium besuchen. Abb. 4.5 verdeutlicht, daß die komplexe Kombination von Geschlecht, Siedlungsstruktur und Schultyp zu völlig unterschiedlichen Verteilungen des Mitgliedschaftsstatus führt.

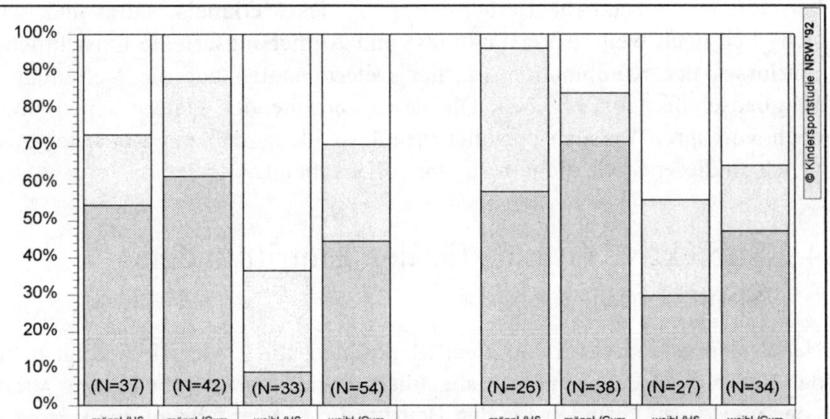

	männl./HS	männl./Gym	weibl./HS	weibl./Gym		männl./HS	männl./Gym	weibl./HS	weibl./Gym
nie	27%	11,9%	63,6%	29,6%		3,8%	15,8%	44,5%	35,3%
früher	18,9%	26,2%	27,3%	25,9%		38,5%	13,1%	25,9%	17,6%
jetzt	54,1%	61,9%	9,1%	44,5%		57,7%	71,1%	29,6%	47,1%
	Ballungszentren					Ländliche Zonen			

Abb. 4.5: Extremgruppenvergleich für die Kinder des 5. Schuljahres mit den Merkmalen Geschlecht, Siedlungsstruktur und Schultyp (HS=Hauptschule; Gym=Gymnasium), N=291; Kindersportstudie NRW 1992.

Betrachten wir zunächst die Gruppe von Kindern, die in der 3. Jahrgangsstufe den niedrigsten Organisationsgrad im Sportverein aufweist - Mädchen aus den Ballungszentren. Wie die Abb. 4.5 eindrucksvoll zeigt, ist nicht nur die Wohnregion, in der die Mädchen aufwachsen, für die geringe Quote an aktuellen Jetzt-Mitgliedern verantwortlich, sondern auch die Schulkarriere determiniert ihr Sportengagement sehr stark.

Während mit 44,5% der Anteil der Gymnasiastinnen aus Ballungszentren im Verein noch deutlich überrepräsentiert ist, sind es nur 9,1% der Hauptschülerinnen, die in dieser Region aktuell Mitglied in einem Verein sind.

Die Differenz zwischen den Gymasiastinnen und Hauptschülerinnen im Organisationsgrad im Sportverein zeigt sich auch in den ländlichen Gebieten, wenn auch längst nicht in so extremer Weise wie in den Ballungsgebieten. Land mildert soziale Differenzen - im Sinne BARKERs „undermanned setting"!

Der Schultyp scheint - zumindest für die Mädchen - den weitaus stärksten Effekt auf ihre Vereinsmitgliedschaft zu haben. Doch auch die Siedlungsstruktur determiniert bei ihnen viel stärker als bei den Jungen das Engagement in einem Sportverein. Erwartungsgemäß hoch ist der Organisationsgrad der männlichen Gymnasiasten. Dieser liegt mit 71,1% für Jungen aus ländlichen Zonen noch einmal um 10% höher als bei den Altersgenossen aus den Ballungszentren. Auch die männlichen Hauptschüler weisen sowohl in den ländlichen Zonen als auch in den Ballungszentren eine überdurchschnittlich hohe Vereinszugehörigkeit auf. Die zusätzliche Berücksichtigung des Merkmals Nationalität würde sicherlich noch weitere Verstärkungs- und Aufhebungseffekte hinsichtlich des Einflusses der Kombination sozialer Determinanten auf die Verteilung des Mitgliedschaftsstatus ergeben. Die dabei entstehenden Untergruppen sind jedoch von ihrer Versuchspersonenanzahl so klein, daß ein statistischer Vergleich an dieser Stelle nicht mehr sinnvoll erscheint.

4.2 Subjektive Gründe für den Eintritt in den Sportverein

Neben den soziodemographischen Merkmalen, die - wie wir gezeigt haben - das Sportvereinsengagement maßgeblich determinieren, gibt es eine Vielzahl von subjektiven Gründen für den Beitritt, die es ebenfalls zu analysieren gilt. Den im Verein sportlich aktiven Kindern haben wir eine Liste von zehn möglichen Gründen vorgelegt, warum sie in ihren jetzigen Sportverein eingetreten seien. Diese möglichen Gründe lassen sich in zwei Kategorien unterscheiden: Zum einen solche, die auf einen sozialen Einfluß als Eintrittsgrund hinweisen, bspw. weil Eltern, Freund, Geschwister oder andere bekannte Kinder schon Mitglied in dem Verein waren. Die zweite Kategorie besteht eher aus sachbezogenen Gründen, bspw. weil man die angebotene Sportart betreiben wollte usw.

Bezüglich der Gesamtkategorien werden durchschnittlich etwa genauso viele soziale Eintrittgründe angegeben wie sachbezogene (17,3% vs. 18,2%). Jungen geben - jedoch nicht signifikant - mehr soziale und sachbezogene Eintrittgründe an als Mädchen. Mädchen können sich in der Retrospektive signifikant häufiger nicht mehr daran erinnern, warum sie in ihren Sportverein eingetreten sind (19,6% vs. 10,6%; $Chi^2=8{,}40$, $df=1$, $p=.004$).

Mit deutlichem Abstand wird von den Kindern mit 50,3% die in ihrem Sportverein angebotene Sportart als häufigster Eintrittsgrund genannt (vgl. Tab. 4.1). Die Hälfte von ihnen ist aus diesem Grund in ihren Sportverein eingetreten. Noch deutlich vor der Vereinseinbindung der Geschwister (11,8%) und den Eltern (9,1%) nennen die befragten Kinder die Mitgliedschaft von Freunden (26,3%) und die Bekanntschaft mit anderen Kindern (21,9%) als die gewichtigsten sozialbezogenen Eintrittsgründe. Eltern wirken bezüglich eines Vereinsbeitritts ihrer Kinder nach diesen Befunden wenig als Vorbilder. 16,2% der Kinder berichten dagegen, daß sie deshalb in den Sportverein eingetreten sind, weil ihre Eltern es damals wollten. Signifikante geschlechtsspezifische Unterschiede existieren bei der Angabe, daß im jetzigen Verein der bessere Trainer sei. Die Prozentzahlen von 16,5% der Jungen und nur 5,6% der Mädchen deutet darauf hin, daß Jungen bereits Erfahrungen mit ihrem Trainer in einem anderen Verein gemacht haben und nennen die Kompetenz des Trainers als einen wichtigen (Wieder-) Eintrittsgrund. Relativ unwichtig ist in diesem Zusammenhang die räumliche Entfernung des Vereins. Lediglich 9,5% der Kinder geben die einfache Erreichbarkeit ihres Sportvereins als Eintrittsgrund an. Sehr gering ist der beratende Einfluß von Sportlehrer(innen). Nur 3,1% geben als Grund für ihre bestehende Vereinsmitgliedschaft den Rat ihres Lehrers/ihrer Lehrerin an.

Tab. 4.1: Gründe für den Eintritt in einen Sportverein; N=517 jetzige Sportvereinsmitglieder; Kindersportstudie NRW 1992.

Gründe für den Eintritt in den Sportverein	gesamt	männlich	weiblich	Chi^2
Sozialbezogene Gründe:				
Freunde waren schon dort	26,3%	27,4%	24,8%	
kannte schon Kinder	21,9%	23,8%	19,2%	
Schwester/Bruder waren schon dort	11,8%	11,9%	11,7%	
Eltern waren schon dort	9,1%	10,2%	7,5%	
weil meine Eltern es damals wollten	16,2%	18,2%	13,6%	
weil mich mein(e) Sportlehrer(in) darauf brachte	3,1%	2,3%	4,2%	
Sachbezogene Gründe:				
weil ich die angebotene Sportart betreiben wollte	50,3%	52,1%	47,7%	
weil dort der bessere Trainer war	12,0%	16,5%	5,6%	s.s.
weil er am einfachsten zu erreichen war	9,5%	9,9%	8,9%	
Ich weiß es nicht mehr:	14,3%	10,6%	19,6%	s.s.

4.3 Wer aus dem sozialen Umfeld ist Mitglied im Sportverein?

Zahlreiche Untersuchungen zur „Sozialisation in den Sport“ haben in der Vergangenheit immer wieder gezeigt, wie die Einstellung zum Sport und insbesondere auch die Bindung an einen Sportverein durch die Herkunftsfamilie und die Gleichaltrigengruppen bestimmt werden (zusammenfassend: BAUR 1989, 122-162). Auch unsere Untersuchungsergebnisse belegen eindrucksvoll die nachhaltige Bedeutung der sozialen Nahwelt für ein Engagement im Sportverein (Tab. 4.2).

Tab. 4.2: Mitgliedschaft im Sportverein von Personen aus dem sozialen Umfeld der Kinder; N=517; Kindersportstudie NRW 1992.

Personen aus dem sozialen Umfeld der Kinder	gesamt	männlich	weiblich	Chi^2
Mutter	12,8%	8,9%	18,2%	s.s.
Vater	14,3%	13,5%	15,4%	
älterer Bruder	18,2%	21,1%	14,0%	s.
ältere Schwester	13,2%	10,9%	16,4%	
bester Freund/beste Freundin	56,5%	56,8%	56,1%	
Person aus näherer Verwandtschaft	17,2%	16,2%	18,7%	
mehrere Kinder aus Freundesgruppe	30,2%	30,4%	29,9%	
mehrere Kinder aus Schulklasse	46,4%	43,9%	50,0%	

Die Kinder, die in einem Sportverein sind, geben am häufigsten an, daß ihr *bester Freund* bzw. ihre *beste Freundin* auch Mitglied im Sportverein ist. Dies gilt unabhängig von Geschlecht, Schulkarriere, Schuljahr, Nationalität und Wohnregion der Kinder. An zweiter Stelle werden die *Kinder aus der eigenen Schulklasse* genannt. Hier sind es jedoch signifikant häufiger die Kinder aus den ländlichen Zonen, deren Klassenkameradinnen und Klassenkameraden auch im Sportverein sind (54,5% vs. 39,6% in Ballungszentren). Mit 30,2% folgen die *Kinder aus der Freundesgruppe*. Bei dieser Nennung besteht keine soziale Variabilität.

Mit größerem Abstand folgen die Personen aus der Familie. Hier sind es vor allem die *älteren Brüder*, die auch in einem Sportverein sind. Dies gilt insbesondere für die Jungen und die Kinder ausländischer Herkunft. 36,7% der türkischen Kinder und 20,8% der Kinder deutscher Aussiedler geben an, daß ein älterer Bruder im Sportverein Mitglied ist. Bei den deutschen Kindern ist dies lediglich zu 16,9% der Fall. Die *ältere Schwester* ist häufiger bei den Mädchen und den Kindern aus der 3. Schulklasse im Sportverein. Auch die Einbindung von Personen aus dem *näheren Verwandtenkreis* - wie z.B. Onkel, Tante, Cousine oder Vetter - ist mit 17,2% der Nennungen vergleichsweise hoch. Sie erreicht im 5. Schuljahr mit 21,3% ihren höchsten Wert, während im 3. Schuljahr nur 12,3% der Kinder angeben, daß einer ihrer näheren Verwandten auch im Sportverein sei. Nur gering ist die gleichzeitige Sportvereinsmitgliedschaft von Kindern und Eltern. 14,3% der *Väter* und 12,8% der *Mütter* sind auch Mitglieder im Sportverein. Das Gesamtbild, das sich aus dieser Betrachtungsweise ergibt, belegt eindrucksvoll, daß diese jungen Vereinsmitglieder von einer Vielzahl von Vereinsmitgliedern in ihrer sozialen Nahwelt umgeben sind, die ihnen gewissermaßen den Weg zum Verein in besonderer Weise ebnen und sie in ihrer Bindung an den Verein unterstützen.

4.4 Welche Sportarten betreiben Kinder im Sportverein?

Sporttreiben im Verein vollzieht sich auch im Kindesalter in Formen, die meistens sportartenbezogen sind. Neben einem allgemeinen Bedeutungsgewinn des Sports und einer damit verbundenen neuen Unübersichtlichkeit sind grundlegende Ausdifferenzierungen des Sportengagements im Kindesalter erkennbar, die sich in der Koexistenz von alten und neuen Sportarten, Attraktivitätsgewinnen bzw. -verlusten einzelner Sportarten und dem Wandel von Geschlechtsunterschieden niederschlagen.

Im Sportverein dominiert, wie die Tab. 4.3 und die Abb. 4.6 zeigen, bei den Jungen Fußball (42,6%) deutlich vor Schwimmen (14,2%), Handball (8,1%), Tischtennis (7,4%), Judo (6,8%) und Tennis (6,1%). Bei den Mädchen stellt sich ein ganz anderes Bild dar. Hier ist die dominierende Sportart Turnen (26,2%), gefolgt vom Schwimmen (20,9%), der Leichtathletik (10,7%), dem Tennis (7,8%) und dem Pferdesport (5,8%). Erwartungsgemäß stellt der Fußballsport bereits im Kindesalter eine Domäne der Jungen dar und wird das Turnen vornehmlich von Mädchen betrieben. Wie wir aus der Analyse der Jugendstichprobe wissen, wird sich insbesondere bei den Mädchen mit zunehmendem Alter das Sportengagement auf noch wesentlich mehr Sportarten verteilen und die Dominanz vom Turnen und Schwimmen wird deutlich zurückgehen. Die Sportarten Turnen und Schwimmen verlieren vom 3./5. bis zum 11./13. Schuljahr mehr als drei Viertel aller ihrer weiblichen Mitglieder. Ganz anders bei den Jungen: hier wird die außerordentliche Dominanz des Fußballs über die gesamte Jugendphase hinweg im wesentlichen bestehen bleiben.

Verglichen mit den Jungen haben für die Mädchen die großen Sportspiele insgesamt einen geringeren Stellenwert. Mit zunehmendem Alter steigt allerdings hier der Prozentanteil der Aktiven deutlich an. Während bei den Mädchen im Kindesalter (3./5. Jahrgangsstufe) weniger als ein Viertel der Nennungen auf Spiele entfallen, machen sie im Jugendalter fast die Hälfte aller Nennungen aus.

Tab. 4.3: Im Sportverein betriebene Sportarten der Jetzt-Mitglieder (N=517); Kinder maximal drei offene Antwortmöglichkeiten; Kindersportstudie NRW 1992.

	Gesamt(N=502)		Jungen(N=296)		Mädchen(N=206)	
Sportart	%	Rang (>1%)	%	Rang (>1%)	%	Rang (>1%)
Fußball	26,1	1	42,6	1	2,4	10
Schwimmen	16,9	2	14,2	2	20,9	2
Turnen/ Gerätturnen	12,9	3	3,7	7	26,2	1
Tennis	6,8	4	6,1	6	7,8	4
Leichtathletik	6,4	5	3,4	8	10,7	3
Handball	6,2	6	8,1	3	3,4	7,5
Judo	6,0	7	6,8	5	4,9	6
Tischtennis	4,6	8	7,4	4	(0,5)	
Pferdesport	3,2	9	1,4	12	5,8	5
Badminton/ Federball	1,8	10,5	1,7	10	1,9	11
Gymnastik	1,8	10,5	1,0	14,5	2,9	9
Tanzen/ Turniertanzen	1,4	12	-		3,4	7,5
Basketball	1,2	13	2,0	9	-	
Jogging/ Laufen	1,0	14	1,4	12	(0,5)	
Rollschuh laufen	(0,8)		(0,3)		1,5	12
Karate	(0,8)		1,4	12	-	
Hockey	(0,6)		(0,7)		(0,5)	
Ringen	(0,6)		(0,7)		(0,5)	
Aerobic	(0,4)		-		1,0	13,5
Ballett	(0,4)		-		1,0	13,5
Kanu/Paddeln	(0,4)		(0,7)		-	
Trampolinturnen	(0,2)		1,0	14,5	-	
Volleyball	(0,2)		-		(0,2)	
Fahrrad fahren/ Rad fahren	(0,2)		(0,3)		-	
Segelflug	(0,2)		(0,3)		-	
Skifahren	(0,2)		-		(0,5)	
Kegeln/Bowling	(0,2)		-		(0,5)	
Motorradrennen	(0,2)		(0,3)		-	
Σ	110,8					

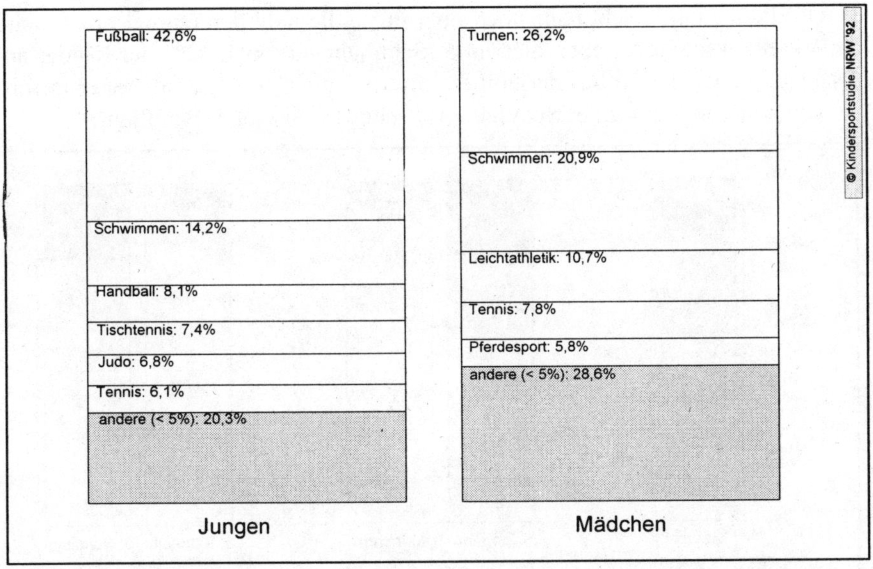

Abb. 4.6: Im Sportverein betriebene Sportarten mit einem Anteil über 5%, differenziert nach Geschlecht; N=517; Kindersportstudie NRW 1992.

Häufigkeit des Sporttreibens im Sportverein

Die Häufigkeit des Sporttreibens im Verein wird signifikant vom Geschlecht (Chi^2= 37,8; p=.000) und Alter bzw. Schuljahr (Chi^2= 29,1; p=.000) der Kinder beeinflußt. Die sozialen Determinanten Schulkarriere bzw. Schicht, Nationalität und Siedlungsstruktur, welche maßgeblich die Zugangschancen in den Sportverein determinieren, zeigen hinsichtlich der Häufigkeit des Sporttreibens keinen statistisch gesicherten Einfluß. Oder anders ausgedrückt: Wer trotz weniger chancenreicher sozialer Herkunft erst einmal den Zugang in einen Verein gefunden hat, treibt dort ebenso häufig Sport wie die Kinder mit hohen Zugangschancen.

Auffällig sind die Unterschiede in der Häufigkeit des Sporttreibens jedoch bei den Geschlechtern (Abb. 4.7). 33% der Jungen sind zweimal pro Woche und jeder fünfte Junge ist sogar noch häufiger im Sportverein aktiv. Dagegen geben nur 25% an, zweimal pro Woche im Verein aktiv zu sein, und nur 6% der Mädchen tun dies noch häufiger. Doch auch bei den höheren Häufigkeiten tun sich zwischen Mädchen und Jungen weitere Unterschiede auf. Während fast 2/3 aller Mädchen angeben, einmal pro Woche im Verein sportlich aktiv zu sein, tun dies nur 41% der Jungen. Mit dem Alter der Kinder steigt die Häufigkeit des Sporttreibens im Verein an. Auffällig ist hier, daß der Anteil derjenigen, die sowohl in der 3. als auch in der 5. Schulklasse angaben zweimal pro Woche Sport zu treiben, relativ konstant bleibt. Verschiebungen zwischen dem 3. und 5. Schuljahr ergeben sich so zugunsten eines noch häufigeren Sporttreibens. Sind es im 3. Schuljahr noch über 60%, die lediglich einmal pro Woche im Verein aktiv sind, geben dies im 5. Schuljahr nur noch 42% der Kinder an. Dagegen steigt der Anteil derjenigen, die dies noch häufiger als zweimal pro Woche tun von 7,2% im 3. Schuljahr auf schon 21,9% im 5. Schuljahr.

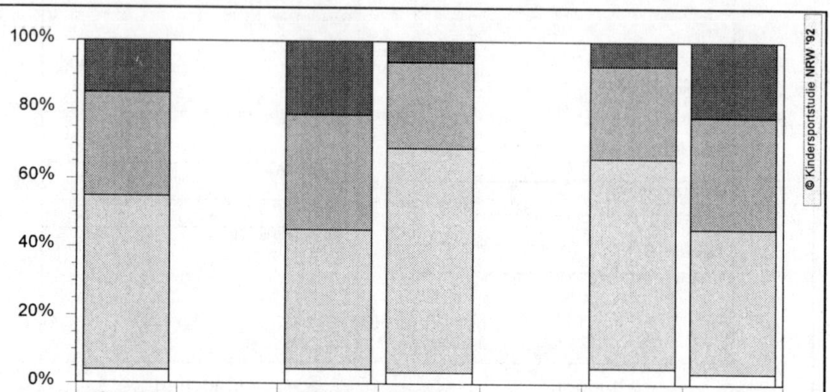

	Gesamt	Jungen	Mädchen	3. Schuljahr	5. Schuljahr
häufiger	15,2	21,5	6,1	7,2	21,9
2mal/Woche	30	33,4	25	26,8	32,6
1mal/Woche	51	40,7	65,6	61,3	42,3
selten	3,9	4,3	3,3	4,7	3,2

Abb. 4.7: Häufigkeit des Sporttreibens im Sportverein, differenziert nach Geschlecht und Schuljahr bzw. Alter; N=517; Kindersportstudie NRW 1992.

Die folgende Abb. 4.8 verdeutlicht, daß die beiden die Häufigkeit des Sporttreibens im Verein determinierenden Faktoren - Geschlecht und Alter - interagieren. Während die Häufigkeit der sportlichen Aktivität bei den Mädchen zwischen dem 3. und 5. Schuljahr nur sehr gering zunimmt, steigt sie bei den Jungen in derselben Altersspanne wesentlich stärker an.

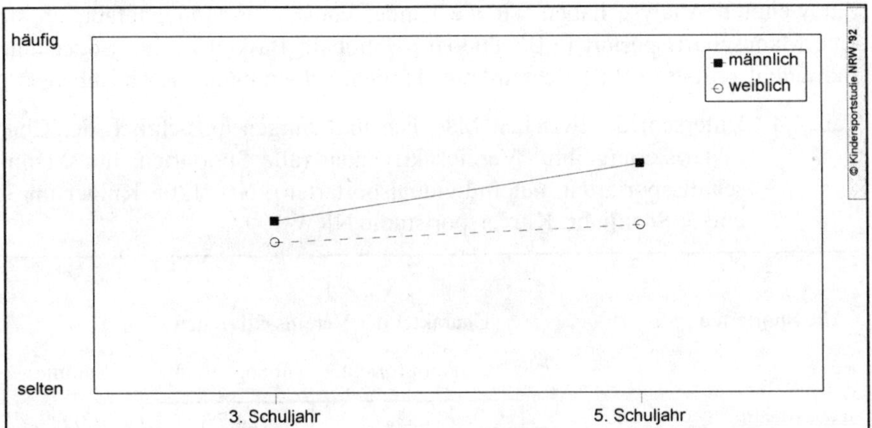

Schuljahr	p=.000
Geschlecht	p=.000
Schuljahr X Geschlecht	p=.012

Abb. 4.8: Interaktion hinsichtlich der Häufigkeit des Sporttreibens im Verein zwischen Geschlecht und Schuljahr bzw. Alter; N=517; Kindersportstudie NRW 1992.

Wie charakterisieren die Kinder ihren Übungsbetrieb im Verein?

Im folgenden wollen wir der Frage nachgehen, wie die jungen Sportvereinsmitglieder ihre Tätigkeiten im Verein charakterisieren. Sie konnten angeben, ob sie *oft Wettkämpfe, Spiele oder Turniere gegen andere Vereine* bestreiten, oder ob dies nur selten der Fall ist und sie in ihrem Verein *fast nur üben und spielen* - also, ob ihre Vereinsaktivitäten eher wettkampf- oder übungsorientiert sind. Fast die Hälfte der Kinder gibt an, oft gegen andere Vereine Wettkämpfe, Spiele oder Turniere durchzuführen. 43% charakterisieren ihre Vereinsaktivitäten eher als übungsorientiert, und 9% geben an, nichts von alledem zu tun.

Die Ausübung von wettkampf- oder übungsorientierten Vereinsaktivitäten ist hochgradig geschlechtsspezifisch. Jungen charakterisieren signifikant häufiger als Mädchen ihre Vereinsaktivitäten als wettkampforientiert (75,3% vs. 42,3%). Umgekehrt bezeichnen lediglich 24,7% der Jungen und 57,7% der Mädchen ihren Vereinsbetrieb als fast nur aus *spielen* und *üben* bestehend (p=.000; C_{korr}= .32). Liegt die Ursache für die geschlechtsspezifische Charakterisierung der Vereinsaktivitäten darin, daß Mädchen eher Sportarten bevorzugen, in denen auch mehr Gewicht auf den Übungsbetrieb gelegt wird? Traditionell sind dies eher die Individualsportarten, bei denen der Erwerb und die Perfektionierung von sportartspezifischen Fertigkeiten im Vordergrund steht.

Zur weiteren Analyse haben wir die Kinder danach zusammengefaßt, ob sie eine Mannschaftssportart (z.B.: Fußball, Handball, Basketball, etc.) oder eine Individualsportart (z.B.: Leichtathletik, Turnen, Schwimmen, etc.) ausüben.

Tab. 4.4: Unterschiede zwischen Mädchen und Jungen hinsichtlich der Charakterisierung ihrer Vereinsaktivitäten (alle Sportarten, nur Mannschaftssportarten, nur Individualsportarten); N = 1205 Kinder im 3. und 5. Schuljahr. Kindersportstudie NRW 1992.

Alle Sportarten		Charakter der Vereinsaktivitäten		
		wettkampforient.	übungsorient.	Summe
Geschlecht	m	75,3%	24,7%	100,0%
	w	42,3%	57,7%	100,0%
Chi^2=41,5; df=1; p=.000		62,1%	37,9%	

Nur Mannschaftssportarten		Charakter der Vereinsaktivitäten		
		wettkampforient.	übungsorient.	Summe
Geschlecht	m	89,0%	11,0%	100,0%
	w	80,0%	20,0%	100,0%
Chi^2=1,0; df=1; p=.311		88,0%	12,0%	

Nur Individualsportarten		Charakter der Vereinsaktivitäten		
		wettkampforient.	übungsorient.	Summe
Geschlecht	m	71,4%	28,6%	100,0%
	w	37,2%	62,8%	100,0%
Chi^2=12,8; df=1; p=.000		49,2%	50,8%	

Die Tab. 4.4 verdeutlicht, daß die von den Kindern betriebene Sportart sehr stark beeinflußt, ob sie ihren Vereinsbetrieb als eher übungsorientiert oder wettkampforientiert charakterisieren. Kinder, die eine Mannschaftssportart betreiben, bezeichnen ihre Vereinsaktivitäten signifikant häufiger als wettkampforientiert als solche, die eine Individualsportart ausüben (88,0% vs. 49,2%).

Die von den Kindern betriebene Sportart ist entscheidend für die geschlechtsspezifische Charakterisierung der Vereinsaktivitäten. Während in den Mannschaftssportarten Jungen wie Mädchen ihren Vereinsbetrieb als wettkampforientiert bezeichnen, klafft diese Charakterisierung unter den Kindern, die einen Individualsport betreiben, geschlechtsspezifisch auseinander. Mädchen bezeichnen hier ihre Vereinsaktivitäten eher als übungssorientiert, Jungen eher als wettkampforientiert. Oder anders ausgedrückt: Mädchen, die eine Individualsportart betreiben, kommen selten in den Genuß, ihre Kompetenzen im Wettkampf gegen andere Kinder zu demonstrieren.

Eindrucksvoll verdeutlichen läßt sich dies an der Sportart Schwimmen, die sowohl bei den Jungen als auch bei den Mädchen die am zweithäufigsten betriebene Vereinssportart ist. Während jedoch drei Viertel der Jungen ihren Vereinsbetrieb im Schwimmverein als wettkampforientiert bezeichnen, tut dies nur ein Viertel der Mädchen. Umgekehrt charakterisieren 75% der Mädchen ihren Vereinsbetrieb im Schwimmverein als übungsorientiert. Möglicherweise ist dies auch eine Ursache dafür, daß der Anteil der Mädchen, die den Sportverein in jungen Jahren bereits wieder verlassen haben, insbesondere bei den Individualsportarten so hoch ist. Während der Anteil der männlichen und weiblichen ehemaligen Vereinsmitglieder in der Gesamtstichprobe ungefähr gleich groß ist, sind fast drei Viertel der Früher-Mitglieder, die eine Individualsportart im Verein ausgeübt haben, Mädchen.

4.5 Zufriedenheit mit den Angeboten des Sportvereins

Die Kinder des 5. Schuljahres haben wir sehr differenziert danach gefragt, wie zufrieden sie mit den verschiedenen Angebotsmerkmalen sind, die ein Sportverein ihnen offerieren kann. Mit Hilfe einer Skala von 1 = „sehr gut“ bis 5 = „mangelhaft“ hatten sie die Möglichkeit, die Qualität der Sportanlage und Sportgeräte, die Sauberkeit der Umkleideräume, das Können und die Freundlichkeit ihrer Übungsleiter und Trainer, die zeitliche Lage ihrer Übungszeiten und das Zusammengehörigkeitsgefühl in ihrer Übungsgruppe zu benoten. Die folgende Häufigkeitstabelle über die gegebenen Antworten zeigt, daß die Kinder bereits sehr kritisch und differenziert die organisatorisch-materielle und personelle Infrastruktur ihres Sportvereins beurteilen können.

Die Tabelle 4.5 zeigt, daß die Kinder mit ihren Übungsleitern und Trainern sehr zufrieden sind. Nur selten beurteilen sie deren Freundlichkeit und Können schlechter als „gut“. Weniger zufrieden hinsichtlich der personellen Faktoren in ihrem Sportverein sind die Kinder mit dem Zusammengehörigkeitsgefühl innerhalb ihrer Trainingsgruppe. Nur 31,1% vergeben hier uneingeschränkt die Note „sehr gut“, und fast jedes fünfte Kind benotet diesen Gesichtspunkt mit „befriedigend“ oder schlechter. Jeweils über 80% der Kinder beurteilen die Qualität der Sportanlagen und Sportgeräte sowie die zeitliche Lage ihrer Übungszeiten als „gut“ oder „sehr gut“. Lediglich mit der Sauberkeit ihrer Umkleideräume ist über ein Viertel der Kinder weniger oder nicht zufrieden.

Tab. 4.5: Benotung verschiedener Angebotsmerkmale des Sportvereins; N=517 (nur 5. Schuljahr); Kindersportstudie NRW 1992.

Angebotsmerkmale des Sportvereins	Benotung						
	1	2	3	4	5	$\overline{x}$	s_x
Freundlichkeit des Übungsleiters/Trainers	59,9%	30,9%	5,7%	2,7%	0,8%	1,53	0,79
Können des Übungsleiters	57,6%	33,3%	5,3%	2,3%	1,5%	1,57	0,82
Qualität der Sportanlage	36,0%	45,5%	15,9%	2,3%	0,4%	1,86	0,79
Zeitliche Lage der Übungszeiten	34,0%	50,0%	12,6%	2,3%	1,1%	1,87	0,80
Qualität der Sportgeräte	36,4%	44,2%	13,2%	4,3%	1,9%	1,91	0,92
Zusammengehörigkeitsgefühl in der Übungsgruppe	31,1%	49,2%	15,7%	2,8%	1,2%	1,94	0,83
Sauberkeit der Umkleideräume	31,4%	42,5%	19,2%	5,7%	1,1%	2,03	0,92

Die Zufriedenheit der Kinder mit den verschiedenen Angeboten des Sportvereins ist nur in einigen Gesichtspunkten sozial variabel. Auf die Freundlichkeit und das Können der Übungsleiter und Trainer sowie auf die Benotung der zeitlichen Lage der Übungszeiten nimmt keine der genannten Determinanten Einfluß. Die nationale und siedlungsstrukturelle Herkunft beeinflußt in keinem Punkt signifikant die Beurteilung der Vereinsangebote. Das Geschlecht und die Schulkarriere der Kinder beeinflussen lediglich die eher organisatorisch-materiellen Faktoren der Infrastruktur ihres Sportvereins. So sind die Jungen weniger zufrieden mit der Sauberkeit der Umkleideräume als die Mädchen ($_{j}$=2,15 vs. $_{m}$=1,83), Kinder mit Hauptschulkarriere weniger zufrieden mit der Qualität der Sportanlagen und Qualität der Sportgeräte als Gymnasiasten und Realschüler (Sportanlagen: $_{HS}$=2,14; $_{GY}$=1,82; $_{RS}$=1,75 / Sportgeräte: $_{HS}$=2,18; $_{GY}$=1,85; $_{RS}$=1,70).

Die Häufigkeit des Sporttreibens beeinflußt die Benotung der Qualität der Sportanlage und die Sauberkeit der Umkleideräume derart, daß sportlich häufiger aktive Kinder diese materiellen Faktoren wesentlich besser beurteilen. Doch werden nicht nur die materiellen Faktoren des Vereinsangebotes besser beurteilt. Auch in einem wesentlichen personellen Faktor bewirkt die Häufigkeit der sportlichen Aktivität im Verein eine deutlich höhere Zufriedenheit: Je häufiger Kinder im Verein sportlich aktiv sind, desto besser beurteilen sie auch das Zusammengehörigkeitsgefühl in ihrer Trainingsgruppe.

4.6 Sportliches Selbstbild

Auch Kinder haben bereits mehr oder weniger klare Vorstellungen über ihre sportliche Begabung; sie bezeichnen diese mit Können, Talent, Eignung, Kraft usw. Diese Vorstellungen über das eigene Talent fassen wir unter dem Begriff Begabungskonzept. Es entsteht in der frühen Kindheit aus Kompetenzerfahrungen - seien sie ipsativ ("ich kann über diesen Graben springen") mit einem Maßstab, der sich aus der Aufgabe selbst ergibt, seien sie komparativ ("ich kann weiter springen als Claudia") mit einem Maßstab, der sich aus den beobachteten Leistungen bei anderen im Verhältnis zu den eigenen ergibt. Wie wir wissen, neigen viele Kinder im Sport zu komparativen Leistungsbewertungen. Das individuelle sportthematische Begabungskonzept ergibt sich u.E. aus vielen Erfahrungen relativen Erfolgs- bzw. Mißerfolgs (im Vergleich zu anderen Altersgleichen oder Bezugsgruppen), die zum Maßstab genommen werden. Vorläufer des sportthematischen Begabungskonzepts liegen möglichweise in der vorsportlichen Bewegungs- und Spielwelt, die aus den Aktivitäten Klettern, Raufen, Fangen u.a.m. bestehen.

Vermutlich spielt auch die Schule eine sehr große Rolle in der Entwicklung des sportthematischen Begabungskonzepts, weil sie zum einen jeden Schüler mit festen Leistungsmaßstäben konfrontiert, so daß sich auf Dauer niemand über sein absolutes oder relatives Talent in den Schulsportarten täuschen kann; zum anderen erfährt jeder Schüler die Relation seiner Leistungen zu denen anderer - auch ein massiver Beitrag zum subjektiven sportlichen Begabungskonzept. Wir vermuten, daß vorschulische vorsportliche und sportliche Erfahrungen sowie schulische sportliche Erfahrungen das sportliche Begabungskonzept formen, so daß es bereits in der späten Kindheit relativ stabil ist - und zur Zuwendung zu bestimmten Situationen der Freizeit und des Sports führt. Die Daten in dieser Studie bestätigen diese Vermutung.

Die Sportnote

Die Schülerinnen und Schüler der 5. Schulklassen hatten die Möglichkeit, ihre Sportnote anzugeben. Die Spanne der im Sportunterricht verteilten Noten reicht von „sehr gut“ bis „ausreichend“. Keines der Kinder erhielt - angeblich - für seine Leistungen im Sportunterricht ein „mangelhaft“ oder sogar ein „ungenügend“. Zwischen den Jetzt-Mitgliedern und den Nie-Mitglieder bestehen signifikante Unterschiede zwischen den Mittelwerten der Sportnote (t=2,86; df=434; p=.004): Die Kinder, welche in einem Verein sportlich aktiv sind, haben im Sportunterricht eine Durchschnittsnote von $\bar{x}$=2,08 (s=0,74). Solche, die noch nie Mitglied in einem Sportverein waren von $\bar{x}$=2,28 (s=0,64). Die Häufigkeitsverteilung der Sportnoten (Abb. 4.9) weist auch darauf hin, daß die Note „ausreichend“ von den Lehrerinnen und Lehrern nur in den seltensten Fällen vergeben wird. Für die meisten Fünftklässer ist damit ein „befriedigend“ die schlechteste zu erreichende Note im Sportunterricht, die von den Nie-Mitgliedern häufiger bekommen wird als von den Jetzt-Mitgliedern

(31,2% vs. 21,4%). Über die Hälfte der Schülerinnen und Schüler erreichen die Note „gut“. Der größte Unterschied zwischen Jetzt- und Nie-Mitgliedern besteht im obersten Leistungsbereich der Sportnoten: Während 20,3% der Mitglieder eines Sportvereins ein „sehr gut“ als Sportnote auf ihrem Zeugnis haben, sind es bei den Nie-Mitgliedern nur 8,2%.

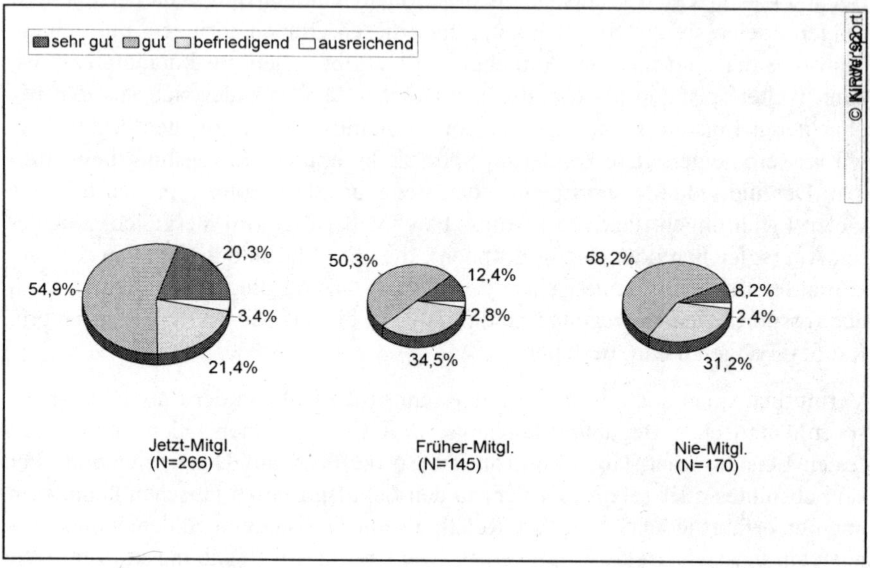

Abb. 4.9: Schulsportnote, differenziert nach Jetzt- und Früher-Mitgliedern; N=536; Kindersportstudie 1992.

Weitere Kovarianzanalysen zeigen, daß die Sportnoten je nach Schulkarriere und Wohnort der Kinder signifikant variieren: Die besten Noten erhalten die Kinder mit Real- oder Gesamtschulkarriere ($\overline{x}$=2,05) und Kinder mit Gymnasialkarriere ($\overline{x}$=2,09). Vergleichsweise schlechte Sportnoten haben die Schülerinnen und Schüler mit Hauptschulkarriere ($\overline{x}$=2,36). Auch Kinder, die in Ballungszentren heranwachsen, erhalten schlechtere Noten als Kinder aus ländlichen Zonen (BZ $\overline{x}$=2,25 vs. LZ $\overline{x}$=2,00). Das Geschlecht und die Nationalität der Fünftklässer hat keine statistisch gesicherten Auswirkungen auf ihre Sportnote.

Subjektive Einschätzung der Sportkompetenz (Warum sind andere besser?)

In einem weiteren Variablenkomplex wurden die Kinder nach den subjektiven Ursachen für Sportkompetenz gefragt. Die einzelnen Fragen lassen sich grob in körperliche (Kraft, Größe, Gewicht) und sportimmanente (Anstrengung, Training, Technik) Ursachen kategorisieren.

In der folgenden Tab. 4.6 sind die Häufigkeiten der Zustimmungen von den Kindern des 3. und 5. Schuljahres, die Differenzierung nach dem Mitgliedschaftsstatus und die Signifikanz der Unterschiedsprüfung zwischen diesen beiden Gruppen aufgeführt.

Tab. 4.6: Subjektive Einschätzung der Sportkompetenz; N=758 (nur Jetzt- und Früher Mitgl.); Kindersportstudie NRW 1992.

Kinder, die besser sind als ich, ...	Gesamt N=758	Jetzt-Mitglieder N=517	Früher-Mitglieder N=241	Soziale Determinanten
... haben mehr Kraft	39,0%	38,3%(2)	39,8%(1)	m,j,LZ
... sind größer	35,5%	41,2%(1)	28,9%(3)	D,Jetzt
... üben und trainieren in der Freizeit mehr	27,7%	24,4%(4)	31,5%(2)	m,D,HS+GY Nie
... verfügen über eine bessere sportliche Technik	27,2%	28,8%(3)	25,3%(4)	LZ,ä
... sind nicht so schwer (sind dünner)	15,8%	15,7%(5)	15,9%(6)	
... strengen sich im Wettkamp mehr an	15,1%	13,9%(6)	16,6%(5)	j
... sind schwerer (sind dicker)	8,1%	7,2%(7)	9,2%(7)	j

Als Hauptursachen dafür, daß andere Kinder besser im Sport sind als sie selbst, nennen die Kinder die körperlichen Merkmale Kraft und Größe. Diejenigen, die Mitglied in einem Sportverein sind, nennen dies sogar am häufigsten und auch signifikant häufiger als die Kinder, die nicht mehr Mitglied sind. Weitere Gründe sind sportimmanenter Art: Die Früher-Mitglieder glauben signifikant häufiger, daß ein häufigeres Üben und Trainieren dafür verantwortlich ist. Keine signifikanten Unterschiede zwischen Jetzt- und Früher-Mitgliedern gibt es bei der Einschätzung, daß die sportlich besseren Kinder auch über eine bessere sportliche Technik verfügen. Vergleichsweise gering wird der Einfluß des Körpergewichts und der Anstrengung im Wettkampf für den sportlichen Erfolg anderer Kinder bewertet.

Die Tabelle zeigt auch, daß an den Stellen, wo die sozialen Determinanten signifikant variieren, sie dies auch - mit einer Ausnahme - von den gleichen Gruppen ausgehen. So glauben mehr Mädchen als Jungen, daß eine größere Kraft und ein höheres Trainingspensum in der Freizeit für den Erfolg anderer Kinder verantwortlich ist. Daß die Körpergröße und das Trainingspensum eine Ursache ist, glauben häufiger die deutschen Kinder als die türkischen und die Kinder deutscher Aussiedler. Die jüngeren Kinder aus dem 3. Schuljahr nennen hier häufiger als solche aus dem 5. Schuljahr die Körpergröße, die Anstrengung im Wettkampf und ein höheres Körpergewicht als Faktoren. Die Fünftklässer nennen dafür häufiger die Verfügbarkeit einer besseren Technik. Schließlich glauben mehr Hauptschüler und Gymnasiasten als Real- und Gesamtschüler, daß das Trainingspensum in der Freizeit für den sportlichen Erfolg anderer Kinder verantwortlich ist.

5. Der Übungsleiter als Bezugsperson

5.1 Alltägliche Helfer im organisierten Kindersport[1]

Was macht man eigentlich als junger Mensch, wenn man Schwierigkeiten in der Schule hat, sich mit den Eltern nicht versteht oder die Eltern sich ständig streiten, wenn man keine Freunde findet, sich selbst für unzulänglich hält oder einfach nicht weiß, was man mit sich anfangen soll? Geht man tatsächlich, wie die Fachliteratur einen glauben macht, zu Spezialisten, etwa zum schulpsychologischen Dienst? Die alltägliche Erfahrung zeigt uns, daß gerade dies wohl kaum der Fall ist. In diesem Bereich typischer Entwicklungsbelastungen bildet die gezielte Inanspruchnahme professioneller Helfer eher die Ausnahme. COWEN (1982) macht entsprechend deutlich, daß es sich wohl nur um einen Mythos handelt, daß sich Menschen mit psychosozialen Problemen gleich an professionelle Helfer wenden. Wesentlich naheliegender erscheint die Vermutung, daß in belastenden Situationen oder in den frühen Phasen von Krisenentwicklungen Ansprechpartner aus dem engeren sozialen Umfeld aufgesucht werden. In entsprechenden Situationen wendet man sich an Personen, die man kennt, denen man vertraut, die zuhören und deren Rat und Hilfe etwas wert sind. So kommt NESTMANN dann auch nicht umhin, einen deutlichen Widerspruch zu konstatieren zwischen dem Allgemeinwissen, „daß Partner, Vertraute, Freunde etc. potentielle natürliche und alltägliche Hilfequellen für die meisten von uns darstellen (was sich bis in Schlagertexte wie ‚That`s what friends are for' niederschlägt) und der langen Abstinenz von Wissenschaft, beruflicher Praxis und Versorgungsplanung hinsichtlich der Anerkennung informeller Hilfen" (1988, 3). Alltägliche und nichtprofessionelle Hilfeprozesse sind entsprechend nur selten untersucht worden. Dies steht im krassen Gegensatz zu den Annahmen von Autoren wie BADURA (1981), FRY (1978), GRUNOW (1981) und BEHRENDT (1981), die davon ausgehen, daß informelle Hilfen auch noch heute insbesondere bei der Bewältigung von chronischen Belastungen, dominante Hilferessourcen darstellen, die weit stärker nachgefragt werden als professionelle Helfer. Die meisten psycho-sozialen Probleme werden im Familien-, Verwandten-, Freundes-, Nachbar- und/oder Kollegenkreis gelöst (vgl. DÖRNER 1979, 17). Die Forschungsperspektive geht mittlerweile aber auch weit über das traditionelle alltägliche Netzwerk von Familie, Nachbarschaft und Freunden hinaus und richtet sich immer stärker auf informelle Helfer und

---

[1] Die theoretische Konstruktion der besonderen Funktionen des Übungsleiters als *Sportfachmann* und *alltäglicher Helfer* wurde bereits in der Monographie „Sport und Sozialisation im Jugendalter" (Brinkhoff 1998) entfaltet.

Helferstrukturen, die gewissermaßen zunächst nur in der zweiten Reihe stehen. „People with personal problems are likely to turn a variety of sources before seeking professional assistance“ (WILCOX/BIRKEL 1984, 238). In Anlehnung an NESTMANN (1988, 5) und KAPLAN/COWEN (1981) läßt sich informelle Hilfe wie folgt umschreiben: Sie wird von Helfern ausgeübt, die weder in psychosozialen noch medizinischen Bereichen ausgebildet sind. Es liegt eine Verflechtung von Hilfesuche und Hilfe in anderen alltäglichen Beziehungen und Interaktionen vor. Hilfesucher und Helfer agieren ohne formalen Kontrakt und oft ohne bewußte Realisierung und Reflexion der eigenen Rolle. Die potentielle gegenseitige Hilfe und Unterstützung bilden lediglich einen Teil einer vielfältigen Beziehung von Individuen oder Gruppen über längere oder auch kürzere Zeiträume. Informelle und oft auch spontane Hilfeleistungen ereignen sich - so gesehen - jeden Tag um uns herum, ohne daß sie in besonderer Form zur Kenntnis genommen werden.

Von unterlassener Hilfeleistung ist schnell die Rede, die alltägliche Hilfe wird leicht übersehen oder vielleicht auch als selbstverständlich betrachtet. Aber ist Altenpflege, Nachbarschaftshilfe oder auch unentgeltliche Jugendarbeit in den Sportvereinen in einer Gesellschaft der Individualisten und des individuellen Lebensrisikos noch selbstverständlich? Sind derartige Konsensformeln nicht vielmehr Relikte einer sozialen Wirklichkeit, die es gar nicht mehr gibt? Fest steht bis heute, daß die vielfältigen sozialen Beziehungsnetze - trotz erheblicher innerer Erosion und äußerer Erschütterung - nicht nur immer noch den Hauptanteil in vielen sozialen Dienstleistungsbereichen bilden, sondern daß gerade hier auch ein umfassendes Vorsorgeprogramm liegt. Nicht erst seit DURKHEIMS bekannter Selbstmordstudie wissen wir, daß der Verlust an sozialer Integration ein entscheidendes Kernelement psychischer Belastung und psychosozialer Verelendung darstellt. „Die Bindung an die gemeinsame Sache bindet sie auch ans Leben, und auch im übrigen hindert sie das hohe Ziel, auf das ihre Augen gerichtet sind, daran, ihren privaten Kummer lebhaft zu empfinden. Schließlich findet in jeder ineinander verflochtenen und lebendigen Gemeinschaft ein ständiger Ideen- und Empfindungsaustausch von allen zu einem, von einem zu allen statt, und es gibt eine Art moralischer Unterstützung, die den einzelnen, statt ihn auf sich selbst zurückzuwerfen, an den kollektiven Kräften teilhaben läßt und ihn dadurch stärkt, wenn er sich am Ende fühlt“ (DURKHEIM [Orig. 1897] 1990, 233). Obwohl insbesondere die informellen sozialen Hilfe- und Unterstützungssysteme den formellen Diensten in Hinblick auf umfassende Prävention und schnelle Intervention überlegen sind, werden alltägliche Hilfeaktivitäten am Maßstab der professionellen Versorgungssysteme gemessen. Die Perspektive der betroffenen und beteiligten Bevölkerungsgruppen wird immer noch weitgehend ignoriert und die Möglichkeit einer frühzeitigen an den Interessen und Bedürfnissen der Beteiligten orientierten Prävention verspielt. Hier drängt sich zwangsläufig die Frage auf, warum das - nicht erst in diesen Tagen in die Kritik geratende - Gesundheitssystem nicht frühzeitig die Handlungskompetenzen verschiedener Bevölkerungsgruppen hinsichtlich der Gesunderhaltung und auch Krankheitsbewältigung nutzbar macht. BADURA betont in diesem Zusammenhang bereits Anfang der 80er Jahre den notwendigen Perspektivwechsel in der Sozialpolitik und konstatiert, daß diese Form der Politik „die wohlfahrtstaatliche Bedeutung nichtprofessionalisierter und unentgeltlicher Leistungen und Hilfen unterschätzt und das Geflecht der diese Leistungen erbringenden sozialen Netzwerke und Organisationen zumeist kaum beachtete, berücksichtigte oder aktiv förderte: staatliche Sozialpolitik verstand sich bisher zu oft als Ersatz außerstaatlicher Leistungen und zu selten als deren Voraussetzung und Ergänzung" (1981, 152).

In den letzten Jahren hat die informelle Hilfe durch grundlegende gesellschaftliche Individualisierungs- und soziale Entpflichtungsprozesse sowie die enorme Kostensteigerung im Gesundheitswesen deutlich an Bedeutung gewonnen. Sowohl in der wissenschaftlichen als auch sozialpolitischen Diskussionsgemeinschaft wird die außerordentliche Relevanz von informeller und natürlicher Hilfe („social support") intensiv diskutiert. Daß auch in diesem Bereich eine deutliche Entwicklungsverzögerung von über 10 Jahren zwischen den USA und der Bundesrepublik Deutschland zu beobachten ist, läßt sich wohl kaum ausschließlich mit dem bekannten und allseits beklagten „scientific lag" erklären. Bereits Anfang der 70er Jahre wurde in den USA die sogenannte „nonprofessional revolution" (SOBEY 1970) ausgerufen. Dieser später von GERSHON/BILLER (1977) präzisierte Perspektivwechsel verdeutlicht grundlegende Veränderungen der mental-health-Ideologie, weg von der kurativen Individualtherapie, hin zu einer möglichst präventiven Gemeindeorientierung und einer deutlichen Würdigung komplementärer Unterstützungs- und Versorgungsqualitäten nichtprofessioneller Hilfe. Kostensparende und gleichzeitig effiziente nichtprofessionelle Helfer in der Familie, Nachbarschaft und Gemeinde scheinen das geeignete Füllmaterial für die in allen westlichen Industrienationen aufreißenden Versorgungslücken zu sein. „Es liegt nahe, daß alle diese Überlegungen zur stärkeren Berücksichtigung nichtprofessioneller Hilfe in der psychosozialen Versorgung und Gesundheitsversorgung dort Raum greifen, wo die öffentlichen Dienstleistungen ohnehin schlecht entwickelt, defizitär oder mehr oder weniger nicht existent und/oder dort, wo sich die informelle alltägliche Hilfe als die traditionell dominante oder einzige Hilfe- und Unterstützung erhalten hat" (NESTMANN 1988, 9; vgl. auch BADURA 1981; COWEN 1980). Gegenseitige psychosoziale und gesundheitliche Unterstützung ist und bleibt - so gesehen - kaum ersetzbare Quelle von Hilfe und dient zwangsläufig als Fundamentum, von dem aus professionelle Hilfe ergänzend, kompensatorisch oder auch alternativ bestimmt und eingesetzt werden kann. Informeller Hilfe kommt faktisch und auch subjektiv in der Wahrnehmung der Betroffenen eine entscheidende Bedeutung bei der Vermeidung von Krankheiten und der Bewältigung von alltäglichen Belastungen und akuten Problemen zu. Die sozialen Ressourcen, die sich aus den Bewältigungsbeiträgen der verschiedenen informellen Hilfe- und Unterstützungsquellen der Lebenswelt des einzelnen Individuums ergeben, treten ergänzend zu den personalen Ressourcen, das heißt den individuellen Bewältigungskompetenzen, und haben eine ebensolche Bedeutung für die Vermeidung, Überwindung und Verarbeitung von Belastungen. Auch werden traditionelle personen-, schicht- und umgebungsspezifische Versorgungsungleichheiten über ein Netzwerk informeller Hilfen zumindest ein Stück weit ausgeglichen (vgl. NESTMANN 1982). Die social-support-Forschung legt mittlerweile auch eine Reihe von Ergebnissen vor, die Präferenzen und Präferenzenverschiebungen in der Inanspruchnahme der verschiedenen informellen Hilfequellen beschreiben. Informelle Hilfe kommt - darin stimmen alle Untersuchungen überein - vornehmlich aus den natürlichen Netzwerken.

Im Vergleich zu der amerikanischen social-support-Forschung fällt die deutsche Beschäftigung mit der Problematik noch vergleichsweise bescheiden aus. „Zwar ist im Zusammenhang mit der Psychiatrieentwicklung in der Bundesrepublik Deutschland und der Gemeindepsychiatriediskussion seit den 70er Jahren auch der Bereich informeller psychosozialer Hilfen und Helfer in die Aufmerksamkeit von Theoretikern und Praktikern, Versorgungsplanern und Politikern gerückt, das Konzept sozialer Unterstützung in seiner inzwischen äußerst elaborierten Form scheint hier jedoch nur sehr rudimentär repräsentiert" (NESTMANN 1988, 21). Erst in den 80er Jahren tritt es nicht nur als Nebenaspekt des allgemeinen Selbsthilfebooms und grundlegender Überlegungen zur Krise des Ehrenamtes in Erscheinung, sondern wird insbesondere in der sich ausweitenden Netzwerkperspektive psychosozialer Forschung und Intervention breit rezipiert (vgl. THIERSCH 1986; NESTMANN 1988; SCHWARZER/LEPPIN 1989). Sieht man von wenigen Arbeiten mit deutlichem Bezug zum social-support-Ansatz ab (vgl. KRAUS 1987; SCHLICHT 1995), steht eine breite sportwissenschaftliche Rezeption dieser Forschungsperspektive weitgehend noch aus. Der folgende Teil der Studie stellt einen ersten vorsichtigen Versuch dar, den Übungsleiter im Kinder- und Jugendsport auch als alltäglichen Helfer zu analysieren.

5.2 Zur Sozialfigur des Übungsleiters

Im organisierten Kinder- und Jugendsport kommt dem Übungsleiter eine ganz besondere Schlüsselposition zu. Er ist zentraler Träger und Garant der Jugendarbeit in den Jugendabteilungen der Sportvereine. Im sportbezogenen Miteinander von Kindern und Übungsleitern entsteht erst die vielfältige Wirklichkeit sportbezogener Jugendarbeit. Er vertritt in direkter Weise die Vorstellungen und Interessen, die seitens des Vereins an eine gute Jugendarbeit gestellt werden. Im Vergleich zu allen anderen Vereinsfunktionären steht er den Kindern und Jugendlichen wirklich nahe, da er in jeder Übungsstunde, an jedem Wochenende unmittelbar und authentisch mit ihren spezifischen Sichtweisen, Interessen und Problemlagen konfrontiert wird. Weiterhin gilt, daß sie speziell für Kinder und Jugendliche „überhaupt erst den Zugang zum Sport ermöglichen und damit massiv Einfluß auf das Bild vom Sport und das Image der Sportarten in den Perspektiven der Sporttreibenden nehmen. Stellt man dabei in

Rechnung, daß der Kontakt mit dem Vereinssport längerfristig folgenreicher und wichtiger ist als der Kontakt mit dem Schulsport, so zählen die Übungsleiter sicherlich zu den wichtigsten Personen der allgemeinen Sportsozialisation" (MRAZEK/RITTNER 1991, 17). Auch in Hinblick auf die beeindruckenden Organisationserfolge des Kinder- und Jugendsports in den Vereinen sind Übungsleiter wichtige Moderatoren der Mitgliedergewinnung und der Mitgliederbindung. Der Übungsleiter ist jedoch nicht nur ausgewiesener Sportfachmann, sondern - so unsere Ausgangsthese - auch stiller Helfer in Lebenssituationen, die Kinder und Jugendliche als belastend empfinden. Er ist Freund und Förderer. Er vermittelt eine gewisse Sichtweise des Sports. Er qualifiziert und stigmatisiert. Jenseits pädagogisch hoch professionalisierter Rollen ist er für die Kinder und Jugendlichen einfach nur da. Er ist aber nicht nur Vermittler des Sports, sondern ebenfalls, wenn bisher auch sehr verkannt, einer der bedeutenden Vermittler des Lebens; denn Kinder und Jugendliche suchen seinen Rat, vertrauen ihm Probleme an und bitten ihn um seine Hilfe. Übungsleiter und Trainer wirken aber auch durch ihr Vorleben. Manchmal sind sie Vorbilder, oft nur einfach nette Erwachsene, die vom Sport und vom Leben einiges verstehen, bisweilen aber auch menschliche Gestalten der Angst, Intoleranz und Inkompetenz, welche die Freude am Sport nehmen, psychosoziale Krisen herbeiführen, Sportkarrieren beenden und ihre anvertrauten Schützlinge nicht als Person, sondern als sportliche Aktie betrachten.

Übungsleiter und Trainer besitzen - wenn sie es auch oft gar nicht wahrhaben wollen - erhebliche Möglichkeiten, pädagogisch zu wirken (vgl. KURZ 1988). Sie lehren nicht nur den „Fallrückzieher" und den „Sprungwurf", sondern bestimmen im hohen Maße das Klima des menschlichen Miteinanders, bestimmen den Stellenwert von Leistung, Gruppenkohäsion und sozialer Integration, verfolgen die Entwicklung jedes einzelnen und legen Normen und Werte für die Heranwachsenden fest, die weit über den Sport hinaus wirken. Das pädagogische Potential dieser Sozialfigur, das sich aus der Synthese von sportpraktischem Fachwissen und emotionaler Nähe und Vertrautheit ergibt, ist sowohl in der pädagogischen als auch in der sportwissenschaftlichen Forschung weitgehend ignoriert worden. Mit Erstaunen ist festzustellen, daß sowohl in der allgemeinen Kindheits- bzw. Jugendforschung als auch in der spezielleren Jugendarbeitsforschung die über eine Million Übungsleiter und Trainer nicht existent sind. Sie scheint es einfach nicht zu geben. Selbst in der sportwissenschaftlichen Forschung (MRAZEK/RITTNER 1991; JÜTTING 1992; BAUR 1992; BRINKHOFF 1992), die in gewissen Zyklen sich dieser Thematik immer wieder annimmt, ist die im folgenden zu entwickelnde sozialisationstheoretische Perspektive des Sportexperten und gleichzeitigen alltäglichen Helfers im Sinne einer sozialen Ressource bisher noch nicht herausgearbeitet worden. Die sozialisatorischen Funktionen, die von der Sozialfigur Übungsleiter tatsächlich ausgehen (können), lassen sich bisher nur erahnen. Zwischen den Extremen Problemberater in Lebenskrisen und/oder Verführer in Sachen Alkohol und Zigaretten reicht das Spektrum möglicher empirisch nachweisbarer Sozialisations- und sozialer Unterstützungsseffekte.

5.3 Ausgewählte soziodemographische Merkmale der Übungsleiter

Im folgenden versuchen wir zunächst, auf der Basis ausgewählter Items die Sozialfigur des Übungsleiters im Hinblick auf seine sportfachlichen und pädagogischen Wirkungsweisen näher zu analysieren. Es geht vor allem darum, einen Überblick über die Verteilung wichtiger Variablen zu geben und erste mögliche Zusammenhänge zwischen von den Kindern wahrgenommenen Eigenschaften und Wirkungsweisen der Übungsleiter und zentralen Strukturvariablen zu beschreiben. Aus der Forschung zur Sportsozialisation wissen wir, daß das schlichte Sporttreiben selbst sozial voraussetzungsvoll und selektiv ist. Zu den wichtigsten Ergebnissen dieser Forschung, die von der vorliegenden Studie bestätigt und ergänzt wurden, gehört die Einsicht, daß Geschlecht, Alter, Bildungskarriere, Schichtzugehörigkeit und spezifische soziale Milieus neben vielen individuellen und situativen Variablen die Genese des Sportengagements und Sportinteresses stark beeinflussen (vgl. LÜSCHEN 1963; HAMMERICH 1971; SCHLAGENHAUF 1977; HEINEMANN 1980; BAUR 1989; BRINKHOFF 1995). Dies gilt generell für ehrenamtliches Engagement (BACKES 1987) und insbesondere auch für die Übernahme von Funktionen im organisierten Sport (WINKLER/KARHAUSEN/MEIER 1985).

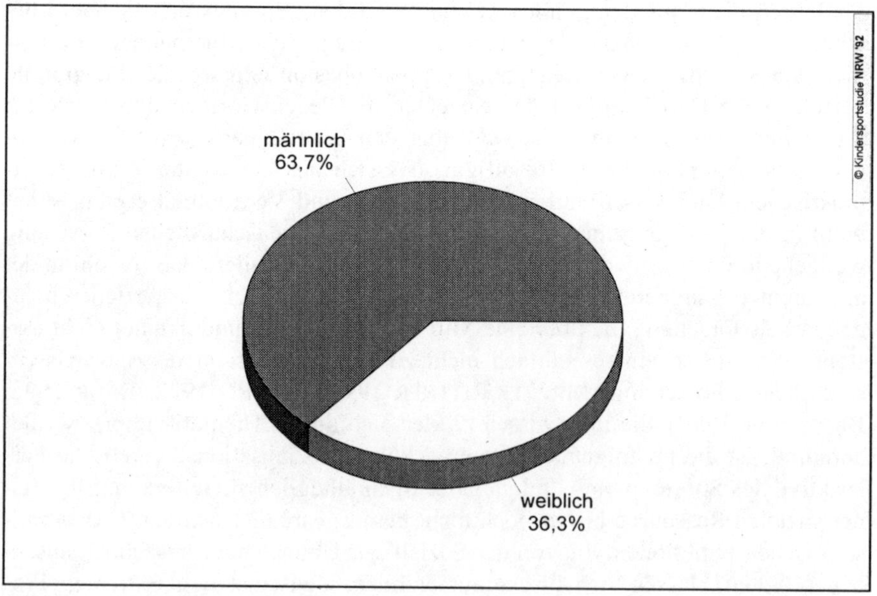

Abb. 5.1: Geschlechterverteilung der Übungsleiter, N=697. Kindersportstudie NRW 1992.

Von Interesse ist daher das (soziale) Geschlecht der Übungsleiter im Kindersport - Dominanz von Frauen wie in der Grundschule? - und das Matching von Geschlecht der sportaktiven Kinder. Im organisierten *Kindersport* ist der Überhang an männlichen Betreuern nicht ganz so ausgeprägt wie im Jugendsport. Von allen befragten Kindern, die Mitglied in einem Sportverein sind oder waren, erklären 63,7%, von einem männlichen Übungsleiter und 36,3%, von einem weiblichen Übungsleiter trainiert zu werden (worden zu sein). Differenziert man hier zwischen Jetzt- und Früher-Mitgliedern (Abb. 5.2), so zeigt sich eine geringere Differenz. So werden 66,7% der Jetzt-Mitglieder von männlichen und 33,3% von weiblichen Übungsleitern trainiert. Unter den Früher-Mitgliedern wurden 57,4% von männlichen und 42,6% von weiblichen Übungsleitern trainiert. Separiert man in der Teilstichprobe der Kinder die Geschlechter, so stellt sich die „Männerdominanz" von Übungsleitern wie folgt dar: Hier werden 87,2% aller männlichen Kinder auch von Männern betreut, nur 12,8% der männlichen Kinder werden von weiblichen Übungsleitern betreut. Im Vergleich zur Teilstichprobe der Jugendlichen ist der Anteil weiblicher Übungsleiter vergleichsweise hoch.

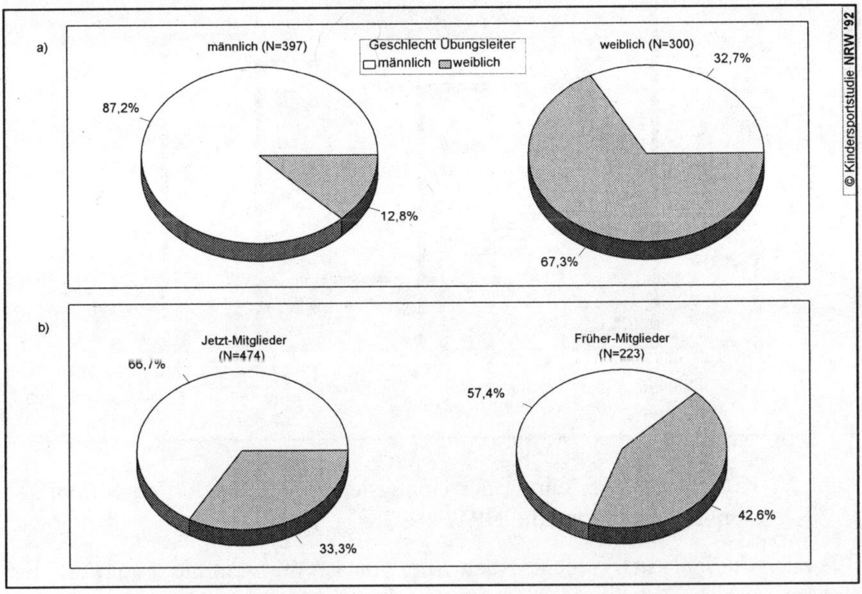

Abb.5.2: Geschlechterverteilung der Übungsleiter, differenziert nach Geschlecht (a) und Vereinsstatus (b) der Kinder-Mitglieder im Sportverein; Kinder des 3. und 5. Schuljahres. Kindersportstudie NRW 1992.

Die Kombination der Strukturmerkmale Geschlecht und Vereinsstatus der Kinder bestätigt eine weniger stark ausgeprägte Überrepräsentation männlicher Übungsleiter im Vergleich zum Jugendsport. 87% der männlichen und 67% aller weiblichen Jetzt-Mitglieder geben an, von Frauen trainiert und betreut zu werden. Bei den Früher-Mitgliedern ist das Geschlechterverhältnis der Übungsleiter etwas ausgeglichener.

Nimmt man eine Differenzierung nach ausgewählten *Sportarten* vor (Abb. 5.3), so zeigen sich auch hier erhebliche Unterschiede. Erwartungsgemäß handelt es sich beim Fußball um die von den Männern beherrschte Sportart, die so gut wie keine weiblichen Übungsleiter (4%) „zuläßt". Im krassen Gegensatz dazu steht das Geschlechterverhältnis im Turnen. Hier dominieren die weiblichen Übungsleiter mit 80,6%. Überraschend stark herrschen beim Tennis die männlichen Übungsleiter und Trainer vor. 80,6% der befragten Kinder werden im Tennis von männlichen Übungsleitern betreut. Im Bereich der Leichtathletik gibt es mit 73% weiblichen Übungsleitern einen deutlichen Überhang des weiblichen Geschlechts.

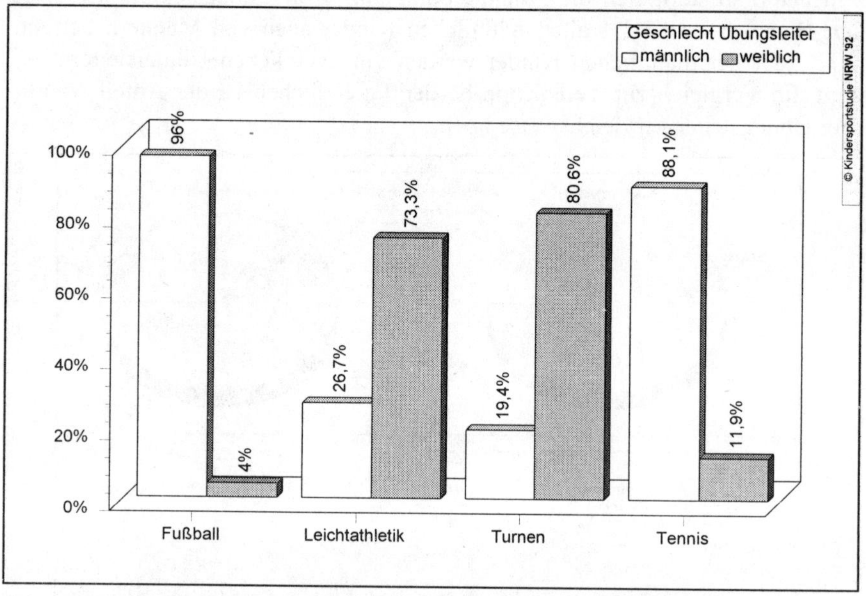

Abb. 5.3: Geschlechterverteilung der Übungsleiter, differenziert nach Sportarten. Kindersportstudie NRW 1992.

Bilanzierend läßt sich sagen: Nach wie vor ist die zentrale Funktion des Übungsleiters im Kindersport sehr stark von den Männern beherrscht. Weibliche Übungsleiter sind in einzelnen ausgewählten Sportarten dominant. Mit zunehmendem Alter der Kinder und Jugendlichen und in der Regel zunehmender Leistungsorientierung des Vereinssports wird die Betreuung sowohl der männlichen als auch der weiblichen Jugendlichen immer mehr „Männersache". Bezogen auf den gesamten Kinder- und Jugendbereich weist unsere Analyse bis auf wenige Ausnahmen ein deutliches Defizit an Übungsleiterinnen aus.

5.4 Sozialmoralische Bindung des Übungsleiters

Frühere Untersuchungen (vgl. SACK 1984; MRAZEK/RITTNER 1991; JÜTTING 1992; BRINKHOFF 1992) haben gezeigt, daß Übungsleiter nicht nach einer wie auch immer abgeschlossenen Ausbildung ihr Amt übernehmen, sondern daß es sich hierbei vor dem Hintergrund soziokultureller Bindungen eher um einen Akt des allmählichen Hineinwachsens handelt. Quer- und Späteinsteiger bilden in dem auf Kompetenz und frühzeitige Vereinsbindung kodierten traditionellen Sportbetrieb eine Ausnahme. Im Laufe einer biographisch bedeutsamen aktiven Zeit - die durchaus auch mit Negativerlebnissen durchsetzt sein kann - hat sich in der Regel eine starke Affinität und Verpflichtung gegenüber dem Verein entwickelt, die maßgeblich dazu veranlaßt, in Form von ehrenamtlicher Jugendarbeit für Bestand und erfolgreiche Entwicklung des (ihres) Vereins weiterhin einzutreten.

Sowohl grundsätzliche Übereinstimmung als auch ein hohes Maß an Unzufriedenheit mit der gängigen Praxis sportbezogener Kinderarbeit führen vor dem Hintergrund der biographisch sedimentierten Vereinsnähe, unterstützt durch die grundsätzliche Selbsteinschätzung und Neigung, mit Kindern und Jugendlichen überhaupt arbeiten zu wollen (können), zum (meist) ehrenamtlichen Engagement im Tätigkeitsfeld sportlicher Kinderarbeit.

Neben der sozialmoralischen Bindung an die Institution Verein, die zwischen einer über Jahrzehnte gewachsenen sozialmoralischen Milieueinbettung bis zur primär leistungssportlichen Zweckgemeinschaft (durchsetzt mit Anschlußfreundschaften) divergiert, sind allerdings auch verschiedene individuelle Motive (weicher Ausstieg, Trainerkarriere) von entscheidender Bedeutung. Der individuellen Sportbiographie kommt dabei eine zentrale Bedeutung zu, die erste Hinweise darauf gibt, welche Motive und Intentionen zum meist ehrenamtlichen Engagement im Bereich der sportlichen Kinderarbeit führen. Im Gegensatz zum wissenschaftlich qualifizierten sowie breit und vielseitig ausgebildeten Sportlehrer ist der Trainer oder Übungsleiter in der Regel „nur" Spezialist für eine Sportart. Während es für den Sportlehrer zur Profession gehört, Sport zu lehren, handelt es sich bei den vielen tausend Trainern und Übungsleitern um Amateure, die aus dem - in einem langjährigen Engagement erworbenen - meisterlichen Umgang mit einer Sportart ihre „naive" Sportpädagogik entfalten, die für eine langfristige Vereinsbindung der Kinder von herausragender Bedeutung ist.

Im Rahmen der Studie wurde versucht, diesem besonderen Profil eines Übungsleiters im Kindersport Rechnung zu tragen und insbesondere nach der *Vereinszugehörigkeit bzw. Vereinsnähe* und nach dem *Grad der Einbindung in das unmittelbare Sozialmilieu* gefragt.

Vereinsnähe

Übungsleiter sind nicht nur mehr oder minder anonyme Funktionsträger, auf die Kinder in ausschließlich sportbezogenen Interaktionsräumen treffen und die anschließend (bspw. wie ein Großteil der hauptberuflichen Pädagogen) in die Ferne entschwinden, sondern selbstverständlich auch Mitglieder eines Sozialmilieus, in dem der Sportverein gewissermaßen als Integrations- und Begegnungsforum einen hohen Stellenwert einnimmt. Die Frage nach möglichen Begegnungen mit dem Übungsleiter in dem gemeinsam bewohnten Dorf oder Stadtteil seitens der Kinder nimmt diesen Gedanken auf und versucht, ihn gewissermaßen in das Rekonstruktionsnetz der Vereins- und Sozialmilieunähe miteinzubauen.

Tab. 5.1: Begegnung mit dem Trainer, differenziert nach Geschlecht und Mitgliedschaftsstatus. Kindersportstudie NRW 1992.

		Begegnung mit dem Trainer	
	N	nur beim Training	auch anderswo
Gesamt	729	54,0%	46,0%
Geschlecht:			
männlich	407	53,8%	46,2%
weiblich	322	54,3%	45,7%
Mitgliedschaftsstatus:			
Jetzt-Mitglied	499	52,9%	47,1%
Früher-Mitglied	230	56,5%	43,5%
Siedlungsstruktur			
Stadt	283	42,4%	57,6%
Land	259	56,4%	43,6%

Im Rahmen der Untersuchung gaben 47,1% aller Jetzt-Mitglieder an (Tab. 5.1), daß sie ihren Übungsleiter auch regelmäßig in ihrem Ortsteil bspw. auf der Straße oder bei Festlichkeiten treffen. 52,9% der Kinder verneinten die Frage nach gelegentlichen Begegnungen. Es bestehen nur geringe Differenzen zwischen den Geschlechtern. Lediglich bei den Früher-Mitgliedern sinkt der Anteil derjenigen, die ihren Übungsleiter außerhalb von Training und Wettkampf regelmäßig treffen, auf 43,5%.

Zwischen den verschiedenen Sportarten existieren auch hier erwartungsgemäß größere Unterschiede (vgl. Abb. 5.4). 53,6% der Kinder im Turnen, 49,2% im Fußball, 48,6% in der Leichtathletik und 31% im Tennis geben an, jenseits von

Training und Wettkampf ihren Trainer auch in der Kleinstadt, dem Stadtteil oder dem Dorf, in dem sie leben, zu treffen.

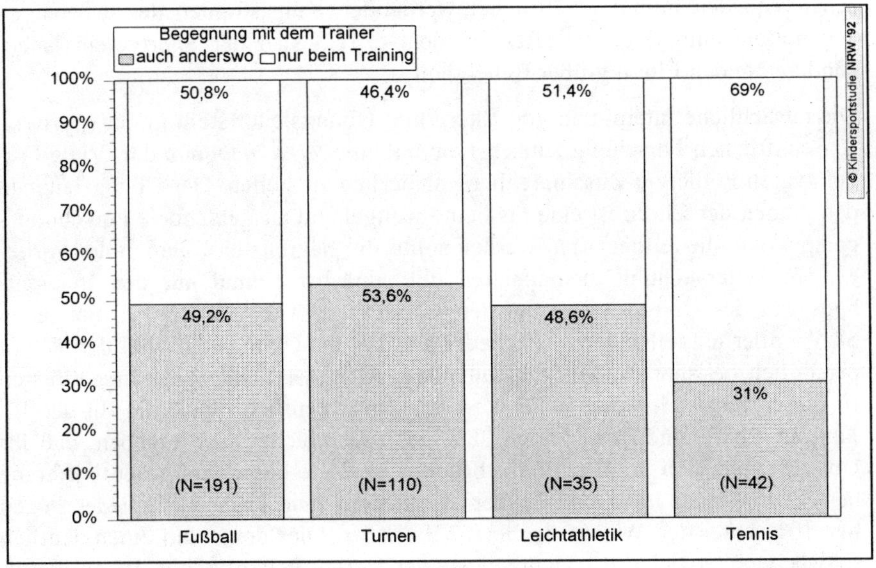

Abb. 5.4: Begegnung mit dem Trainer, differenziert nach Sportarten. Kindersportstudie NRW 1992.

Tab. 5.2: Kontakt Eltern-Übungsleiter, differenziert nach Geschlecht und Mitgliedschaftsstatus. Kindersportstudie NRW 1992.

	Kinder		
	N	ja	nein
Gesamt	741	56,0%	44,0%
Geschlecht:			
männlich	416	55,0%	45,0%
weiblich	325	57,2%	42,8%
Mitgliedschaftsstatus:			
Jetzt-Mitglied	504	58,5%	41,5%
Früher-Mitglied	237	50,6%	49,4%

Für einen begrenzten Zeitraum übernehmen Trainer und Übungsleiter unmittelbare Erziehungsfunktionen. Die Eltern der Kinder und Jugendlichen geben ihr Erziehungsmandat in der Regel ohne große Absprache an die Übungsleiter weiter, allerdings mit der Gewißheit, daß „die da schon wissen, was sie zu tun haben". Als sicherer Aufbewahrungsort, der gewissermaßen von einer *sozialen Ozonschicht als Schutzschild* umgeben ist, die verhindert, daß die jungen Menschen von den immer gefährlicher werdenden Kunststrahlen des expansiven Jugendkonsummarktes getroffen werden, erfreut sich der Sportverein insbesondere bei den Eltern großer Beliebtheit.

Die tatsächliche Interaktion von Eltern und Übungsleiter stellt in der sportwissenschaftlichen Forschung zunächst einmal eine *terra incognita* dar. Viele Fragen wären in diesem Zusammenhang sicherlich zu stellen. Der Übungsleiter in den Augen der Eltern ist eine bis heute weitgehend ausgeblendete Forschungsperspektive, die aufgegriffen werden sollte. Im begrenzten Rahmen der vorliegenden Untersuchung thematisieren wir zunächst einmal nur den Bekanntheitsgrad des Übungsleiters bei den Eltern (vgl. Tab. 5.2). Immerhin geben 58,5% aller aktuellen Jetzt-Mitglieder an, daß ihr Übungsleiter bei den Eltern persönlich bekannt ist. Mit zunehmendem Alter der Kinder und Jugendlichen ist dieser vergleichsweise hohe Wert allerdings deutlich rückläufig. In der 13. Jahrgangsstufe sind es nur noch 38% der Jugendlichen, die angeben, daß ihr Übungsleiter auch bei den Eltern bekannt ist. Eine besonders große Differenz besteht zwischen Jetzt- und Früher-Mitgliedern. Die Früher-Mitglieder liegen fast 10% unter den Werten der Jetzt-Mitglieder. Dies deutet auf einen deutlich schwächeren sozialen Rückhalt seitens der Herkunftsfamilie hin. Wenn die eigene Familie den Übungsleiter persönlich kennt, ist das „Dabeibleiben" und die familiale Unterstützung dafür in der Regel auch selbstverständlicher. Differenzen zwischen den Geschlechtern existieren nur graduell.

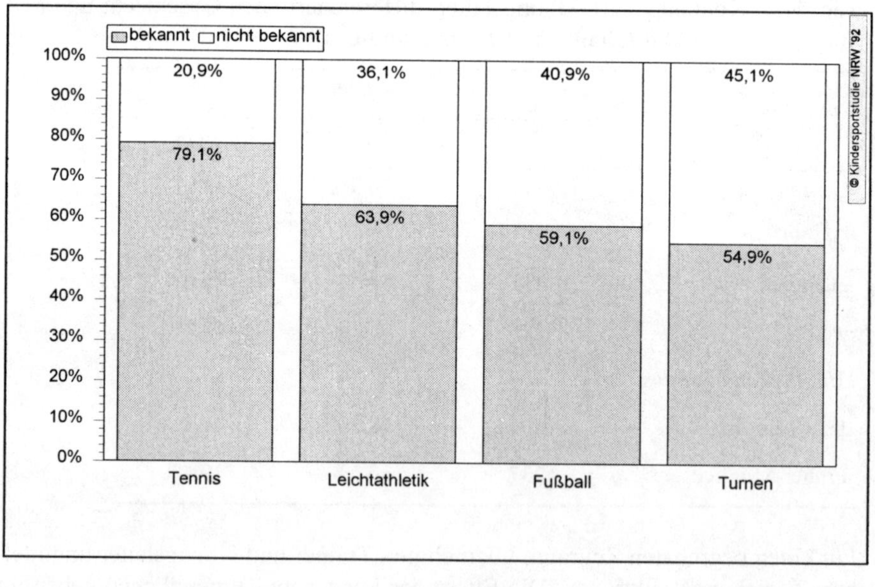

Abb. 5.5: Bekanntheit des Übungsleiters bei den Eltern, differenziert nach Sportarten (im Verein); N=741 Kinder; Kindersportstudie NRW 1992.

Ein Blick auf die ausgewählten Sportarten bringt auch hier wieder aufschlußreiche Diskrepanzen zum Vorschein. Bezogen auf die Teilstichprobe der Kinder zeigt sich recht deutlich, daß insbesondere im Tennis mit 79,1% der Eltern-Übungsleiter-Kontakt besonders ausgeprägt ist; dann erst folgen mit mehr als 15% Differenz Leichathletik mit 63,9%, Fußball mit 59,1% und Turnen mit 54,9%. Für die Teilstichprobe der Jugendlichen gilt die gleiche „Rangliste" der Sportarten, nur mit dem kleinen Unterschied, daß der Kontakt Eltern-Übungsleiter mindestens um 10% (im Tennis sogar um 20%) geringer ist.

5.5 Der Übungsleiter als pädagogische Bezugsperson

Übungsleiter entwickeln als pädagogische Bezugspersonen im Laufe ihrer Tätigkeit bestimmte Vorstellungen von den Kindern und Jugendlichen, die sie betreuen. Sie beurteilen sie in ihrer Entwicklung, schätzen Stärken und Schwächen, Interessen und Bedürfnisse ein, warnen vor spezifischen Gefährdungen, benennen die möglichen Hilfen und positiven Wirkungen des Sports für ihre Kinder und beurteilen auch das Verhalten der Kinder untereinander. Oberste Maxime des sportlichen Miteinanders ist bei den Übungsleitern in der Regel, den Kindern die Freude am Sporttreiben zu erhalten bzw. zu ermöglichen und gleichzeitig den für das Bestandskonzept des Vereinssports nun einmal konstitutiven Leistungsgedanken im Interesse der Kinder selbst, aber auch des Gesamtvereins erfolgreich umzusetzen. Dies geschieht allerdings nicht, ohne die lebenszyklisch betrachteten „Besonderheiten" (oder auch Entwicklungsaufgaben) der ihnen anvertrauten jungen Menschen entsprechend zu berücksichtigen. In dieser in der Regel sehr intensiven und engagierten Sphäre des Miteinander an der gemeinsamen Sache vermittelt der Übungsleiter den Kindern eine Sichtweise der Welt (längst nicht nur des Sports), die sehr stark von eigenen Erfahrungen und pädagogischen Grundsätzen durchsetzt ist. Diese spezifischen Vorstellungen der Übungsleiter von ihren Kindern und ihr pädagogisches Alltagswissen bilden in der Regel die Grundlagen für naive pädagogische Orientierungen, die für das praktische Handeln von höchster Relevanz sind.

Im Rahmen des Forschungsprojektes wurde ganz bewußt ein Perspektivwechsel vorgenommen und gezielt danach gefragt, inwieweit sich die Übungsleiter und Trainer in der Wahrnehmung der Kinder und Jugendlichen tatsächlich auch außerhalb des Trainings- und Wettkampfbetriebs um ihre persönliche Entwicklung (Schule, Gesundheit, persönliche Ansichten, persönliche Probleme) bemühen. Die Ergebnisse unterstreichen ein weiteres Mal die besondere pädagogische Bedeutung des Übungsleiters.

Immerhin haben 25,2% aller Jetzt-Mitglieder ohne Einschränkung bejaht, daß sie der Ansicht sind, ihr Übungsleiter habe jenseits des Sports auch ein großes Interesse an ihrer persönlichen Entwicklung (vgl. Tab. 5.3). 39,3% der Jetzt-Mitglieder können diese uneingeschränkte Einschätzung nicht teilen und entscheiden sich für die Option „Weiß nicht". 35,5% der Jetzt-Mitglieder gehen fest davon aus, daß ihr Übungsleiter sich nur für die sportlichen Belange interessiert und an ihrer persönlichen Entwicklung eigentlich kein Interesse besitzt. Eine Differenzierung nach Sportarten bringt erhebliche Unterschiede zum Vorschein. In der Teilstichprobe der Kinder erreicht der Fußball mit 44,7% mit weitem Abstand die meisten Nennungen. 22,1% erreicht das Turnen, 20,9% das Tennisspielen und lediglich 10,8% die Leichtathletik. Im Jugendbereich gleichen sich die Unterschiede zwischen den Sportarten an, und man kann sagen, daß zumindest jeder dritte Übungsleiter sich auch außerhalb des Trainings für seine Schützlinge interessiert.

Tab. 5.3: Interesse des Trainers auch außerhalb des Sportvereins?/Anruf bei Krankheit? Differenziert nach Geschlecht, Mitgliedschaftsstatus und Sportarten (im Verein). Kindersportstudie NRW 1992.

	Kinder			
	N	ja	nein	weiß nicht
Gesamt	750	26,0%	47,2%	26,8%
Geschlecht:				
männlich	420	31,7%	39,8%	28,6%
weiblich	330	18,8%	56,7%	24,5%
Mitgliedschaftsstatus:				
Jetzt-Mitglied	512	25,2%	35,5%	39,3%
Früher-Mitglied	238	27,7%	72,3%	-
Sportarten:				
Fußball	199	44,7%	31,2%	24,1%
Leichtathletik	37	10,8%	48,6%	40,5%
Turnen	113	22,1%	56,6%	21,2%
Tennis	43	20,9%	41,9%	37,2%

5.6 Sozialer Führungsstil des Übungsleiters

Die pädagogischen Fähigkeiten vieler Übungsleiter haben in kritischer Selbsteinschätzung allerdings auch Grenzen. Übertriebene pädagogische Zielsetzungen und Bekehrungsseligkeiten werden von ihnen in der Regel entschieden abgelehnt. Das für ihre Tätigkeit notwendige Maß an Sicherheit, Autorität und Kompetenz basiert neben der grundsätzlichen pädagogischen Eignung auf ihrem ausgeprägten sportartbezogenen Fachwissen, das sie sich im Laufe ihrer eigenen vereinssportlichen Karriere erworben haben und nun weiterzugeben bemüht sind. Um den Ablauf und die Effektivität des Übungs- und Spielbetriebs sicherstellen zu können, werden von Trainern gewissermaßen ungeschriebene Verhaltenscodices ausgegeben. Es scheint sich dabei um eine eigenartige Melange aus autoritären (bisweilen sogar rigiden) und sozialintegrativen Führungsstilen (sportliche Kameradschaft) zu handeln. Pädagogische Mittel werden in diesem recht unübersichtlichen Geflecht von „naiver" pädagogischer Grundüberzeugung und sportlichem Leistungsstreben vielfach funktionalisiert. Die von den Kinder- und Jugendtrainern in der Regel ausgegebenen - und nur in den seltensten Fällen diskursiv ausgehandelten - sozialen Spielregeln, die sie gewissermaßen mit sich und ihrem (individuellen) sportbiographischen Paket in ihre Sportgruppen hineintragen, haben zunächst die direkte und damit effektive Steuerung des Trainings- und Spielbetriebs (durch den Übungsleiter) sicherzustellen. Disziplin, Pünktlichkeit und Zuverlässigkeit sind für einen Großteil der Trainer zentrale Tugenden. Bei der Trainingsgestaltung werden den Kindern nur von einzelnen Trainern Möglichkeiten zur Beteiligung geboten, um sie auf diese Weise mit in die Verantwortung zu nehmen und zu selbständigem Handeln zu erziehen (vgl. BRINKHOFF 1992).

Die Frage nach dem Erziehungsstil bzw. dem richtigen Umgangston in der Übungsleiter-Kinder-Interaktion drängt sich in diesem Zusammenhang auf. Wir sind dieser Thematik nachgegangen - nicht zuletzt mit der Absicht, das vielerorts noch verbreitete Vorurteil, in den Turnhallen und auf den Sportplätzen des Kindervereinssports herrsche immer noch ein autoritärer Führungsstil vor, empirisch zu überprüfen (Tab. 5.4).

Tab. 5.4: Mein Trainer ist..., differenziert nach Geschlecht und Mitgliedschaftsstatus. Kindersportstudie NRW 1992.

	N	meistens streng zu uns	oft freundlich zu uns
Gesamt	732	12,2%	87,8%
Geschlecht:			
männlich	406	14,5%	85,5%
weiblich	326	9,2%	90,8%
Mitgliedschaftsstatus:			
Jetzt-Mitglied	498	11,6%	88,4%
Früher-Mitglied	234	13,2%	86,8%

Bezogen auf die Teilstichprobe der Kinder stellt sich das Bild wie folgt dar: 87,8% aller befragten Kinder sind der Meinung, daß ihr Übungsleiter nicht zu streng ist, sondern vielmehr sich oft freundlich ihnen gegenüber verhält. Lediglich 12,2% der Kinder vertreten die Ansicht, daß ihr Übungsleiter vielleicht doch etwas zu streng ist. Differenziert man die Teilstichprobe der Kinder in Hinblick auf ihr Geschlecht, halten 14,5% der Jungen und lediglich 9,2% der

Mädchen ihren Übungsleiter für zu streng. Eine genauere Betrachtung des Mitgliedschaftsstatus zeigt keine signifikanten Unterschiede. Lediglich die Sportarten weisen größere Differenzen auf (Abb. 5.6). Insbesondere im Fußball scheint der Umgangston etwas rauher zu sein. 19% der Kinder, die Fußball spielen, geben an, daß sich ihr Übungsleiter ihnen gegenüber zu streng verhält. Im Turnen sind dies immer noch 11,6%. Beim Tennis (4,5%) und in der Leichtathletik (2,8%) bilden diese Einschätzungen absolute Ausnahmen.

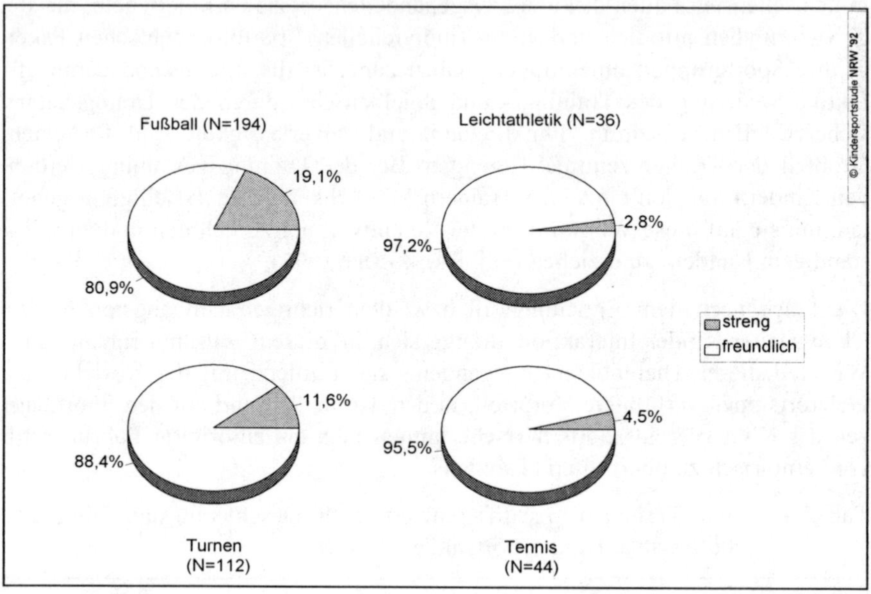

Abb. 5.6: Mein Trainer ist..., differenziert nach Sportarten (im Verein). Kindersportstudie NRW 1992.

5.7 Sportpädagogische Orientierungen

Aus vorausgegangenen Untersuchungen wissen wir, daß das pädagogische Selbstverständnis der Übungsleiter in der Regel sehr stark divergiert. Während die einen ihre Rolle klar als Sport-Spezialisten definieren, die zunächst einmal „nur" die sportliche Praxis kompetent zu vertreten haben und oftmals die von den Eltern übertragenen Erziehungsfunktionen weit von sich weisen, bekennen sich die anderen hingegen klar zu ihrem selbst definierten pädagogischen Auftrag. Die pädagogischen Fähigkeiten der Trainer haben in kritischer Selbsteinschätzung allerdings auch Grenzen. Übertriebene pädagogische Zielsetzungen und Bekehrungsseligkeiten werden oftmals entschieden abgelehnt.

Welche Rolle spielen aber soziale Lernziele (wie z.B. auch schwächere Spieler akzeptieren zu lernen oder den Kollektivcharakter von Mannschaftsspielen verstehen zu lernen) bei den Kindertrainern? Dominiert beim sportlichen Miteinander das Primat der sportlichen Leistung? Welche Verhaltenscodices werden von dem Übungsleiter ausgegeben, um den Ablauf und die Effektivität des Trainings- und Spielbetriebs sicherzustellen? Wie wichtig ist dem Übungsleiter der sportliche Erfolg? Dies alles scheinen wichtige Fragestellungen zu sein, deren Beantwortung wir ganz bewußt den Kindern überlassen haben.

Zunächst einmal haben wir die Kinder mit der Frage konfrontiert, ob ihr Übungsleiter auch auf schwächere Sportler eingeht (Tab. 5.5).

Tab. 5.5: „Geht Dein Übungsleiter auch auf schwächere Sportler ein?" Differenziert nach Geschlecht und Sportarten sowie Kindern (im Verein). Kindersportstudie NRW 1992.

	Kinder		
	N	ja	nein
Gesamt	746	87,3%	12,7%
Geschlecht:			
männlich	416	87,3%	12,7%
weiblich	330	87,3%	12,7%
Sportarten:			
Fußball	198	87,4%	12,6%
Leichtathletik	36	88,9%	11,1%
Turnen	114	79,8%	20,2%
Tennis	42	83,3%	16,7%

Die Antworten seitens der Kinder lassen die Übungsleiter in einem in der Form nicht erwarteten Licht erscheinen. Entgegen den vielfach verbreiteten Pauschalurteilen, im Kindes- und Jugendvereinssport herrsche eindeutig das Primat der starren Leistungsselektion vor, weisen die Untersuchungsergebnisse eher in eine andere Richtung. 87,3% der Kinder berichten, daß sich ihre Übungleiter durchaus auch um die schwächeren Sportler bemühen. Zwischen den Geschlechtern existieren hinsichtlich dieser Einschätzung keine Differenzen. Sieht man vom Turnen ab, existieren zwischen den Sportarten nur sehr geringe Unterschiede. In der Sportart „Turnen" vertritt jedes fünfte Kind die Meinung, daß der Übungsleiter nicht auf schwächere Sportler eingeht.

Unterschiede lassen sich bei den verschiedenen Statusgruppen nachweisen, wie Abb. 5.7 verdeutlicht. Während 89,0% der aktuellen Vereinsmitglieder die integrativen Bemühungen ihrer Übungsleiter unterstreichen, liegt die Quote mit 83,7% bei den Kindern, die den Verein bereits wieder verlassen haben, niedriger. Insgesamt muß festgestellt werden, daß selbst bei dieser Gruppe die Zustimmung als außerordentlich hoch zu bezeichnen ist. Doch läßt sich zumindest bei den Kindern, die sich für ein „nein“ entschieden, auch ein möglicher Austrittgrund vermuten!

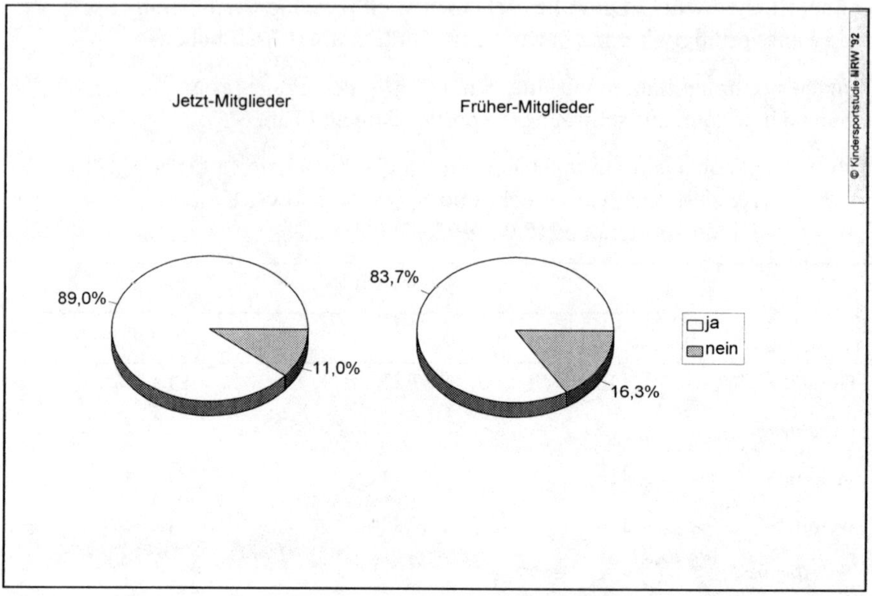

Abb. 5.7: „Geht Dein Übungsleiter auch auf schwächere Sportler ein?“ Differenziert nach Mitgliedschaftsstatus. Kindersportstudie NRW 1992.

5.8 Alltäglicher Helfer und guter Freund?

Abschließend haben wir die Kinder noch danach gefragt, ob sie mit ihrem Trainer insgesamt zufrieden sind. Die Ergebnisse sprechen eine deutliche Sprache (vgl. Tab. 5.6).

67,3% aller befragten Kinder geben an, daß sie „ganz oft zufrieden“ sind, 19,8% sind manchmal unzufrieden und 12,9% sind immer unzufrieden. Analysiert man das Antwortverhalten hinsichtlich der Geschlechtszugehörigkeit, so kann man sagen, daß die männlichen Kinder geringfügig zufriedener mit ihrem Übungsleiter sind. Zwischen den verschiedenen Statusgruppen existieren erheblich größere Differenzen. Während 71,3% der Jetzt-Mitglieder mit ihrem Übungsleiter zufrieden sind, sind bzw. waren es 59% der ehemaligen Vereinsmitglieder. Überraschend konstant ist bei allen Gruppen der Anteil von Kindern, die „immer unzufrieden“ mit ihrem Übungsleiter sind. Analysiert man die Sportarten genauer, so bekommen die Übungsleiter in der Leichtathletik (70,3%) und im Fußball (69,4%) die besten Noten. Im Turnen und in der Leichtathletik schneiden die Übungsleiter tendenziell schlechter ab. Insbesondere die „Turner“ sollten sich darüber Gedanken machen, daß immerhin 19,5%

der Kinder aus Turnabteilungen angeben, eigentlich immer (mit ihrem Trainer) unzufrieden zu sein.

Tab. 5.6: „Bist Du mit Deinem Übungsleiter zufrieden?" Differenziert nach Geschlecht, Mitgliedschaftsstatus und Sportarten (im Verein). Kindersportstudie NRW 1992.

	N	ganz oft zufrieden	manchmal unzufrieden	immer unzufrieden
Gesamt	744	67,3%	19,8%	12,9%
Geschlecht:				
männlich	414	69,3%	19,1%	11,6%
weiblich	330	64,8%	20,6%	14,5%
Mitgliedschaftsstatus:				
Jetzt-Mitglied	505	71,3%	15,2%	13,5%
Früher-Mitglied	239	59,0%	29,3%	11,7%
Sportarten:				
Fußball	196	69,4%	23,5%	7,1%
Leichtathletik	37	70,3%	13,5%	16,2%
Turnen	113	59,3%	21,2%	19,5%
Tennis	43	62,8%	23,3%	14,0%

6. Gesundheitsstatus der Kinder und Gesundheitsleistungen des Sports

6.1 Theoretische Orientierungen

Daß Sporttreiben die Gesundheit erhält oder fördert, gilt als fester Wissensbestand. Im Zusammenhang mit dem Thema Kindheit stellt sich allenfalls die Frage, was der Sport bei den ohnehin für „gesund" gehaltenen Kinder noch bewirken soll bzw. kann. Kritische Geister haben eher Auswüchse und Probleme des Kindersports vor Augen, und sie fragen sich, welche vorübergehenden oder dauernden Schäden Kinder davontragen, die im Gerätturnen oder Eiskunstlaufen Vorformen des Hochleistungstrainings ausgesetzt sind. Es gibt aber auch im Breitensport gute Argumente, die gesundheitliche Relevanz des Kindersports zu überprüfen: Allenthalben wird der Bewegungsmangel unserer Kinder beklagt, ihr Übergewicht, ihre Abhängigkeit von den Medien (PC-Spiele, Videos und TV), ihre soziale Verarmung in der geschwisterlosen Kleinfamilie usw. Sport dagegen verspricht Bewegung, tatsächliches soziales Handeln, sozialen Kontakt und soziale Kompetenz. Sport bietet die Möglichkeit authentischen Handelns und Anerkennung durch die Gruppe(n), zu der (denen) man gehört. Dies erzeugt körperliche Selbsterfahrung mit identitätsstiftenden Konsequenzen, Wohlbefinden sowie Selbstakzeptanz, eine der wichtigsten gesundheitsrelevanten Ressourcen. Und Sport bietet die Möglichkeit der lizensierten Spannungsreduktion und damit -bewältigung, schließlich Wohlbefinden - im Gegensatz zu den Pseudoeffekten des Gameboys.

In unserer Untersuchung zu gesundheitlichen Effekten des Kindersports als Freizeitsport mit Akzent auf den Sportverein übernahmen wir wichtige Arbeiten aus der Arbeitsgruppe um HURRELMANN (HURRELMANN 1988; ENGEL/HURRELMANN 1989 und MANSEL/HURRELMANN 1991). Moderne Gesundheitstheorien fassen danach Gesundheit (und Krankheit) als interdependentes biologisches, psychisches und soziales Geschehen auf. HURRELMANN definiert Gesundheit gar als eine Kompetenz, aktuelle Lebensprobleme (z.B. Entwicklungsaufgaben sensu HAVIGHURST) unter den gegebenen Umfeldbedingungen und den aktuellen persönlichen und sozialen Ressourcen zu bewältigen. Wie HURRELMANN (1988, 121-166) ausführt, wird die individuelle Genese von Gesundheit und Krankheit von den meisten Gesundheitswissenschaftlern streßtheoretisch gefaßt: „Es gibt demnach bestimmte Belastungen (bio-psycho-soziale Stressoren), die bio-psycho-soziale Streßsysmptome erzeugen" (das Individuum auf dem ANTONOVSKYschen Krankheitskontinuum in Richtung Krankheit bewegen, wenn die Ressourcen - ANTONOVSKY: Allgemeine Widerstandsquellen - des Individuums zur Bewältigung dieser Belastungen nicht ausreichen). Um alten Denkgewohnheiten aus dem Wege zu gehen und um einen umfassenden Gesundheitsbegriff praktizieren zu können, benutzt HURRELMANN (bzw. seine Arbeitsgruppe) Begriffe (und Konzepte) wie „soziale, psychische und somatische Auffälligkeit" (1988, 19-48), „auffälliges Verhalten", „nicht-normales Verhalten", „psychosoziale Reaktionsformen" (ENGEL/HURRELMANN 1989, 2) oder „soziale, psychosomatische und emotionale Streßsymptome" (ENGEL/HURRELMANN 1989). Obgleich die Arbeitsgruppe um HURRELMANN selbst ein dynamisches Modell zur Beschreibung (und Erklärung) der Genese bio-psycho-sozialer Auffälligkeit entwickelt hat, scheint sie das Konzept von PEARLIN (1987, 53-72) für ihre empirischen Arbeiten zu bevorzugen (vgl. KURZ/SACK/BRINKHOFF 1996, 287).

Das Modell wird am Beispiel eines elfjährigen Schülers erläutert, der im 5. Schuljahr die Orientierungsstufe besucht:

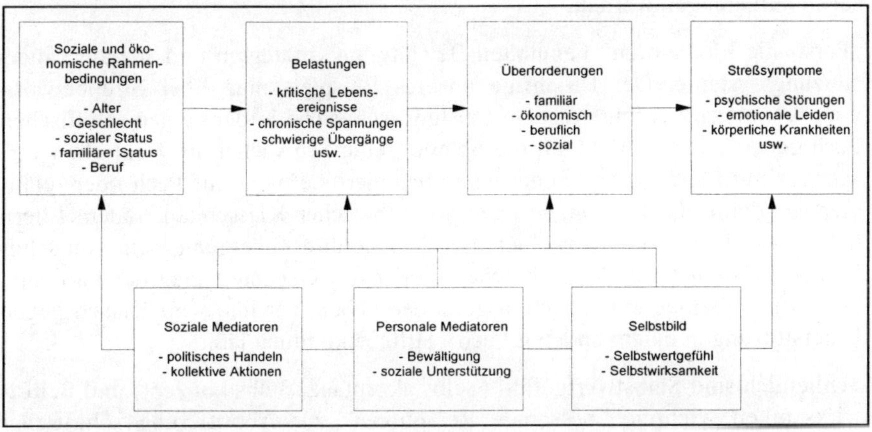

Abb. 6.1: Ein Modell des Belastungs-Überforderungs-Prozesses (nach PEARLIN; aus: HURRELMANN 1988, 149).

Ein elfjähriger Schüler hat große Probleme, in der Orientierungsstufe des 5. Schuljahrs jene Leistungen zu erbringen, die für den Besuch des Gymnasiums erforderlich sind. Diese kritischen Lebensereignisse gehören zu den „Belastungen", dann „Überforderungen" im PEARLIN-Modell (s.o.). Gleichzeitig ist aber die Orientierungsstufe eine schwierige Übergangsphase von der Grundschule zum Gymnasium: Anderer Schulort, andere als die vertraute Zusammensetzung der Schulklasse, andere Lehrer, andere Leistungsstandards. Wenn dann noch das Klassenklima partiellen „Versagern" übel mitspielt, werden Spannungen chronisch, Schulunlust oder Renitenz entstehen. Andere von HURRELMANN häufig benutzte Stressoren sind chronischer Lärm (zuhause und in der Schule) oder Statusinkonsistenz (zwischen Elternhaus und Schulklasse).

Schule ist aber gesellschaftlich so organisiert, daß in diesem Alter (und nicht später) die Weichen für eine zukünftige schulische und berufliche Laufbahn gestellt werden. Wenn das Kind aus einem Lehrer- oder Arzthaushalt kommt, ist der familiäre Druck wahrscheinlich viel größer als beim Kind eines Malermeisters, wo gegebenenfalls die Devise herrscht: Warten wir mal ab, was er will oder kann. Wenn jedoch in der Familie des Malermeisters eine große soziale Aufstiegsorientierung herrscht, baut sich auch hier entsprechender sozialer Druck auf. Und ein Kind, das in der anonymen Großstadt aufwächst, ist bei Schulversagen geringerem Druck ausgesetzt, als wenn es in überschaubaren ländlichen Verhältnissen groß wird, wo jeder jeden kennt. Insofern sind es „soziale und ökonomische Rahmenbedingungen“ (siehe Modell Abb. 6.1), in denen das Stressoren-Streß-Geschehen seinen Ausgangspunkt nimmt.

Die schulischen Probleme können durch „soziale Mediatoren“ gefärbt, modifiziert werden: Wenn es an der Schule z.B. Stützkurse für Legastheniker gibt, oder wenn die Eltern aktiv werden, um diese einzurichten oder gegen Unterrichtsausfall politisch vorgehen, kann aktuelles oder partielles schulisches Versagen aufgefangen werden.

„Personale Mediatoren“ beinhalten Bewältigungsstrategien und soziale Unterstützungssysteme. Der Elfjährige unseres Beispiels mag über Streßbewältigungskompetenz verfügen: seine Leistungsschwäche in dem einen schulischen Fach generalisiert er nicht auf die Schule, seine Schwächen im Deutschen versucht er mit Fleiß auszugleichen und attribuiert sie nicht auf Pech oder relativiert sie durch die Leistungen ebenfalls schwacher Klassenkameraden. Eltern mögen soziale Unterstützung bieten, indem sie ihre Zuneigung nicht von schulischen Leistungen abhängig machen - oder das Gegenteil mag der Fall sein. Der Elfjährige mag einen Freund gefunden haben, der ihm - im Tausch gegen Unterstützung in einem anderen Fach - Hilfe zukommen läßt.

Schließlich sind Selbstwertgefühl (Selbstakzeptanz, Selbstkonzept) und Selbstwirksamkeit wichtige „personale Ressourcen“ zur Abpufferung schulischer Leistungsprobleme. Wer sich selbst vertraut, wer daran glaubt, daß er selbst es packen kann - und ihn nicht die zufälligen Umstände im Griff haben -, der geht ganz anders an schulische Leistungsprobleme heran.

Im Ergebnis mögen Streßsymptome auftreten, bevorzugt psychosomatischer Art wie Schlafstörungen, Kopfschmerzen, Ersatzessen (Übergewicht), Drogenkonsum oder psychosozialer Art wie Gewalttätigkeit oder sozialer Rückzug/Isolation.

Welche Rolle kann der Sport in diesem Modell spielen? Sport ist ein „komplexer Stimulus“, er besteht aus physiologischen Wirkgrößen, solchen auf den Haltungs- und Bewegungsapparat, aus sozialen Größen wie Gruppen in der Freizeit und im Sportverein und Kommunikation oder Werthaltungen der am Sport Beteiligten (Sportkameraden, Trainer). Sport besteht aus Sportarten (mit einer je spezifischen Handlungs- und Anforderungsstruktur), aus Intensitätsgraden der Aktivität bzw. Beteiligung - täglich bis unregelmäßig, viele Stunden Sport pro Woche bis gelegentlich 20 Minuten usw. Von daher ist kaum mit starken generellen sportiven Effektgrößen zu rechnen. Mehr oder weniger gesicherte Befunde tragen KRAUS (1987), BOUCHARD (1990), SCHLICHT (1994) und KNOLL (1993) in Sammelreferaten vor. Während sich die bisherige Perspektive auf das Thema um die Suche nach „positiven" gesundheitsrelevanten Effekten des Sports zentrierte, werden neuerdings die gesundheitlichen Risiken des Sports in den Blick genommen, allerdings seltener im Kinder- und Jugendsport.

Im folgenden wollen wir die hypothetischen Eingriffstellen „des" Sports auf das Stressoren-Ressourcen-Streßsymptome-Geschehen im Sinne des Modells von PEARLIN exemplarisch veranschaulichen.

1. „Sporttreiben kann das Auftreten von Belastungen und Spannungen abbauen, sei es durch kathartische Prozesse, sei es durch das Wohlbefinden, das Sporttreiben kurz- bzw. langfristig erzeugt, sei es durch time-out-Prozesse (vgl. dazu ABELE/BREHM/GALL 1991; KRAUS 1987, 246 f.; SCHLICHT 1994, 11 und 22) oder durch erhöhte Streßtoleranz (BROWN 1990) u.a.m." (KURZ/SACK/BRINKHOFF 1996, 289). Bezogen auf unser Beispiel könnte man sich vorstellen, daß der oben genannte elfjährige Schüler beim Handballspiel (z.B. taktisches Training) im Sportverein so vom Sport gefangen genommen wird, daß er seine schulische Sorgen im Sinne von time-out vergißt. Psychovegetative Anspannungen des Tages entladen sich in einem Konditionstraining, Katharsis führt anschließend zur Müdigkeit, diese zu einem tiefen Schlaf, was dem nichtsporttreibenden Mitschüler nicht gelingt, da er immer noch über Lösungsmöglichkeiten für seine Schulmisere grübelt.

2. Wettkampfsport kann lehren, sich an Streß zu gewöhnen, ihn als leistungsnotwendig zu akzeptieren und mit seinen negativen Erscheinungs- und Wirkungsformen konstruktiv umzugehen (Streßbewältigungskompetenz im Sinne der Generalisierten Widerstandsquellen [GRRs] ANTONOVSKYs). Vielleicht kann unser elfjähriger Schüler einen Transfer vom Sportwettkampf auf eine Klassenarbeit leisten.

3. „Sporttreiben kann internale Kontrollüberzeugungen, den Kohärenzsinn stärken; die (ältere) Leistungsmotivationsforschung (HECKER 1971; KLEINE 1980; BEIER 1980 u.a.m.) lieferte hierzu Belege bzw. Hinweise, die Metaanalyse von CREWS und LANDERS (1987) und das Sammelrefat von KRAUS (1987) zum Thema Kontrollüberzeugungen und Selbstwirksamkeit legen nahe, daß das Sporttreiben bei den Akteuren die Überzeugung stärkt bzw. entwickelt, sie selbst seien - in Grenzen - für die Ergebnisse ihres Handelns, ihrer Bemühungen verantwortlich - und nicht 'ewiges' Pech, andere oder die Umstände. Auf unser Beispiel bezogen könnte der Schüler seine schlechten schulischen Noten auf nicht ausreichendes eigenes Bemühen beziehen ... und 'sich auf den Hosenboden setzen' " (KURZ/SACK/BRINKHOFF 1996, 289-290).

4. Sporttreiben kann die Selbstakzeptanz erhöhen oder ein positives Niveau der Selbstakzeptanz, des Selbstvertrauens, der Ich-Stärke erhalten (vgl. Sammelre-

ferate von KRAUS 1987, 252 f.; SCHWARZER 1992, 172; SCHLICHT 1994, 80-94). Der Sport kann das Selbstvertrauen auf vielen Wegen beeinflussen: Es mögen die sportlichen Erfolge sein und die damit verbundene öffentliche Anerkennung, es mögen die vielen kleinen emotional positiv gefärbten Interaktionen im sportlichen Training, im Umkleideraum und bei den Fahrten zum Wettkampf sein. In den „weichen" Freizeitsportgruppen mögen die Effekte noch subtiler sein: Man spielt zusammen, weil man sich sympathisch findet, und das Spielen erhöht die gegenseitige Wertschätzung. Da mag es weniger ins Gewicht fallen, daß Spiel und Sport über die Konkurrenz auch Feindschaften erzeugt. Bezogen auf unser Beispiel könnte man annehmen, daß das durch den Sport und seine Gruppen erzeugte Selbstvertrauen bis in die „Niederungen" des Schulalltags trägt, die Niederlagen dort nicht „total" werden, nicht zu massiven Selbstzweifeln führen; dies mag wiederum dazu beitragen, daß nicht zu Drogen wie Alkohol und Nikotin oder gar illegalen Drogen gegriffen wird.

5. Sportliche Aktivität besonders im Kindesalter ist soziale Aktivität. Nach den Ergebnissen unserer Voruntersuchungen treiben Kinder fast nie alleine Sport, es sei denn bei der „Raumaneignung", um den Freund zu besuchen (per Fahrrad, Rollschuh, Skateboard). Wenn Sporttreiben in Gruppen stattfindet, dann bieten die Gruppenmitglieder Hilfe (emotionale Unterstützung, Rat und Tat) an. Man kann annehmen, daß Kinder diese Hilfe in Sonderheit aus jenen Sportgruppen erhalten, an denen sie sich besonders oft beteiligen oder die mit ihren anderen Freizeitgruppen verbunden sind. „Soziale Integration und soziale Unterstützung sind gut bekannte Variablen von Sportgruppen" (KRAUS 1987, 258) und oft angeführte Bedingungen für Gesundheitserhaltung (ANTONOVSKY 1979) bzw. Krankheitsbewältigung (SCHWARZER 1992, 140-163). Bezogen auf unser Beispiel könnte der Elfjährige in seinen Sportgruppen Tips erhalten, welche Marotten dieser und jener Lehrer hat und wie man als Schüler damit umgeht.

Das Modell von PEARLIN akzentuiert die soziale Variabilität, den sozialen Hintergrund des Stressoren-Mediatoren-Streß-Prozesses; er nennt u.a. Geschlecht, Alter, soziale Schicht, Schulbildung als die das Gesundheits- bzw. Krankheitsgeschehen färbenden Hintergrundvariablen. Beispielsweise sind viele Streßsymptome geschlechtsspezifischer Natur: Jungen verarbeiten Streß eher in Richtung Aggressivität und Delinquenz, Mädchen häufiger psychosomatisch und emotional nach innen gerichtet. Oder: Schul- und Elternstreß könnte ein 16-jähriger in unserem Beispiel besser verarbeiten als der Elfjährige, dem im allgemeinen weniger gut entwickelte personale Ressourcen zur Verfügung stehen. Oder: der Schul- und Elternstreß ist heutzutage, wo über 30% eines Jahrgangs das Abitur anstreben, im Falle schulischer Probleme stärker als 25 Jahre zuvor, als lediglich 5% das Abitur erlangten.

In der Auswahl und Anordnung der für das PEARLIN-Modell wichtigen Variablen und ihrer Operationalisierung lehnen wir uns eng an Veröffentlichungen der Arbeitsgruppe um HURRELMANN (ENGEL/HURRELMANN 1989, MANSEL/

HURRELMANN 1991) an, ohne immer identisch zu sein. Nach diesen Vorarbeiten sind schulische Leistungsprobleme sowie damit verbundene Probleme in den Beziehungen zu den Eltern generelle und massive Probleme im Jugendalter, die Konsequenzen für die psychosoziale Befindlichkeit, Gesundheit bzw. Krankheit von Heranwachsenden haben: 'Wir konnten nachweisen (in einer Untersuchung an ca. 1700 13- bis 16-jährigen Schülerinnen und Schülern der Sekundarstufe I in Nordrhein-Westfalen, *Anmerkung der Autoren*), daß die psychosoziale Befindlichkeit und Gesundheit der Jugendlichen in einem entscheidenden Ausmaß durch die Schule und den schulischen Alltag, die tatsächliche und wahrgenommene Qualität der Leistungen bestimmt werden.

a) Befürchtungen, nicht den angestrebten Schulabschluß zu erhalten,

b) erwartetes oder tatsächliches Schulversagen (Versetzungsgefährdung und/ oder Klassenwiederholung),

c) schlechtere Schulleistungen, als es die eigenen Eltern erwarten, und

d) Konflikte mit den Eltern aufgrund als unzureichend erachteter Schulleistungen

stehen in einem engen Zusammenhang mit einer Einschränkung des Selbstwertgefühls, der Häufigkeit von psychosomatischen Beschwerden, einer Erhöhung des Medikamentenmißbrauchs, einem verstärkten Konsum von Alkohol, Tabak und illegalen Drogen und einer erhöhten Wahrscheinlichkeit der Ausübung kriminalisierbarer Verhaltensweisen' (MANSEL/HURRELMANN 1991, 44 f.).

Weitere, in diesen Studien empirisch wirksame gesundheitlich relevante Stressoren sind: Auseinandersetzungen mit den Eltern, die sich auf nicht-schulbezogene Themen beziehen, wie Freunde, Freizeitgestaltung, Wohnen, Aussehen; Statusprobleme in der Gruppe der Gleichaltrigen - sei es soziale Integration, sei es fehlender oder unzureichender sozialer Rückhalt (u.a. Statusdeprivation) sowie Lärm im persönlichen Umfeld" (KURZ/SACK/BRINKHOFF 1996, 290-291). Es sind überwiegend alters- und generationstypische Entwicklungsaufgaben, deren Nichtlösung oder unzureichende Lösung zu gesundheitlichen Problemen führen, wenn ausreichende personale und soziale Ressourcen fehlen (vgl. dazu HAVINGHURST 1972; HURRELMANN 1988, 108).

In unserer Untersuchung, die die erste ihrer Art ist, die den Zusammenhang von Sport und Gesundheit im Kindesalter empirisch thematisiert, und die wir als Pilotstudie betrachten, haben wir folgende Variablen erhoben - in der Auswahl nach dem PEARLIN-Modell:

1. Soziale und ökonomische Rahmenbedingungen: Alter, Geschlecht, Schulkarriere für Sozialschicht, Nationalität.
2. Belastungen und Überforderungen: Schulische Leistungsprobleme; Elternstellungnahme zu schulischen Leistungen; Lärm im persönlichen Umfeld.

3. Streßsymptome: Subjektiver Gesundheitszustand; aktuelle somatische gesundheitliche Belastungen; psychosomatische Reaktionsformen; Erfahrung mit gesundheitlich riskanten Verhaltensweisen (Alkohol, Rauchen, Tablettenkonsum).

4. Soziale Mediatoren: Keine.

5. Personale Mediatoren: Angenommene soziale Unterstützung durch Zugehörigkeit zu Gruppen von Altersgleichen in der Freizeit (Sportverein, Clique usw.); Spiel und Sportaktivität; persönliche Hygiene.

6. Selbstbild: Selbstakzeptanz.

Die Anlage der Untersuchung ist unzureichend für kausale Aussagen: Wir führten kein Experiment durch; insofern kann nicht entschieden werden, ob sich Kinder mit überdurchschnittlich guter Ausstattung an GRRs (Allgemeinen Widerstandsquellen) dem Sport zuwenden, während die anderen draußenbleiben, oder ob der Sport den Effekt hat, daß er die Entwicklung psychosomatischer Reaktionsformen wie Schlafstörungen oder Nervosität wegen seiner kathartischen u. a. Eigenschaften verhindert bzw. verzögert. Im allgemeinen gehen wir in der Auswertung jedoch so vor, als seien die Sportvariablen die bedingenden und die Gesundheitsvariablen die abhängigen Variablen. Im negativsten Fall könnte man von unserem methodischen Ansatz sagen, daß er solche Erfahrungen im Forschungsfeld Kindheit - Sport - Gesundheit vermittelt, die einer finanziell ausreichend ausgestatteten Untersuchung zu wissenschaftlich größerem Ertrag verhilft.

Die Ergebnisse werden im folgenden allgemein mit einem statistischen Kennwert für alle 8- bis 12jährigen Kinder berichtet. Danach wird durch Symbole dargelegt, wie stark die Daten sozialer Variabilität unterliegen (Stärke meist mit Chi-Quadrat-Test geprüft). Es werden immer die Subgruppen bezeichnet, die den gesundheitlich (signifikant) nachteiligeren Wert haben, nämlich:

- nach Geschlecht: m = männlich; w = weiblich;
- nach Alter: 3. = 3. Schuljahr, 5. = 5. Schuljahr;
- nach Region: R = Ruhrgebiet, NR = Nicht-Ruhrgebiet;
- nach Siedlungsstruktur: BZ = Ballungszonen, BR = Ballungsrandzonen, SOL = Solitäres Verdichtungsgebiet, LZ = ländliche Zonen;
- nach Schulkarriere (nur 5. Schuljahr): HS = Hauptschulkarriere, RS = Realschulkarriere, mit Gesamtschule in der Auswertung zusammengelegt, GY = Gymnasialkarriere;
- nach Nationalität: D = deutsch, T = türkisch/kurdisch, A = deutsche Aussiedler aus Polen und der UdSSR bzw. GUS; A = Andere; ND = alle Nichtdeutschen einschl. Aussiedler.

6.2 Gesundheitsstatus der Kinder

Zunächst werden die empirischen Befunde unserer Untersuchung sortiert nach den Variablengruppen des PEARLIN-Modells, referiert und eingeordnet. Im zweiten Schritt (Kap. 6.3) werden die Gesundheitsvariablen mit Stressoren und Mediatoren in Beziehung gesetzt und interpretiert.

Die sozialen und ökonomischen Rahmenbedingungen

Die sozialen und ökonomischen Rahmenbedingungen sind im wesentlichen aus dem Stichprobenkapitel bekannt: Die 1205 Kinder sind zwischen 8 und 12 Jahre alt, kommen alle aus dem 3. und 5. Schuljahr. Während alle Drittklässler noch die Grundschule besuchen, gehen 26% der Fünftklässler zur Hauptschule, 22% auf die Realschule, 36% auf das Gymnasium und 18% zur Gesamtschule; je 50% der Kinder sind weiblichen bzw. männlichen Geschlechts. 71% sind Deutsche, 10% deutsche Aussiedlerkinder aus Polen und der UdSSR bzw. GUS, 10% sind Türken bzw. Kurden und 9% verteilen sich auf die übrigen Nationalitäten, insbesondere Italiener, Jugoslawen, Griechen und Spanier.

Die Sozialschicht konnte nicht erhoben werden, weil sich in Voruntersuchungen herausstellte, daß Kinder nur unzureichende Angaben zur Ausbildung und zum ausgeübten Beruf der Eltern machten. So wird die Schulkarrierezugehörigkeit der Fünftklässler - mit allen Unzulänglichkeiten - als Ersatzindex für Sozialschicht benutzt.

Belastungen und Überforderungen

Lärm

In der Studie von MANSEL/HURRELMANN (1991) korreliert der wahrgenommene bzw. als unangenehm wahrgenommene Lärm zuhause (Wohnung/Wohnumfeld) und in der Schule mit psychosomatischen Beschwerden. Obgleich Kinder selbst Lärm erzeugen, leiden sie offensichtlich dann darunter, wenn sie ihm nicht entgehen können. Bekannte Effekte permanenter Beschallung sind Kopfschmerzen, Nervosität, Aggressivität und Magenbeschwerden.

Auch in unserer Untersuchung leidet ein beträchtlicher Teil der Kinder unter Lärm, besonders in der Schule (Tab. 6.1). Nur ein Viertel der Kinder klagt nicht über Lärm, jedoch vier Fünftel ist es zuhause, in der Schule oder an beiden Orten zu laut. Insgesamt leiden 21% der Kinder unter zu großem Lärm sowohl in der Schule als auch im häuslichen Wohnumfeld.

Die Klagen der Kinder haben bekannte Ursachen, und es überrascht, wie deutlich diese in dieser Untersuchung zutage treten: Erste Ursache ist die Wohnlage, und hier finden wir erhebliche Unterschiede zwischen ländlichen Gebieten und Ballungszentren; im letzterem Gebiet beklagen sich signifikant mehr

Kinder über zuviel Lärm im Wohnumfeld. Desweiteren stellen sich die erwarteten Schichtunterschiede ein: Hauptschüler, die als Angehörige der unteren sozialen Schichten häufiger in belebten Straßen wohnen, beklagen sich (signifikant) erheblich häufiger über Lärm im Wohnunfeld als Gymnasiasten, und ähnliches wiederholt sich beim Nationalitätenvergleich, wo die deutschen Kinder in besseren Quartieren wohnen und daher weniger unter Lärm leiden als die türkischen Kinder, die deutschen Aussiedlerkinder und die sonstigen ausländischen Kinder.

Zweite Lärmquelle ist die Schule, und wer gelegentlich Schulen besucht, weiß, daß es in Hauptschulen lauter zugeht als auf Gymnasien, und auch unsere Daten geben dies wieder: 47% der Gymnasiasten klagen über zuviel Lärm in der Schule - gegen 71% der Hauptschüler. Kombiniert man die Wirkung beider Lärmquellen (zuhause und Schule) verstärken sich die sozialen Unterschiede zwischen den Kindern; beispielsweise berichten 10% der Gymnasiasten von zu großem Lärm sowohl zuhause als auch in der Schule, gegen 23% der Gesamt- bzw. 25% der Hauptschüler.

Tab. 6.1: Lärmbelastungen in Schule („Findest Du es in der Schule oft zu laut?") und Elternhaus („Habt Ihr zuhause viel Lärm von der Straße?"). N=1205 (maximal) Kinder im 3. und 5. Schuljahr. Kindersportstudie NRW 1992.

Lärmbelastung	ja	nein	soziale Determinanten
Schule zu laut	68,0%	32,0%	HS
Zuhause viel Lärm	29,3%	70,7%	BZ, HS, ND
Schule und zuhause laut	21,2%	-	
weder Schule noch zuhause laut	25,5%	-	
eins von beiden	53,3%	-	
Σ	100 %		

Schulleistungen: Das Echo im Elternhaus und unter den Peers

Zu den akut belastenden Lebensereignissen gehören die Qualität des Familienlebens; Trennung der Eltern, Streit zwischen den Eltern oder Tod eines Elternteils belasten das Kind erheblich (vgl. dazu HURRELMANN 1988, 59) und führen häufig zu sozialer Auffälligkeit und psychosomatischen Symptomen.

Die meisten Kinder unserer Stichprobe des Bundeslandes Nordrhein-Westfalen leben in vollständigen Familien (88%; Bundesland Berlin, 1988: 80%), 11% bei einem Elternteil und 1% außerhalb der Familie, was man auch dahingehend bewerten kann, daß etwa jedes achte Kind (Berlin: jedes fünfte Kind diesen Alters) das übliche Trauma der Auflösung der elterlichen Partnerschaft erlebte.

Im Gegensatz zur Jugenduntersuchung haben wir aus untersuchungsmethodischen und -ökonomischen Gründen nicht intensiv nach der Interaktionsqualität Eltern-Kinder gefragt. Sie erschließt sich indirekt aus der Häufigkeit des Sporttreibens der Eltern mit den Kindern (70% der Kinder berichten davon), aus der Anteilnahme der Eltern am Sportvereinssport ihrer Kinder (je nach Intensität und Qualität der Anteilnahme berichten 47% bis 92% der Kinder von diesbezüglichem Interesse und Zuwendung der Eltern).

Im Zusammenhang mit dem für die Eltern-Kind-Interaktion wichtigen Thema Schule und Schulleistungen (vgl. dazu auch MANSEL/HURRELMANN 1991 und ENGEL/HURRELMANN 1989) finden wir, daß ein gutes Fünftel der Eltern die emotionale Wärme der Beziehungen zu ihrem Kind von guten schulischen Leistungen abhängig macht, die große Mehrheit der Eltern tut dies nicht, und eine kleine Gruppe von Kindern dürfte darunter leiden, daß sich die Eltern um ihre Schulleistungen - weder im Guten noch im Schlechten - kümmern.

Besonders prekär wird die Lage derjenigen Kinder, die in der Schule schlechte Leistungen erbringen (und daher in der Schulklasse einen geringe(re)n Status zu erleiden haben) *und* von ihren Eltern unter Druck gesetzt werden, anstatt ihnen zu helfen. Während etwa 10% der Schüler mit generell guten Schulleistungen von Elterndruck bei gelegentlichen Leistungsschwächen berichtet, sind es unter den Schülern mit im allgemeinen schwachen Schulleistungen 30%. Insgesamt sind es „nur“ knapp 5% aller Kinder, die schlechtere Schulleistungen erbringen *und* die überwiegend negative Reaktionen ihrer Eltern erleiden.

In unserer Studie berichtet etwa ein Siebtel der Kinder von im allgemeinen schwächeren Schulleistungen mit den Folgen des Statusverlusts in der Klassengemeinschaft, gegebenenfalls auch in der Freizeitclique; etwa 22% der Kinder berichten, daß sie (in der Schule) oft ausgelacht werden, und ebensoviele berichten, daß sie sich in der Schule „oft durcheinander“ fühlen.

In der Tat sind die Kinder des 3. bzw. 5. Schuljahrs erheblichem Leistungsdruck in der Schule (und quer dazu: im Elternhaus) ausgesetzt. Für einige Kinder entscheidet sich in der 4. Klasse, ob der Weg zum Gymnasium beschritten wird oder „nur“ zur Realschule oder gar zur Hauptschule, und für die Kinder des 5. Schulljahrs, die eine Gesamtschule besuchen, entscheidet sich die Schulkarriere später. Den Leistungsmotivationsstudien der Arbeitsgruppe um HECKER (BAIER 1980, KLEINE 1980) kann man entnehmen, daß Schulangst und Furcht-vor-Mißerfolg-Anteile in der Leistungsmotivation besonders in den ersten Jahren des Gymnasiums so zunehmen, daß sie bei den Zwölfjährigen universell sind.

Unter den im Grundschulalter belastenden Lebensereignissen zählt JOHNSON (1986, in HURRELMANN 1988, 59). Sitzenbleiben, Schulwechsel, eine Klassenbucheintragung und das Ausgelachtwerden in der Klasse sowie das Nichtlösenkönnen von Hausaufgaben. Etwa die Hälfte der Kinder unserer Stichprobe hat einen Schulwechsel gerade hinter sich (fast alle der 5. Klasse) - mit gravierenden Folgen: Wechsel der Klassengemeinschaft, Änderungen im Kreis der Freunde und Clique. 11% der Kinder sind in den letzten zwei Jahren an einen anderen Ort umgezogen, mit vergleichbaren Folgen.

Tab. 6.2: Schulleistungsstreß („Wie gut bist Du in der Schule?") und schulleistungsbezogener Elternstreß („Was tun Deine Eltern, wenn Du in der Schule nicht so gut bist?"). N=1205 (maximal) Kinder im 3. und 5. Schuljahr. Kindersportstudie NRW 1992.

Variable	alle	soziale Determinanten
Schulleistungen:		
- sehr gut	15%	
- gut	71%	HS
- nicht so gut	14%	
Elternreaktion bei Schulproblemen:		
- helfen meistens	71%	
- ärgerlich, machen Druck	23%	HS, ND
- eher gleichgültig	6%	
Kombination Schulleistung und Elternreaktion bei Schulproblemen:		
- nicht so gut und Druck	4,2 %	
- nicht so gut und helfen	8,2%	HS
- nicht so gut und gleichgültig	1,5%	

Gesundheitliche Belastungen und Risiken

Gesundheitliche Belastungen und Risiken sind nicht nur, aber auch Folge von Belastungen, seien sie plötzlich auftretende wie kritische Lebensereignisse (Schul- und Ortswechsel, Tod eines Elternteils) oder solche permanenter Belastung bzw. Überlastung, wie Eheprobleme der Eltern, Lärm, schulisches Versagen, Statusverlust in der Klassengemeinschaft usw.

Die subjektive Einschätzung des Gesundheitsstatus ist grundsätzlich, aber besonders bei Kindern ein großes Problem; soziale Auffälligkeit wie Delinquenz dürften die allermeisten nicht zu den Gesundheitsproblemen zählen, nicht ganz so krass, aber ähnlich verhält es sich mit den psychosomatischen Beschwerden. Insofern erfassen wir mit unserer Frage *„Bist Du öfters krank? (ja - nein)"* eher den klassisch-somatischen Krankheitsbegriff, von Gesundheit ganz zu schweigen. Etwa 18% der Kinder sagen, daß sie öfters krank seien (Tab. 6.3) - eine unseres Erachtens hohe Zahl. Die soziale Variabilität ist beträchtlich, und wie bei Erwachsenen sind Mädchen häufiger krank als Jungen, Unterschichtskinder sind häufiger krank als Mittelschichtskinder, und Ausländerkinder häufiger als „einheimische".

Tab. 6.3: Subjektiver Gesundheitsstatus („Bist Du öfters krank?"). N=1205 (maximal) Kinder im 3. und 5. Schuljahr. Kindersportstudie NRW 1992.

		öfters krank		
Subgruppe	N	ja	nein	Chi^2-Test
alle	1196	18,0%	82,0%	
männlich	600	15,0%	85,0%	
weiblich	596	21,0%	79,0%	s.s.s.
3. Schuljahr	596	22,0%	78,0%	
5. Schuljahr	600	14,0%	86,0%	s.s.s.
Hauptschule*	154	16,2%	83,8%	
Ges./Realschule*	235	13,2%	86,8%	n.s.
Gymnasium*	211	12,8%	87,2%	
Deutsche	854	18,2%	83,8%	
Deutsche Aussiedler	120	20,0%	72,9%	
Türken	118	27,1%	80,0%	s.
Andere	104	20,2%	79,8%	

* nur 5. Schuljahr

Die Validität der Zahl 18% ist fraglich; überschaut man die Antworten der Kinder auf die Nachfrage nach konkreten Krankheiten, unter denen sie öfters oder seit längerem leiden, geben etwa 70% der Kinder mindestens eine Krankheit an (etwa 10% zwei und mehr Krankheiten), aber nur 30% keine!

Die am häufigsten vorkommende Krankheit im Kindesalter (vgl. Tab. 6.4) ist der starke bzw. chronische „Husten", der hier sprachlich-symbolisch für eine breite Palette von Bronchialerkrankungen steht (38% der Kinder berichten davon, besonders viele aus dem Ruhrgebiet, weniger Kinder aus den ländlichen Zonen des übrigen Nordrhein-Westfalen). Verbreitet sind auch Allergien - jedes siebte Kind leidet darunter. Daß nur jedes 25. Kind von Gewichtsproblemen berichtet, verweist auf Mängel in der Itemformulierung.

Tab. 6.4: Aktuelle gesundheitliche Probleme („Wenn Du öfters oder seit längerem krank bist: Welche Krankheiten hast Du?"). N=1205 Kinder (maximal) im 3. und 5. Schuljahr. Kindersportstudie NRW 1992.

Gesundheitliches Problem	alle	Geschlecht		soziale Determinanten
		männlich	weiblich	
Schlimmer Husten	37,7%	35,2%	40,2%	W, R, HS
Übergewicht	2,2%	2,2%	2,3%	-
Untergewicht	2,2%	2,3%	2,2%	-
Asthma	2,7%	3,0%	2,3%	-
Allergien	12,9%	11,6%	14,1%	-
Hautkrankheit	4,7%	4,0%	5,5%	-
sonstiges	20,4%	17,1%	23,8%	W
Zahl der Krankheiten				
0	31,8%	34,7%	28,9%	} W, HS, RS/GS
1	55,9%	56,1%	55,6%	
2	10,4%	8,6%	12,1%	
3	1,7%	0,7%	2,8%	
4	0,2%	0,0%	0,5%	
5, 6 oder 7	0,0%	0,0%	0,0%	
Σ	100%	100,1%	99,9%	

Im folgenden referieren wir Daten aus Vergleichsuntersuchungen.

Tab. 6.5 Körperliche Beschwerden von Kindern zwischen 8 und 15 Jahren (N=303). Daten im Schulklassenverband an 12 hessischen Schulen erhoben. BRÄHLER et al 1986.

Körperbeschwerden	Nennungen *dauernd, oft*
Durst haben	50%
Müdigkeit am Morgen	40%
Hunger	28%
Schnupfen	18%
verstopfte Nase	18%
schlechtes Einschlafen	18%
Seitenstechen	15%
Kopfschmerzen	12%
trockener Hals	11%
nachts aufwachen	11%
Müdigkeit tagsüber	10%
Husten	10%
Einschlafen von Armen und Beinen	10%
Frieren	9%
Weinen	9%
Bauchweh	8%
Halsschmerzen	6%

Faktorenanalytische Gliederung:

I Magenbeschwerden

II Bauchbeschwerden

III Erkältungsbeschwerden

IV Mobilitätsbeschwerden

V Schluckbeschwerden

VI Erschöpfung

VII Kreislaufbeschwerden

Aus der Dokumentation der schulärztlichen Untersuchung Nordrhein-Westfalen (1994) vom INSTITUT FÜR DOKUMENTATION UND INFORMATION, SOZIALMEDIZIN UND ÖFFENTLICHES GESUNDHEITSWESEN (Bielefeld 1995) stellen wir folgende Übersicht gesundheitlicher Problemlagen aus schulärztlicher Sicht zusammen.

Tab. 6.6: Körperliche Beschwerden von Kindern im Alter von 11 Jahren

	Elfjährige mit ärztlichem Befund	
Gesundheitliches Problem*	männlich	weiblich
Sehschärfe	20,0%	23,0%
Schielen	2,0%	2,0%
Farbsinn	5,0%	0,3%
Hörstörung	2,0%	2,0%
Sprachstörungen/Sprechfehler	3,5%	2,0%
Herz	1,0%	1,0%
Bronchitis	2,0%	2,0%
Asthma	2,0%	1,2%
Skoliose	5,5%	6,5%
Haltungsschwäche	9,0%	10,0%
Fußschäden	10,5%	8,5%
Hautkrankheiten/Ekzeme	6,0%	7,0%
Übergewicht	8,5%	9,5%
Verhaltensauffälligkeiten	2,5%	0,5%
Koordinationsschwächen	1,0%	0,3%

* ohne Kiefer und Zähne

In einer Berliner schulärztlichen UNTERSUCHUNG (SENATSVERWALTUNG FÜR GESUNDHEIT 1994) wurden etwa 14% der Kinder für übergewichtig eingeschätzt, auch in der Jugenduntersuchung ist der Prozentsatz der übergewichtigen Kinder wesentlich höher (ca. 11%). Möglicherweise verschärft die Pubertät diese Problemlage. Die nach den schulärztlichen Statistiken häufigsten Gesundheitsprobleme der Kinder betreffen den Haltungs- und Bewegungsapparat, das Übergewicht und die Bronchien. Insgesamt erhalten knapp 20% der 11-jährigen einen Befund, der eine Arztüberweisung impliziert. Wenn in unserer Untersuchung knapp 15% der Kinder zwei und mehr gesundheitliche Probleme haben - und damit ihr Gesundheitsstatus von uns kritisch eingeschätzt wird, liegt dieser Wert vermutlich am unteren Ende von in anderen Studien ermittelten Werten.

Tab. 6.7: Psychosomatische Beschwerden („Kreuze bitte an, was Du häufig oder manchmal hast!“). N=1205 Kinder (maximal) im 3. und 5. Schuljahr. Kindersportstudie NRW 1992.

Psychosomatisches Problem	alle	Geschlecht männlich	Geschlecht weiblich	soziale Determinanten
Kopfschmerzen	51,5%	51,4%	51,5%	HS
Schwindlig	16,8%	14,1%	19,4%	W, ND
Bauchschmerzen	47,0%	37,0%	57,0%	W, HS, RS/GS
Keinen Hunger	32,8%	30,3%	35,2%	-
Zu zappelig	11,0%	12,4%	9,5%	-
Schlechte Träume	26,7%	23,9%	29,6%	W, ND
Schlafe schlecht	23,2%	23,2%	23,3%	-
Kann schlecht aufpassen	8,5%	10,0%	7,1%	-
Zahl der Probleme:				
0	7,7%	9,8%	5,6%	W, HS, ND (0–8)
1	32,3%	33,8%	30,7%	
2	27,6%	27,9%	27,4%	
3	14,9%	13,9%	15,9%	
4	8,6%	7,5%	9,8%	
5	4,1%	3,8%	4,3%	
6	3,2%	1,7%	4,8%	
7	1,2%	1,2%	1,2%	
8	0,3%	0,5%	0,2%	
Σ	99,9%	100,1%	99,9%	
$\overline{x}$	2,2	2,0	2,3	
s	1,5	1,5	1,6	

Chi-Quadrat-Test: s.s.s.

Das Auftreten gesundheitlicher Probleme wird auch durch die bekannten sozialen Determinanten gesteuert, 15% der Mädchen versus nur 9% der Jungen berichten von gravierenden Gesundheitsproblemen (≥2), und Hauptschüler (Unterschichtkinder) haben signifikant häufiger/mehr gesundheitliche Probleme als Gymnasiasten (Mittelschichtkinder), was besonders auf den problematischen Gesundheitszustand der männlichen Hauptschüler zurückzuführen ist.

Wesentlich häufiger treten psychosomatische Beschwerden auf; zu ihrer Erfassung benutzten wir die von ENGEL/HURRELMANN (1989) entwickelte Skala. Knapp 10% der Kinder nennen keine Beschwerden, 60% ein bis zwei Beschwerden und fast ein Drittel drei und mehr Beschwerden; letztere sind die unseres Erachtens gesundheitlich stark Belasteten. Mädchen haben deutlich häufiger starke psychosomatische Probleme als Jungen, Hauptschüler mehr als Gymnasiasten, Ausländer mehr als Deutsche.

Die unter 8- bis 12-jährigen häufigsten psychomatischen Probleme sind - in abfallender Häufigkeitsreihenfolge - Kopfschmerzen, Bauchschmerzen, Appetitlosigkeit und Schlafstörungen (vgl. Tab. 6.7). Die Einzelproblemlagen fallen in hohem Maße geschlechtspezifisch zuungunsten der Mädchen aus. Insgesamt haben fast 20% der Schüler die für die Schulkarriere besonders nachteiligen Probleme, nämlich Facetten der Konzentrationsschwäche (Unruhe und fehlende Daueraufmerksamkeit).

Die Palette der häufigsten körperlichen und psychosomatischen Erkrankungen sieht ganz anders aus, wenn Daten des Patientenguts von kinder- und jugendpsychiatrischen Polikliniken herangezogen werden (z.B. STRUNK, in KELLER/WISKOTT 1977; STEINHAUSEN/GÖBEL 1981).

Erfahrungen mit Drogen

Tabak-, Alkohol- und Drogenkonsum sowie der Mißbrauch von Medikamenten wird im Jugendalter gelernt und im Erwachsenenalter „beherrscht". Unseres Wissens sind Kinder unserer Altersgruppe in Westeuropa in keinem dieser Felder der Genußmittel regelmäßige Konsumenten - von publikumswirksamen Ausnahmen abgesehen. Verbreiterter dürfte der Gebrauch von ärztlich verordneten und/oder von Eltern zugeteilten Medikamenten sein, die einerseits Indikator für Gesundheit und Krankheit des Kindes sein mögen, andererseits aber auch Wegbereiterfunktionen für späteren Medikamentenabusus haben mögen. In unserer Jugendstichprobe gaben etwa 20% der Befragten an, wöchentlich bis täglich eine Tablette zu sich zu nehmen, insbesondere Mittel gegen Kopfschmerzen und - mit Abstand - Psychopharmaka.

Wegen des zu erwartetenden seltenen bzw. unregelmäßigen Konsums von Alkohol und Nikotin fragten wir nach Erfahrungen mit diesen Substanzen („Hast Du schon einmal...?"). In einer Berliner Vorstudie an 11-jährigen Kindern fanden wir, daß etwa 28% bzw. 15% derjenigen, die an einer Stelle des Fragebogens sagten, schon einmal geraucht bzw. Bier, Wein oder Sekt getrunken zu haben, an einer anderen Stelle des Fragebogen angaben, diese Substanzen in den letzten vier Wochen probiert zu haben. Man muß also davon ausgehen, daß ein Teil der „Probierer" tatsächlich (noch!) einmalige Probierer sind, daß aber etwa ein Viertel der Fünftklässler gelegentlich raucht oder Alkohol zu sich nimmt. Kinder rauchen häufiger als daß sie Bier oder Schnaps trinken. Insofern ist die Erfahrung mit diesen Genußmitteln auch ein Indikator für unregelmäßigen Konsum (ein Indikator, der den Vorteil hat, bei den Schulbehörden und Eltern im Rahmen von Befragungen weniger Unruhe zu stiften). Andererseits ist die Probiererfahrung nicht nur eine Funktion der Verführung durch Erwachsene anläßlich von Familienfeiern, sondern des Wagemuts bei Mutproben in Kindercliquen. In unserer Studie haben 58% der Kinder Erfahrung mit Alkohol, 50% erhalten gelegentlich Tabletten (gegen Kopfschmerzen und Übelkeit) und 12% haben schon eine Zigarette probiert.

Unsere Ergebnisse sind zwar nur schwer vergleichbar mit den Daten einer Erhebung um 1990 (BUNDESMINISTERIUM FÜR GESUNDHEIT 1991, 46 ff.), aber die Konsumgewohnheiten von Medikamenten bzw. Alkohol und Nikotin bewegen sich in einer ähnlicher Größenordnung.

Tab. 6.8: Einstieg in gesundheitliches Risikoverhalten [Erfahrungen mit Alkohol, Nikotin („Hast Du schon mal...?") und Tabletten („Geben Dir Deine Eltern öfters...?")]. N=1205 (maximal) Kinder im 3. und 5. Schuljahr. Kindersportstudie NRW 1992.

		Geschlecht		
Gesundheitliches Risikoverhalten	alle	männlich	weiblich	soziale Determinanten
Erfahrung mit Alkohol	58,0%	61,9%	54,0%	M, D
Erfahrung mit Nikotin	11,8%	15,0%	8,5%	M, HS, RS/GS
Gebrauch von Tabletten	50,5%	51,0%	50,1%	ND
Summe aus obigem:				
dreifache Risikoerfahrung	5,9%	7,1%	4,7%	M, HS, RS/GS
zweifache Risikoerfahrung	29,5%	32,2%	26,7%	
einfache Risikoerfahrung	42,9%	41,5%	44,4%	
keine Risikoerfahrung	21,7%	19,2%	24,3%	
Σ	100,0%	100,0%	100,1%	

Die drei gesundheitlichen Risikohandlungen faßten wir zu einem Index zusammen: mit 6% der Kinder, die in allen drei Bereichen (Alkohol, Nikotin, Tabletten) Erfahrung gemacht haben und wohl auch immer wieder machen, und 30%, die in zwei von drei Bereichen bereits gesundheitlich riskant handelten oder immer noch handeln (vgl. Tab. 6.8).

Personale und soziale Ressourcen

In dem Modell von PEARLIN wird zwar von sozialen und personalen Mediatoren sowie vom Selbstbild gesprochen, gemeint sind damit aber kollektive sowie personale und soziale Ressoucen zur Beeinflussung des Stressoren-Streß-Prozesses. Die hier in Frage stehenden personalen und sozialen Ressourcen werden in verschiedenen Gesundheitstheorien sehr unterschiedlich konzipiert, ANTONOVSKY (1979; vgl. KRAUS 1987, 206) spricht von allgemeinen Widerstandsquellen - und meint damit u.a. Bewältigungsstrategien, soziale Unterstützungssysteme und Bindungen sowie präventive Gesundheitseinstellungen - sowie Lebenserfahrungen und Kohärenzsinn, ein Konstrukt, das internalen Kontrollüberzeugungen nahekommt. PEARLIN (1987) spricht von Mediatoren, andere (ROGERS 1983; 1985; WEINSTEIN 1984) sprechen von Vulnerabilitäts- bzw. Invulnerabilitätsfaktoren. In unserer Studie haben wir die kollektiven Mediatoren nicht erhoben, wohl aber personale und soziale Ressourcen zur Streßbewältigung bzw. -milderung, und zwar:

1. Soziale Integration und soziale Unterstützung durch Zugehörigkeit zu Gruppen;
2. Hygieneverhalten;
3. Selbstakzeptanz.

Soziale Integration und soziale Unterstützung durch Zugehörigkeit zu Gruppen

Kinder verbringen einen Teil ihrer Freizeit sowohl außerhalb der Schule und familialer Interaktionen. Ein beträchtlicher Teil der Kinder - folgt man der Studie „Was tun Kinder am Nachmittag?“ des DEUTSCHEN JUGENDINSTITUTS (1992), sind es ca. 45% der 8- bis 12-jährigen - findet bei der Rückkehr aus der Schule weder Mutter noch Vater vor. Sie müssen sich selbst beschäftigen, und nur eine ganz kleine Gruppe von Kindern - laut voriger Studie unter 5% - verbringt diese Zeit überwiegend allein. Die Mehrheit der Kinder verbringt sie mal allein, mal in Gesellschaft mit anderen Kindern, ein auch noch sehr großer Teil verbringt sie fast ausschließlich gesellig. Das geht auch aus unseren Daten hervor: 92% der Kinder haben eine Clique, eine Gruppe von Altersgleichen, mit denen sie sich treffen und etwas unternehmen. Fast 43% gehen in einen Sportverein, im Durchschnitt zweimal pro Woche. Und knapp 30% der Kinder gehen in eine formelle Gruppe wie Pfadfinder, Kinderchor, Musikschule, Bastel- und Spielgruppe der Kirchengemeinde u.a.m. Kombiniert man die beiden Gruppentypen - hier Sportverein, dort nonsportive Gruppen (informelle Clique und formelle Kinderfreizeitgruppe), dann sind nur 6% der Kinder sozial isoliert, 52% sind nur in den nichtsportlichen Gruppen aktiv/an ihnen beteiligt und 42% sind sowohl im Sportverein als auch in den nichtsportlichen Gruppen aktiv; der Fall der ausschließlich im Sportverein Gebundenen kommt kaum vor (unter 1%). Man sieht: ca. 94% der Kinder sind mehr oder weniger regelmäßig sozial eingebunden.

Was leisten die Kindergruppen, was findet in ihnen statt? Die Kinder spielen miteinander, Kinderfreizeit ist in erster Linie Bewegungszeit (vgl. Kap. 3). Darüber hinaus wird, besonders in den formellen Gruppen, Kompetenz angeeignet, gelernt und geübt (Musik, Sport). Schließlich ist Kinderfreizeit „weiche“ Freizeit, es wird kommuniziert, man schaut sich Medien an und „besitzt“ Straßen, Plätze oder Kaufhäuser; besonders in dieser Freizeit wird auch (sozial)gesundheitlich riskantes Verhalten gelernt, wie Diebstahlsmutproben in Kaufhäusern, Konsum von Alkohol, Nikotin und Schnüffelstoffen, „Alltagsflips“ wie riskantes Fahrrad fahren, Rollschuh laufen usw. - und ihr gemeinsamer Nenner ist vermutlich: Langeweile vermeiden, Spannung erleben.

Kann man annehmen, daß Kinderfreizeit auch die Funktion hat, soziale Unterstützung zu leisten? „Soziale Unterstützung meint die funktionale Seite der Zugehörigkeit zu Netzwerken; SCHWARZER (1992, 141 f.) unterscheidet dabei zwischen wahrgenommener Unterstützung und faktisch erhaltener Unterstützung und differenziert bei diesen beiden Aspekten der Unterstützung zwischen emotionaler, informationeller und instrumenteller Unterstützung“ (KURZ/SACK/BRINKHOFF 1996). Aus dem Jugend-, Erwachsenen- sowie Gesundheitssport ist bekannt, daß die (längere) Zugehörigkeit zu Gruppen sehr häufig mit sozialer Unterstützung verbunden ist. Zu fragen ist jedoch, ob dies auch für 8- bis 12-jährige Kinder gilt. Da Kinder dieses Alters nicht vor Entwicklungsaufgaben wie „Ablösung von dem Elternhaus“, „Stärkung einer elternunabhängigen Identität“, „Entwicklung bzw. Stärkung der sexuellen Identität“ stehen, entfallen auch diese Funktionen der Kindergruppenzugehörigkeit. Wir vermuten die Leistungen der Kindergruppe eher in Hilfen (emotional, instrumentell und informationell) für die Bewältigung schulischer Anforderungen (Leistungsstreß) und Aufarbeitung des sozialen Streß, der in den schulischen Interaktionen mit Lehrern und Klassenkameraden entsteht. Vor allem dann, wenn beide Elternteile wegen Berufstätigkeit nachmittags nach der Schulzeit „fehlen“, wird diese Gruppenfreizeit umso wichtiger. Eine andere Funktion der Gruppe, besonders der leistungsbezogenen (Sportverein oder formelle Jugendgruppe), liegt im unmittelbaren Statusgewinn, der sich entwickelt, wenn Kinder an sich selbst Kompetenz erfahren und wenn sie durch andere ihre Kompetenz erfahren. Kinder erfahren durch Kinder sowie durch die Gruppenleiter (Musiklehrer, Chorleiter, Trainer) Anerkennung, sie werden in den Gruppen gebraucht. Hierbei wird das soziale Selbst aufgebaut, die Selbstakzeptanz via sozialer Akzeptanz und Kompetenz gestärkt.

Im folgenden sollen die besonderen Integrationsleistungen und -bedingungen des Sportvereins untersucht werden. Aus der Jugendsportstudie NRW 1992 ist bekannt, daß besonders die Teilhabe am Wettkampfbetrieb Bindungen an den Sportverein (Vereinstreue) und besonders Bindungen in den Übungsgruppen

Tab. 6.9: Zugehörigkeit zu Gruppen. N=1205 Kinder im 3. und 5. Schuljahr. Kindersportstudie NRW 1992.

Mitgliedschaft in...	alle	Geschlecht männlich	Geschlecht weiblich	soziale Determinanten*
(1) informeller Kindergruppe	92,2%	92,3%	92,1%	
(2) Kinderorganisation	29,8%	23,5%	36,0%	W, GY, LG, DT
(3) Sportverein	42,9%	50,2%	35,5%	M, GY, LG, DT
Regelmäßige Teilhabe an mindestens einer Freizeitgruppe	75,5%	83,1%	75,5%	M, GY, LG, DT
Kombination obiger Gruppen 1-3:				
- nur in nichtsportlichen Kindergruppen Mitglied	51,9%	45,1%	58,6%	M, GY, D, R, LZ
- nur im Sportverein Mitglied	0,9%	1,5%	0,3%	
- in beidem Mitglied	41,8%	48,6%	35,0%	
- in keinem Mitglied	5,4%	4,8%	6,0%	

Zahl der Sportgelegenheiten, in denen Sport getrieben wird:	überhaupt	Soziale Determinanten	regelmäßig	Soziale Determinanten
keine	4,2%	GY, D, SOL, LZ	20,7%	M, GY, D, LZ
1	10,3%		24,5%	
2 - 3	49,8%		43,4%	
4 - 6	35,7%		11,4%	
Σ	100,0%		100,0%	

* Subgruppen mit höheren Werten herausgehoben

aufbaut; eine weitere Bedingung für Bindung ist die Übungs- bzw. Trainingshäufigkeit. Wie bekannt nehmen 48% der Kindersportvereinsmitglieder am Wettkampfbetrieb des Sportvereins teil („oft Wettkämpfe“) und 45% üben zweimal pro Woche und mehr, also: etwa die Hälfte der Kindersportvereinsmitglieder sind dreimal pro Woche in ihrer Sportvereinsgruppe aktiv; es sind übrigens doppelt so viele Jungen wie Mädchen, die davon berichten - hier wird dann schon ihr frühzeitiger Absprung aus dem Sportvereinssport vorbereitet. Auf ähnliche Zahlenverhältnisse kommt man, wenn die Übungshäufigkeit mit der Wettkampfhäufigkeit kombiniert wird. Nur eine Minderheit von 12% der Kindersportvereinsmitglieder hat vermutlich keinen oder fast keinen strukturierten Übungsbetrieb (besonders Tennis, Tischtennis) mit der Folge geringerer sozialer Integration (vgl. Tab. 6.12). Die vermuteten Integrations- und damit die sozialen Unterstützungsleistungen werden auch dadurch plausibel, daß 80% der Sportvereinskinder das Klima in ihrer Trainingsgruppe mit sehr gut bzw. gut bewerten (vgl. Tab. 6.10).

Tab. 6.10: Integrationsleistungen des Sportvereins. N=517 Kinder-Sportvereinsmitglieder beiderlei Geschlechts des 3. und 5. Schuljahres. Kindersportstudie NRW 1992.

Variable	alle	Geschlecht: männlich	Geschlecht: weiblich	Chi^2-Test
Note Sportverein: Zusammengehörigkeitsgefühl der Übungsgruppe (N=254); nur 5. Schuljahr:				
– sehr gut	31,1%	32,3%	29,3%	n.s.
– gut	49,2%	43,2%	58,6%	
– befriedigend bis mangelhaft	19,7%	24,6%	12,2%	
Zusammentreffen mit den Kindern aus der Sportvereinsgruppe in der Freizeit (N=517):				
– öfters	40,6%	41,6%	39,5%	n.s.
– manchmal	35,0%	33,0%	38,1%	
– nie	24,3%	25,5%	22,5%	
Index: sportliche Familienbindung (N=1205):				
– Kind und mindestens ein Elternteil im Sportverein	8,3%	8,3%	8,3%	s.
– Kind und kein Elternteil im Sportverein	34,6%	42,0%	27,2%	
– Kind nicht im Sportverein, aber mindestens ein Elternteil	8,0%	7,5%	8,6%	
– weder Kinder noch Elternteil im Sportverein	49,0%	42,3%	55,8%	

Tab. 6.11: Integration in den Sportverein (Kombination der Variablen „Wettkampfengagement" und „Gemeinsame Freizeit mit SpV-Kameraden". N=1205 Kinder im 3. und 5. Schuljahr. Kindersportstudie NRW 1992.

Qualität der Integration	N	alle	Geschlecht	
			männlich	weiblich
1. Viele Wettkämpfe, oft mit Sportvereinsfreunden in der Freizeit zusammen	103	21,6%	27,7%	13,3%
2. Wenig/keine Wettkämpfe, oft mit Sportvereinsfreunden in der Freizeit zusammen	93	19,5%	13,9%	27,1%
3. Viele Wettkämpfe, selten mit Sportvereinsfreunden in der Freizeit zusammen	128	26,8%	33,6%	17,7%
4. Wenig/keine Wettkämpfe, selten mit Sportvereinsfreunden in der Freizeit zusammen	153	32,1%	24,8%	41,9%
Σ	477	100%	100%	100%

Chi-Quadrat-Test: Chi^2=21.677; df=3; hoch signifkant; C_{korr} = .200

Tab. 6.12: Sportliche Integration in den Sportverein (Kombination der Variablen „Häufigkeit des Trainings" und „Art der sportlichen Betätigung im Sportverein - Wettkampf- oder übungsorientiert". N=1205 Kinder im 3. und 5. Schuljahr. Kindersportstudie NRW 1992.

Qualität der Integration	N	alle	Geschlecht	
			männlich	weiblich
1. Viele Wettkämpfe, viel Training	136	28,4%	38,4%	14,8%
2. Selten Wettkämpfe, viel Training	116	24,2%	28,3%	18,7%
3. Keine Wettkämpfe, regelmäßig Training mit strukturiertem Übungsbetrieb	168	35,1%	22,8%	51,7%
4. Kein strukturierter Übungsbetrieb, meist regelmäßig Sporttreiben	59	12,3%	10,5%	14,8%
Σ	479	100%	100%	100%

Chi-Quadrat-Test: Chi^2=35.968; df=3; hoch signifikant; C_{korr} = .243

Die Sportvereinsgruppe ist sozial nicht isoliert und scharf abgegrenzt vom sozialen Umfeld: Über 40% der Sportvereinskinder berichten (vgl. auch Tab. 6.11), daß sie sich mit ihren Sportkameraden auch außerhalb des Trainings „oft" treffen und etwas unternehmen, 46% haben Klassenkameraden in der

Sportvereinsgruppe und 30% haben Freunde sowohl aus der informellen Freizeitclique als auch aus der Sportvereinsgruppe. Ein solch hoher Grad von Vernetzung der Gruppen „viele treffen sich an fast jedem Ort mit den immer selben" - ist nur möglich, wenn die „Chemie stimmt", d.h. im gesundheitsbezogenen Kontext: wenn man durch den jeweils anderen Anerkennung, Unterstützung und Hilfe erfährt.

Psychosoziale Funktionen des Sporttreibens aus gesundheitlicher Perspektive

KRAUS (1987) und SCHLICHT (1994) tragen in ihren Sammelreferaten gesundheitsrelevante Funktionen des Sports (psychologische Theorien) zusammen, die wir auf die Klientel der Untersuchung beziehen:

(1) Sport treiben entlastet von aktuellen und akuten Problemen aufgrund seiner Time-out-Eigenschaften: für die Zeit des Sporttreibens sind akute Problem vergessen, und ihr Wiederaufgreifen danach erzeugt die bekannten Effekte des „Abstands": man hat sich nicht selbst „verrückt" gemacht angesichts des Unabänderlichen der „verhauenen" Klassenarbeit, der Taschengeldkürzung oder der Niederlage im Streit mit dem Bruder.

(2) Sport baut Spannungen des Schul- und sonstigen Alltags im kathartischen Sinne ab und führt damit zu körperlichem Wohlbefinden (ABELE/BECKER 1991); die energetische Verausgabung führt oft zu besserem Schlaf- bzw. Einschlafverhalten (SCHLEUSENER 1990; GOLZ/ERKELEN/SACK 1990). Dies sollte auch für Kinder gelten.

(3) Sport erzeugt (zusätzliche) Spannungen, insbesondere der Wettkampfsport. Zu fragen ist, ob Kinder hier Gewöhnung an Streß und Streßbewältigungskompetenz erlernen, die sie auf schulische Streßsituationen übertragen können. Es könnte jedoch auch sein, daß die Kinder durch die Wettkampferlebnisse so erregt werden, daß sie viel Zeit brauchen, um wieder ins Gleichgewicht zu gelangen, was auf Kosten der Aufgabenbewältigung in der Schule gehen würde.

(4) Sport stärkt die körperlichen Widerstandskräfte, insbesondere das Immunsystem, das Herz-Kreislaufsystem und führt daher zu einer Verbesserung der allgemeinen Fitneß: Kinder wären danach belastbarer - bei widrigem Wetter, bei widrigen schulklimatischen Bedingungen (Lärm, Luft, Enge).

(5) Sport verbessert die körperliche Fitneß, die Kinder in den üblichen körpernahen Auseinandersetzungen einsetzen könnten oder der sie (als Abschrekkungspotential) vertrauen dürfen.

Danach sollte man annehmen, daß sportlich aktive Kinder von den oben genannten gesundheitlichen Effekten des Sports profitieren, sportlich weniger aktive oder passive Kinder jedoch nicht. Diverse sportliche Aktivitäts- bzw. Inaktivitätsquoten haben wir in Tab. 6.13 aus Kapitel 3 zusammengetragen. Je nach Sportbegriff sind etwa 20% bis 50% der Kinder sportlich sehr aktiv und etwa 15% bis 30% sportlich mehr oder weniger inaktiv. Wie ausgeführt, sind die Aktivitätsquoten sehr variabel, mit deutlich geringerer Partizipation (und damit deutlich geringer zu erwartenden gesundheitlichen Wirkungen) der Mädchen, der Hauptschüler und der ausländischen Kinder.

Tab. 6.13: Sportengagement in der Freizeit: „weiter" Sportbegriff, „enger" Sportbegriff, Wettkampfsport im Sportverein. N=1205 Kinder im 3. und 5. Schuljahr. Kindersportstudie NRW 1992.

Sportengagement Sportkonzept	intensiv (fast täglich)	regelmäßig (mindestens 1x/Wo)	unregelmäßig/nie (weniger als 1x/Wo)
„Weiter" Sportbegriff:			
alle	45,8%	39,3%	14,9%
männlich	48,8%	36,6%	14,6%
weiblich	42,9%	41,8%	15,3%
„Enger" Sportbegriff:			
alle	18,4%	52,6%	29,0%
männlich	22,9%	50,9%	26,2%
weiblich	14,0%	54,3%	31,7%
Wettkämpfe im Sportverein:	oft	selten	nie
alle	19,1%	5,6%	75,3%
männlich	28,1%	3,0%	68,9%
weiblich	10,5%	5,1%	84,4%

Es stellt sich allerdings die Frage, ob die sportliche Aktivität der Kinder (im Gegensatz zu älteren Jugendlichen und besonders Erwachsenen) die angenommenen gesundheitlichen Wirkungen entfalten kann; denn Kindern sind psychosozial weniger belastet und betreiben ihren Sport erst seit einer kurzen Lebensspanne; darüber hinaus gelten auch hier die in Kap. 6.1 genannten methodischen Probleme (Unspezifität des Stimulus Sport, Ursache-Wirkungs-Kette usw.). Von daher ist vor der Hypothesenauswertung (in Kap. 6.3) Skepsis berechtigt.

Selbstakzeptanz als personale Ressource

„Nach ULICH (1987, 147 f.) entscheiden Stärke und Ausprägungsrichtung des Selbstwertgefühls (mehr oder weniger stark positiv bzw. negativ) darüber, ob ein Heranwachsender eine Situation als bedrohlich oder herausfordernd einschätzt, ob er seine Fähigkeiten optimistisch zur Aufgabenbewältigung einsetzt oder ob er aus dem Felde geht". OERTER/DREHER (1995) betonen die Bedeutung des Selbstkonzepts für die Bewältigung jugendtypischer Entwicklungsaufgaben. „ANTONOVSKY spricht von 'Ich-Identität' im Sinne von ERIKSON (1973), auch von 'Vertrauen in das Ich'; in diesem Sinne wird es mit Ich-Stärke sensu FREUD und Selbstvertrauen gleichgesetzt. KRAUS (1987, 252 f.) hat Befunde zusammengetragen, die überwiegend für den Effekt des Sports auf die Entwicklung von Selbstwertgefühl sprechen" (KURZ/SACK/BRINKHOFF 1996, 299). Entsprechende Befunde liegen auch aus der Jugendsportstudie NRW 1992 vor. „Schlicht (1994, 32 f.) diskutiert die Zusammenhänge zwischen Sporttreiben, psychischer Gesundheit und den verwandten Konstrukten des Optimismus und der sog. „Hardiness". Er findet Belege für und gegen die positiven Effekte des Sports auf „Hardiness". In der Untersuchung von MANSEL/HURRELMANN (1991, 189) wird negative Selbstwerteinschätzung empirisch determiniert durch Zukunftsunsicherheit bzgl. Schulabschluß und Beruf, Unzufriedenheit mit dem Schulabschluß, materielle Mangellage, Randposition im Freundeskreis und wahrgenommene elterliche Sorge über angestrebte schulische und berufliche Leistungen."

Zur Erfassung der Selbstakzeptanz benutzen wir die ROSENBERG-Skala, die einige der oben genannten Themen in ihren Items in kindgemäßer Formulierung aufnimmt. Allerdings: Unsere Untersuchung erfaßt eine hoch generalisierte Selbstbewertung, eine Ausdifferenzierung in Körperselbst, Schulleistungsselbst usw. erfolgt nicht (vgl. MARSH 1990). Ein Maßstab zur Beurteilung der Selbstwerteinschätzung als funktional positiv oder negativ existiert nicht.

Inhaltlich begründet, aber auch teilweise willkürlich nehmen wir unter Zugrundelegung der Items und der Häufigkeitsverteilung in Tab. 6.14 an, daß bei etwa 19% der Kinder die Selbstakzeptanz beeinträchtigt ist, da sie von zehn selbstwertrelevanten Problemen vier und mehr für sich als zutreffend einschätzen. Die häufigsten Selbstwertprobleme der Kinder sind: Erstens emotionale „Rückzugs- und Einsamkeitsprobleme" (traurig sein, unglücklich sein, einsam/unverstanden sein), an zweiter Stelle stehen emotionale Konsequenzen schulischen Leistungsversagens (durcheinander sein, versagen), zum Schluß Probleme der sozialen Akzeptanz und Geschicklichkeit.

Mädchen haben deutlich größere Selbstakzeptanzprobleme (oder weniger Probleme sie zuzugeben) als Jungen, Hauptschüler wesentlich mehr als Gymnasiasten und ausländische Kinder bzw. deutsche Aussiedlerkinder wesentlich mehr als deutsche Kinder. Diese erheblichen Unterschiede zwischen den Kindern fanden wir auch in der Jugendsportstudie NRW 1992 (1996, 300 f.). Man muß davon ausgehen, daß diesen Kindern eine wichtige Ressource zur Bewältigung kindtypischer Problemlagen, vor allem in schulischen Leistungssituationen und bei der Einforderung sozialer Unterstützung, fehlt.

Selbstverständlich kann man fehlendes Selbstvertrauen auch als gesundheitliches Problem auffassen, das nicht nur einen Beitrag zur gesundheitlichen Statusdiagnostik leistet, sondern das als Ergebnis am Ende des Stressoren-Streß-prozesses steht. Da dies jedoch nicht umgekehrt für ein positiv ausgeprägtes Selbstwertgefühl steht, belassen wir das Selbstkonzept bei den Mediatoren des Stressoren-Streß-Prozesses.

Tab. 6.14: Selbstakzeptanz. N=1205 Kinder des 3. und 5. Schuljahrs. Kindersportstudie NRW 1992.

Grad der Selbstakzeptanz	alle	Geschlecht männlich	Geschlecht weiblich	soziale Determinanten
- Sehr hohe Selbstaktzeptanz (kein Selbstwertproblem benannt)	30,5%	33,0%	28,1%	W; HS; ND
- Hohe Selbstakzeptanz (1 bis 3 Selbstwertprobleme benannt)	50,7%	50,7%	49,7%	
- Eingeschränkte/niedrige Selbstakzeptanz (4 bis 10 Selbstwertprobleme benannt)	18,8%	16,3%	21,2%	
Σ	100 %	100%	100%	
Selbstwertprobleme in fallender Häufigkeits-Reihenfolge:	**alle**	**männlich**	**weiblich**	
- Ich bin oft traurig	25,3%	20,2%	30,4%	-
- In der Schule fühle ich mich oft durcheinander	22,7%	23,7%	21,6%	-
- Ich fühle mich oft unglücklich	22,5%	19,4%	25,6%	-
- Die anderen Kinder ärgern mich oft	21,2%	22,7%	19,8%	-
- Wenn ich mit anderen zusammen bin, weiß ich oft nicht, was ich sagen soll	18,4%	15,6%	21,3%	-
- Bei mir geht immer alles schief	14,4%	15,6%	13,1%	-
- Ich glaube, keiner versteht mich so recht	14,2%	12,1%	16,3%	-
- Ich fühle mich oft allein, auch wenn ich mit anderen zusammen bin	14,2%	10,9%	17,4%	-
- Ich werde aufgeregt, wenn ich jemand anders bitte, mir einen Gefallen zu tun	14,0%	14,1%	14,0%	-
- Ich werde von anderen oft ausgelacht	13,6%	14,8%	12,5%	-

Hygiene

Hygiene zählt zu den protektiven Faktoren der Gesunderhaltung, bei ANTONOVSKY zu den allgemeinen Widerstandsquellen. Wir unterschieden in dieser Untersuchung empirisch zwischen privater Hygiene und Schulsporthygiene

Tab 6.15: Hygieneverhalten. N=1205 Kinder des 3. und 5. Schuljahrs. Kindersportstudie NRW 1992.

Hygieneverhalten	alle	Geschlecht männlich	weiblich	soziale Determinanten
Zähneputzen:				
- nach jedem Essen	24,3%	23,5%	25,2%	M, HS
- täglich zweimal	55,1%	50,8%	59,3%	
- täglich einmal	20,6%	25,7%	15,5%	
Duschen:				
- täglich	14,9%	16,5%	13,2%	M, D
- öfters/Woche	53,7%	49,4%	58,0%	
Index „Privathygiene":				
- beides optimal	5,0%	5,4%	4,6%	D, GY
- eines optimal	24,3%	23,5%	25,2%	
- keines optimal	70,7%	71,1%	70,2%	
Waschen nach dem Sportunterricht:				
- ja	48,8%	48,8%	48,8%	GY
Unterwäschewechsel nach dem Sportunterricht:				
- ja	28,9%	30,4%	27,4%	D, GY
Index Schulsporthygiene:				
- beides richtig	22,5%	23,4	21,6	D, GY
- eines richtig	30,5%	30,2	30,7	
- keines richtig	47,1%	46,4	47,7	

und finden zwei sehr unterschiedliche Praktiken: 20% der Kinder putzen sich nur einmal am Tag die Zähne und duschen sich nur einmal pro Woche; ersteres ist aus zahnärztlicher Sicht, letzteres ist angesichts des großen Bewegungsquantums der Kinder aus haut- und körperhygienischer Sicht unzureichend.

Durch Kombination der beiden Merkmale finden wir knapp 10% der Kinder, deren hygiene Praxis völlig unzureichend ist. Noch desolater ist die Hygienepraxis im Schulsport: Nur die Hälfte wäscht sich nach dem Sportunterricht, und weniger als ein Drittel wechselt die Unterwäsche - das gibt Einblicke in pädagogisches Ethos oder Ohnmacht der Sportlehrer (und der Eltern). In unserer Studie gingen wir davon aus, daß der Sport, besonders der Sportvereinssport, diesbezüglich positiven Transfer bewirkt.

Zwischenbilanz

Die vordem ausgebreiteten empirischen Ergebnisse zum Stressoren-Mediatoren-Streß-Prozeß werden in der Struktur des Modells von PEARLIN (1987) zusammengefaßt. Dabei lenken wir die Aufmerksamkeit auf die problematische Seite des Geschehens, indem wir die Zahl (Prozentsatz von N=1205; Sportvereinsmitglieder N=517) der gesundheitlich belasteten, unzureichend ausgestatteten Kinder nennen.

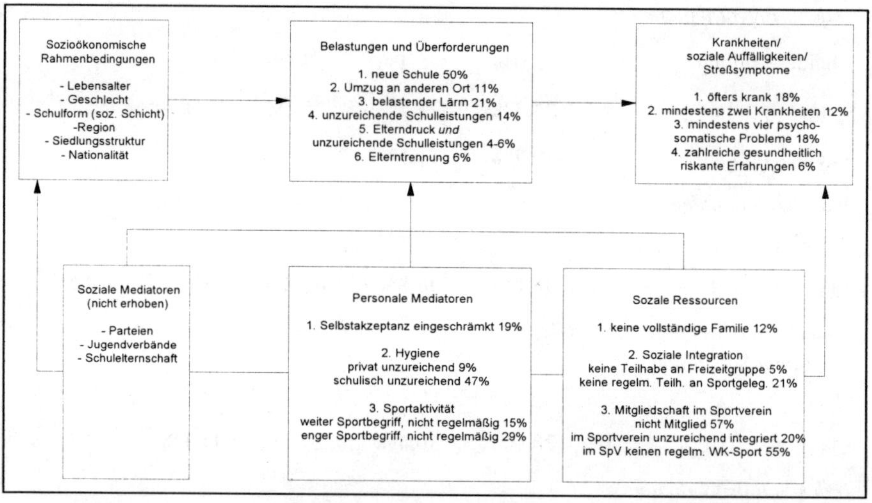

Abb. 6.2: Empirische Daten zum gesundheitsthematischen Stressoren-Streß-Prozeß in der Stichprobe Kindersportstudie NRW 1992 im Überblick, auf dem Hintergrund des PEARLIN-Modells; N=1205 (maximal) Kinder beiderlei Geschlechts im 3. und 5. Schuljahr.

Selbstverständlich ist es problematisch, Cutting points anzusetzen und jenseits der so gesetzten Marken von gesundheitsrelevanten Problemlagen zu sprechen. Populationsnorm-Techniken anzuwenden erleichtert den Begründungsprozeß erheblich, wir gingen diesen Weg jedoch nicht und setzten auf dem Krankheits-Gesundheits-Kontinuum Marken, die sich aus den Iteminhalten und subjektiven Funktionsbewertungen begründen. Wenn beispielsweise ein Kind den Lärmpegel sowohl in der Schule als auch zu Hause als sehr laut bzw. zu laut einschätzt, dann werden diese Kinder durch Lärm belastet. Im Übrigen ist in den folgenden statistischen Prozeduren (Kap. 6.3) der Cutting Point selbst unwichtig.

(1) Unzureichend sind die *personalen und sozialen Ressourcen* zur Abpufferung des Stressoren-Streß-Prozesses bei ca. 5 bis 20% der Kinder:

- bei 19% der Kinder ist die Selbstakzeptanz eingeschränkt,
- 15 bis 29% treiben keinen oder nur sehr unregelmäßig Sport, 9% der Kinder praktizieren eine unzureichende häusliche Hygiene (Zähneputzen, Körperreinigung),
- 12% der Kinder leben in einer unvollständigen Familie oder keiner, so daß soziale Unterstützungsleistungen vermutlich oft nur begrenzt verfügbar sind,
- 5% der Kinder nehmen an keiner Freizeitgruppe teil, sind also sozial isoliert,
- 21% der Kinder nehmen an keiner Sportgelegenheit regelmäßig teil, und
- für eine Minderheit von Sportvereinsmitgliedern sind die sozialen Integrationsleistungen und damit Unterstützungsleistungen des Sportvereins schwach ausgeprägt (ca. 20% je nach Parameter).

(2) Die in dieser Studie erhobenen *Belastungen und Überforderungen* erreichen bei einem kleinen Teil der Kinder starke und negative Gesundheitsrelevanz:

- 50% der Kinder sind in eine neue Schule eingetreten, was erheblichen Orientierungsaufwand und Streß nach sich zieht,
- 14% schätzen ihre Schulleistungen als schwach ein, mit den auch in dieser Studie belegten Statusproblemen und Elternreaktionen (überproportional, wenn auch insgesamt selten „Druck"),
- 21% leiden unter Lärm zuhause und in der Schule,
- 11% sind in den letzten zwei Jahren an einen anderen Ort umgezogen, mit vergleichbaren Problemen wie Schulwechsel (Neuorientierung des Freundeskreis, Verlust bekannter sozialer Unterstützungen).
- (3) *Krankheiten und Streßsymptome* als Ergebnis des Stressoren-Streß-Prozesses betreffen eine quantitativ starke Gruppe von 8- bis 12-jährigen Kindern unserer Stichprobe:
- 18% der Kinder bezeichnen sich öfters als krank, 12% benennen zwei und mehr eher somatische Krankheiten (besonders Bronchialerkrankungen und Allergien);

- ebenfalls 18% der Kinder leiden unter zahlreichen psychosomatischen Beschwerden (besonders Kopfschmerzen, Bauchschmerzen und Schlafstörungen);
- nur eine kleine Gruppe von Kindern - 6% - hat und macht bereits jetzt gesundheitlich riskante Erfahrungen, nämlich Konsum von Alkohol und Nikotin sowie regelmäßige Einnahme von Tabletten/Medikamenten, im wesentlichen zur Beeinflussung der Befindlichkeit.

6.3 Die Rolle des Sports im gesundheitsthematischen Stressoren-Ressourcen-Streß-Prozeß

Sport ist - als Effektorvariable - in der Gruppe der personalen und sozialen Ressourcen vertreten. Im Mittelpunkt der Untersuchung stehen also die korrelativen Beziehungen zwischen Variablen des Sportengagements und Variablen, die gesundheitliche Probleme bzw. Streßsymptome thematisieren (vgl. Abb. 6.1 und 6.2). Daneben wollen wir, zur Bewertung vorgefundener mehr oder weniger starker Effekte des Sportengagements, die Effekte anderer personaler und sozialer Ressourcen wie Selbstakzeptanz, soziale Integration, Familienverhältnisse und Hygiene untersuchen.

Da Variablen des Sportengagements und Gesundheitsvariablen jeweils mit sozialen Determinanten teilweise sehr stark korrelieren, müssen statistische Korrelationen zwischen Mediatorvariablen und Gesundheitsvariablen auf inhaltliche Substanz überprüft werden, um sie gegebenenfalls als Scheinkorrelationen zu entlarven. Dies geschieht mit den Techniken des Auspartialisierens (bei Korrelationen) bzw. der Kovarianzanalyse bei varianzanalytischem Design. Die Kovariaten sind Geschlecht, Alter und Nationalität (Deutsche versus Ausländer) bei allen Versuchspersonen (N=1205), sie sind Geschlecht, Schulkarriere und Nationalität (Deutsche versus Ausländer), wenn lediglich das 5. Schuljahr untersucht wird (da alle 597 Versuchspersonen des 3. Schuljahrs die Grundschule besuchen und die Altersvarianz der Fünftklässler in diesem Zusammmenhang uninteressant ist). Die Skalierungsprobleme (männlich = 1, weiblich = 2; deutsch = 1, nicht deutsch = 2 etc.) werden in Kauf genommen.

Die in dieser Studie benutzten Variablen des Sportengagements, seien sie eher tätigkeitsorientiert wie „Häufigkeit des Sporttreibens“ oder sozial orientiert wie „Zugehörigkeit zu Sportgruppen“, sind nicht unabhängig voneinander, sie überschneiden sich mehr oder weniger stark: z.B. korrelieren „Sportvereinsstatus“ (Mitglied versus Nichtmitglied) und „Häufigkeit des Sporttreibens in der Freizeit“, weil letztere Variable auch das Sporttreiben im Verein enthält, während die Nichtsportvereinsmitglieder hier nichts aufzuweisen haben. Ihr Zusammenhang soll an dieser Stelle deutlich gemacht werden, um mehr oder weniger identische oder differenzierende Ergebnisse hinsichtlich des Zusammenhangs zwischen Variaben des Sportengagements und Gesundheitsvariablen zu verstehen.

Tab. 6.16: Korrelationen (Pearsons r, insignifikante Werte in Klammern) zwischen Variablen des Sportengagements (personale und soziale Ressourcen sportiver Art). N=1205 (maximal) Kinder im 3. und 5. Schuljahr. Kindersportstudie NRW 1992.

Variable des Sportengagements	1	2	3	4	5	6
Häufigkeit des Sporttreibens („weiter" Sportbegriff)		.69	.43	.48	.35	.33
Häufigkeit des Sporttreibens („harter" Sportbegriff)			.47	.53	.46	.46
Anzahl der Institutionen, in denen überhaupt Sport betrieben wird				.72	.52	.46
Anzahl der Institutionen, in denen regelmäßig Sport betrieben wird					.53	.49
Mitgliedschaft im Sportverein (nein - ja)						.87
Sportengagement im Sportverein [Wettkampf bis nie (Nicht-Mitglieder)]						-

Aus der Korrelationsmatrix ist zu schließen, daß der „weite" Sportbegriff, trotz seiner hohen korrelativen Beziehung zum engen Sportbegriff, eine eigene Facette des Sporttreibens erfaßt, die tatsächlich das Gemeinte mißt - was aus den niedrigen Korrelationen zum Wettkampfsportengagement hervorgeht.

Ebenfalls fällt die Variable „Sportengagement im Sportverein" (mit den Spitzenmerkmalen Wettkampfengagement und Training) aus den Sportvariablen heraus - es scheint die härteste Form des Sportengagements zu messen.

Schließlich ist die Teilhabe an wenigen oder vielen Situationen des Sports ein eigenes Merkmal des sozialen Handelns im Sport, das keineswegs durch „hartes" Sportengagement oder Sportvereinssportengagement völlig abgedeckt wird.

Sportengagement und Einschätzung des Gesundheits-/Krankheitszustands

Aus mehreren Untersuchungen ist bekannt (SACK u.a. 1985, 356; KURZ/SACK/BRINKHOFF 1996, 329), daß sich Sporttreibende für gesünder halten als keinen oder sehr wenig Sport Treibende. Dieser Zusammenhang findet sich nicht in unserer Untersuchung an Kindern, die Korrelationen sind nahe Null (nicht signifikant), ebenso entfällt nach den insignifikanten Ergebnissen der Kovarianzanalysen die Hypothese von Suppressoreffekten. Gründe für dieses Ergebnis mögen in dem unterschiedlichen Erfassungsmodus liegen (wir fragten danach, ob die Auskunftsperson öfters krank wäre) oder aber auch darin, daß die Kinder das gesellschaftliche Stereotyp „Sport macht gesund" noch nicht gelernt haben. Für die erste Deutung sprechen auch die Ergebnisse hinsichtlich der Korrelationen zwischen Variablen des Sportengagements und der Menge gesundheitlicher Probleme (vgl. Tab. 6.17, Sp. 2 und 3).

Tab. 6.17: Korrelationen (Pearsons r, insignifikante Werte in Klammern) zwischen Variablen des Sportengagements (personale und soziale Ressourcen sportiver Art) und Gesundheitsvariablen. N=1205 (maximal) Kinder im 3. und 5. Schuljahr. Kindersportstudie NRW 1992.

Variablen des Sportengagements	1 Einschätzung Gesundheitszustand	2 Menge somatischer Erkrankungen	3 Menge psychosomatischer Probleme	4 Selbstakzeptanz
Häufigkeit des Sporttreibens („weiter" Sportbegriff)	(.02)	(.02)	(.00)	.05
Häufigkeit des Sporttreibens („enger" Sportbegriff)	.05	(.04)	.06	.10
Anzahl der Institutionen, in denen regelmäßig Sport betrieben wird	(.03)	(.00)	(.01)	(.02)
Sportengagement im Sportverein [Wettkampf bis nie (Nicht-Mitglieder)]	.07	(.01)	.09	(.03)

Sportengagement und somatische Erkrankungen

Sporttreiben im Sinne des weiten Sportbegriffs steht in keiner korrelativen Beziehung zum Gesundheits-/Krankheitsstatus: Diejenigen, die fast täglich oder viermal und mehr pro Woche Sport treiben, leiden in gleicher Weise an mehreren Krankheiten (zwei und mehr) wie diejenigen, die selten oder nie Sport treiben. Man kann plausibel annehmen, daß Aktivitäten wie Fahrad fahren oder Rollschuh laufen, Minigolf spielen u.a.m. wenig dadurch beeinträchtigt werden, daß die Kinder unter Bronchialerkrankungen oder Allergien leiden, und umgekehrt kann man sich kaum vorstellen, daß diese Aktivitäten das Auftreten dieser Erkrankungen verhindern oder mildern; diese Erkrankungen „kovariieren", wie bereits erwähnt, signifikant mit dem Geschlecht und der Sozialschicht - zum Nachteil der Mädchen und Hauptschüler.

Ähnliche Ergebnisse finden wir zwischen anderen Indizes des Sportengagement („enger" Sportbegriff und Sportengagement im Sportverein) und der Menge somatischer Erkrankungen. Man hätte gerade hier an soziale Selektionseffekte denken können: dem körperlich anspruchsvolle Sport wenden sich nur die „fitten" Kinder zu; zudem gestatten die Eltern der gesundheitlich sehr beeinträchtigten Kinder nicht deren „hartes" Sportengagement.

Man kann also nicht davon ausgehen, daß sichere oder nennenswert starke korrelativ positive Beziehungen zwischen dem Gesundheitsstatus (Menge somatischer Erkrankungen) und dem Sportengagement im Kindesalter herrschen. Sie bestehen übrigens auch nicht zwischen anderen personalen und sozialen Ressourcen wie Selbstakzeptanz und sozialer Integration. Das Konstrukt wird auch durch soziale Hintergrundvariablen schlecht aufgeklärt; lediglich das Geschlecht, die Schulkarriere/Sozialschicht und die Wohnregion (Ruhrgebiet versus NRW-Rest) sind konstant bedingende Faktoren.

Sportengagement und psychosomatische Probleme

Die Beziehungen zwischen Variablen des Sportengagements und psychosomatischen Erkrankungen sind in der Regel schwach signifikant (siehe Tab. 6.17, Sp. 3); in den nachfolgenden Kovarianzanalysen hat jedoch fast kein Zusammenhang statistische Substanz, die Korrelationen erweisen sich durch Geschlecht und Nationalität sowie Sozialschicht bedingte Scheinkorrelationen.

Lediglich in der Gruppe der Kindersportvereinsmitglieder tritt ein auch statistisch deutlicher (signifikanter) Effekt auf: Die Kinder, die viele Wettkämpfe bestreiten und mindestens zweimal pro Woche üben, haben deutlich geringere psychosomatische Beschwerden: Zwar wird auch hier der Zusammenhang durch die Kovariaten Geschlecht, Nationalität und Schulkarriere/Sozialschicht signifikant beeinflußt, aber ein wenn auch geringer Teil der Varianz geht auf das Sportengagement im Sportverein zurück. Besonders männliche Sportvereinsmitglieder berichten seltener von psychosomatischen Beschwerden.

Wir nehmen an, daß Sport dann gesundheitliche psychosomatische Effekte hat, wenn er körperlich intensiv (Training und Wettkampf) und psychisch beanspruchend (Wettkampf) betrieben wird. Möglicherweise werden dadurch z.B. Kopfschmerzen und Schlafstörungen oder nervöse Magenbeschwerden beseitigt oder treten nicht auf. Die umgekehrte „Wirkungsrichtung“ halten wir für weniger stark. Die pure Mitgliedschaft im Sportverein ist dagegen weniger bzw. kaum wirksam, das (wettkampf-)sportliche Engagement ist bedeutsam.

Tab. 6.18: Beziehungen zwischen Sportengagement im Sportverein und Menge der psychosomatischen Beschwerden. N=458 Kinder, die regelmäßig am Übungsbetrieb des Sportvereins teilnehmen. Kindersportstudie NRW 1992.

Sportengagement im Sportverein, Sportvereinsstatus	N	Menge psychosomatischer Beschwerden 0 - 1	2 - 3	≥ 4	Σ
Sportengagement im Sportverein:					
- viele Wettkämpfe und viel Training	51	59,0%	31,0%	10,0%	100%
- wenige Wettkämpfe u. mindestens 2x/Woche Training oder viele Wettkämpfe, aber wenig Training	157	44,0%	40,0%	16,0%	100%
- wenig/keine Wettkämpfe, 1x/Woche Training	250	41,0%	43,0%	16,0%	100%
Sportvereinsstatus:					
- alle Sportvereinsmitglieder	517	44,0%	40,0%	16,0%	100%
- keine Sportvereinsmitglieder	728	37,0%	44,0%	19,0%	100%
Sportvereinsstatus, männlich:					
- Sportvereinsmitglieder, männlich	303	47,0%	38,0%	15,0%	100%
- keine Sportvereinsmitglieder, männlich	300	40,0%	46,0%	14,0%	100%
Sportvereinsstatus, weiblich:					
- Sportvereinsmitglieder, weiblich	214	39,0%	42,0%	19,0%	100%
- keine Sportvereinsmitglieder, weiblich	388	35,0%	44,0%	21,0%	100%
männlich gesamt	603	44,0%	42,0%	15,0%	101%
weiblich gesamt	602	36,0%	43,0%	17,0%	96%

Chi-Quadrat-Tests:
- Sportengagement im Sportverein: $Chi^2 = 5.744$; df=4; p=.2191; nicht signifikant
- Sportvereinsstatus: $Chi^2 = 6.052$; df=2; p=.0485; signifikant
- Sportvereinsstatus männlich: $Chi^2 = 5.512$; df=2; p=.1048; nicht signifikant
- Sportvereinsstatus weiblich: $Chi^2 = .889$; df=2; p=.6412; nicht signifikant
- männlich/weiblich gesamt: $Chi^2 = 20.91$; df=2; p=.0001; hoch signifikant

Sportengagement und Selbstakzeptanz

Wie in der Jugendsportstudie NRW 1992 finden wir auch hier eine (sehr) schwache signifikante Korrelation zwischen dem harten Sportengagement und der Selbstakzeptanz; alle anderen Zusammenhänge sind insignifikant. Der beschriebene Zusammenhang bleibt nach Auspartialisieren der signifikanten Effekte des Geschlechts, des Alters und der Nationalität (im 5. Schuljahr auch der Schulkarriere/Sozialschicht) nicht mehr bestehen.

In der Jugendsportstudie NRW 1992 fanden wir bei den 13- bis 19jährigen Jugendlichen noch einen bedeutsamen positiven Effekt der Zugehörigkeit zur Sportvereinsgruppe auf die Selbstakzeptanz (KURZ/SACK/BRINKHOFF 1996, 358), aber auch dort keinen Effekt von Variablen der sportlichenTätigkeit oder sportlicher Leistungen/Erfolge. Interpretation: verschiedene Aktivitäten mit Kompetenzerfahrung führen zur Erhöhung der Selbstakzeptanz!

Zwischenbilanz

Variablen des Sportengagements stehen mit Variablen der Gesundheit/Krankheit im Kindesalter in keinem oder einem quantitativ völlig unbedeutenden Zusammenhang. Der Effekt ist auch *vergleichsweise* sehr schwach, da die sozialen Determinanten Geschlecht, Alter, Schulkarriere/Sozialschicht sowie Nationalität erhebliche Varianzanteile in den oben genannten Gesundheitsvariablen aufklären. Fast scheint es so zu sein, daß Gesundheit/Krankheit im Kindesalter „soziales Schicksal" ist und eigenes Tun, hier Sport, (noch) keine Effekte erzeugt; möglicherweise ist Sport gesundheitssozialisatorisch erst nach einer biographisch längeren Einwirkungszeit wirksam, die bei Kindern (und unserer Kinderpopulation) noch nicht gegeben ist. Selbstverständlich sind - bezogen auf die Fragestellung - Design und statistische Prozeduren mit großen Schwächen befrachtet, so daß auch hier Gründe für die geringe Varianzaufklärung liegen.

Exkurs: Zum Einfluß von Lärm und Schulstreß auf Gesundheitsvariablen

Lärm, schulische (Nicht-)Leistungen und Elternbeziehungen gehören zu den Stressoren; ihre Wirksamkeit auf psychosomatische Beschwerden und emotionale Befindlichkeit konnten MANSEL/HURRELMANN (1991) gut belegen. Auch in unserer Studie steht das Wahrnehmen und die negative Bewertung des Lärms in der privaten und schulischen Umgebung in signifikanter Beziehung zur Menge der berichteten psychosomatischen Beschwerden (vgl. Tab. 6.19). Zwar gilt auch hier der Einfluß der bekannten sozialen Determinanten auf die psychosomatischen Beschwerden - erfaßt durch Kovarianzanalyse -, jedoch bleibt ein beträchtlicher (signifikanter) Einfluß des Lärms auf die „abhängige Variable".

Schlechte schulische Leistungen stehen in keinem signifikanten Zusammenhang (korrelativ oder via Kovarianzanalyse) zu subjektivem Gesundheitsstatus, somatischer Gesundheit oder psychosomatischen Beschwerden, wohl aber zu Selbstakzeptanz, und zwar mit sehr hoher Varianzaufklärung auch nach Auspartialisieren der sozialen Determinanten bzw. nach der Kovarianzanalyse. Auch diese beeindruckend klaren Daten sollen dargestellt werden (Tab. 6.20), die leider den „Schönheitsfehler" der Subjektivität der schulischen Leistungen haben, was die Beziehung zwischen Schulleistung und Selbstakzeptanz erhöhen mag.

Tab. 6.19: Beziehungen zwischen Lärm in der privaten und schulischen Umgebung und Menge der psychosomatischen Beschwerden. N=1205 (maximal) Kinder beiderlei Geschlechts des 3. und 5. Schuljahrs. Kindersportstudie NRW 1992.

		Menge psychosomatischer Beschwerden			
Herkunft und Stärke des Lärms	N	0 - 1	2 - 3	≥ 4	Σ
Kein störender Lärm	307	50,0%	39,0%	11,0%	100,0%
Zu Hause oder in der Schule störender Lärm	642	38,0%	44,0%	18,0%	100,0%
Zu Hause und in der Schule störender Lärm	256	33,0%	43,0%	24,0%	100,0%

Chi-Quadrat-Test: Chi^2=26.438; df=4; p=<.001; hoch signifikant

Ähnliche Effektstärken finden wir bei der von den Kindern berichteten „Reaktion der Eltern auf mehr oder weniger gute/schlechte Schulleistungen", auf psychosomatische Beschwerden und Selbstakzeptanz: Kinder, deren Eltern mit Druck auf schlechte Schulleistungen reagieren, haben fast eineinhalb so viele psychomatische Beschwerden, und der Prozentsatz der Kinder mit eingeschränkter Selbstakzeptanz ist 50% höher als bei Kindern, deren Eltern auf schulische Schwächen mit Hilfsangeboten reagieren. Auch diese Zusammenhänge haben nach den Kovarianzanalysen mit den bekannten Kovariaten Bestand.

Kombiniert man berichtete Schulleistungen und Reaktion der Eltern damit, finden wir noch klarere Zusammenhänge: Nur 15% der Kinder, die in der Schule gut bis sehr gut sind und die von Hilfe und Unterstützung bei gelegentlichem Schulversagen berichten, haben eine eingeschränkte Selbstakzeptanz versus 33% der Kinder, die von schlechten Schulleistungen und Druckreaktionen der Eltern berichten. Ähnlich sind die Effekte hinsichtlich psychosomatischer Probleme.

Der Sport spielt hier eine statistisch bedeutsame moderierende Rolle: Je nach sportlichem Familienklima fallen „Verstärkungen" und „Bestrafungen" für schulische Leistungen unterschiedlich aus: Im Falle der Interessenidentität von Eltern und Kind hinsichtlich des Sportvereins - beide sind im Sportverein - treten Verstärkungen für gute schulische Leistungen wesentlich häufiger auf, als wenn in dieser Hinsicht keine Interessenidentiät existiert oder beide Teile nicht im Sportverein Mitglied sind. Gemeinsame Sportvereinsmitgliedschaft forciert eine besondere emotionale Nähe, und die wirkt sich auf die Verstärkungsbereitschaft der Eltern bei guten schulischen Leistungen bzw. Hilfsangebote bei schlechteren schulischen Leistungen aus.

Tab. 6.20: Beziehungen zwischen Schulleistungen und Selbstakzeptanz. N=1205 (maximal) Kinder des 3. und 5. Schuljahrs. Kindersportstudie NRW 1992.

Schulleistungen (Selbsteinschätzung)	N	Selbstakzeptanz hoch	mittel	eingeschränkt	Σ
sehr gut	176	34,0%	39,0%	17,0%	100,0%
gut	852	33,0%	51,0%	17,0%	101,0%
nicht so gut	170	15,0%	55,0%	30,0%	100,0%
alle	1198	31,0%	51,0%	19,0%	101,0%

Varianzanalyse (N=1194):

Quelle der Varianz	Summe der Quadrate	Freiheitsgrade	Mittleres Quadrat	F	p
Kovariate:	26.604	3	8.868	19.955	.000
- Geschlecht	1.247	1	1.247	2.807	.094
- Alter	17.065	1	17.065	38.400	.000
- Nationalität	10.760	1	10.760	24.212	.000
Haupteffekt(e):	16.264	2	8.132	18.299	.000
Selbstakzeptanz	16.264	2	8.132	18.299	.000
erklärt	42.869	5	8.574	19.293	.000
Restvarianz	527.950	1188	.444	-	-
Gesamtvarianz	570.818	1193	.478	-	-

Die in den Studien von MANSEL/HURELMANN (1991) und ENGEL/HURRELMANN (1989) bei Jugendlichen identifizierten Stressoren wirken in gleicher (bedeutender) Effektstärke auch bei 8- bis 12jährigen Kindern. Schul- und Elternstreß sind also gesundheitlich wirksame Größen - auch in dieser Untersuchung.

Zusammenhänge zwischen sozialer Integration und Gesundheit

Die Effekte sollen anhand von drei Merkmalen sozialer Integration beurteilt werden:

- Allgemeine soziale Integration: Mitgliedschaft in Clique und formeller Jugendorganisation einerseits (Freizeitgruppe) und Sportverein andererseits.
- Soziale Integration in den Sportverein (Mitgliedschaft in der Trainingsgruppe und Teilhabe an nonsportiver Freizeit mit den Sportvereinskameraden).
- Sportliche Integration in den Sportverein über Training und Wettkampf.
- Die abhängigen Variablen sind Selbstakzeptanz und gesundheitliche Risikoerfahrungen (Konsumerfahrungen bezüglich Alkohol, Nikotin und Tabletten).

Wir finden, daß die allgemeine soziale Integration der Kinder (vgl. Tab. 6.21, (1)) mit der Selbstakzeptanz der Kinder kovariert: Die sozial isolierten Kinder haben - wie theoretisch zu erwarten - häufiger Selbstakzeptanzprobleme. Dieser Effekt sozialer (Nicht-)Integration geht jedoch vollständig auf die Kovariaten Nationalität und Schulkarriere/Sozialschicht zurück: „Ausländische Kinder“ und Hauptschüler sind in den sozial gut integrierten Gruppen seltener und in den sozial isolierten Gruppen häufiger vertreten - und in diesen sozialen Gruppen sind Selbstwertprobleme verbreiterter. Nach Auspartialisieren dieser Effekte bleibt für die Variable allgemeine soziale Integration kein signifikanter Effekt auf die Selbstakzeptanz.

Desweiteren ist die Integration in den Sportverein, sei sie eher sozial (Verbindung von Sport und Freizeit durch identische Partner), sei sie eher sportlich (Verbindung von Wettkampf und Training) ohne Effekt auf Selbstakzeptanz bzw. Selbstakzeptanzprobleme der Kinderakteure. Zahlenunterschiede auf den ersten Blick klären sich als solche, die durch soziale Determinanten beeinflußt werden.

Die Selbstakzeptanz der Kinder ist nur in schwachem bis gar keinem Maße von sozialer Integration und sportlichen Erfolgen abhängig. Der einzig bedeutsame Effekt liegt darin, daß die sozial isolierten Kinder, die in keiner Gruppe Mitglied sind, ein deutlich schwächer ausgeprägtes Selbstwertgefühl haben als die große Mehrheit derjenigen, die an den universellen Gruppen teilnehmen.

Daß sportliche Erfolge und gute soziale Integration in den Sportverein keine Effekte auf die allgemeine Selbstakzeptanz haben - im Gegensatz zu schulischen Leistungen! - verwundert Laien immer wieder, entspricht aber auch den Erfahrungen aus der Jugendsportstudie NRW 1992 (KURZ/SACK/BRINKHOFF 1996, 358).

Tab. 6.21: Zusammenhänge zwischen sozialer Integration und Gesundheit. N=1205 (maximal) Kinder bzw. N=517 (maximal) Sportvereinskinder des 3. und 5. Schuljahrs. Kindersportstudie NRW 1992.

Gesundheitsvariable		Eingeschränkte Selbstakzeptanz			Gesundheitliche Risikoerfahrung		
Integrationsvariable	N	alle	männlich	weiblich	alle	männlich	weiblich
(1) Allgemeine soziale Integration:							
- in SpV* und Clique/Freizeitgruppe Mitglied	498	18,1%	16,9%	19,7%	6,0%	6,6%	5,3%
- nur in Clique/Freizeitgruppe Mitglied	609	18,6%	16,6%	20,1%	5,9%	7,2%	4,9%
- nur in SpV Mitglied	17	-	-	-	-	-	-
- weder in SpV noch in Freizeitgruppe Mitglied	79	24,1%	22,9%	25,0%	5,1%	11,4%	-
(2) Soziale Integration in den SpV:							
- treibt Wettkampfsport und trifft sich öfters mit Sportkameraden:	103	21,4%	22,4%	18,5%	9,7%	13,2%	10,0%
- treibt kaum Wettkampfsport und trifft sich mit Freunden	93	15,9%	13,2%	16,4%	6,5%	2,6%	9,1%
- treibt Wettkampfsport und trifft sich nicht/kaum mit Freunden	128	14,1%	13,0%	16,7%	6,3%	6,5%	5,6%
- treibt keinen Wettkampfsport und trifft sich nicht mit Freunden	153	20,9%	17,6%	23,5%	3,3%	2,9%	3,5%
(3) Sportliche Integration in den SpV:							
- viele Wettkämpfe und viel Training	136	18,4%	19,8%	13,3%	7,4%	8,5%	3,3%
- wenig Wettkämpfe und viel Training oder viele Wettkämpfe und mäßig Training	116	18,1%	15,4%	23,7%	8,6%	11,5%	2,6%
- viele Wettkämpfe und wenig Training oder kaum Wettkämpfe und wenig Training	168	16,7%	9,5%	21,6%	4,2%	1,6%	5,7%
- keine Wettkämpfe, unregelmäßig Training	59	22,0%	27,6%	16,7%	3,4%	-	6,7%

* SpV = Sportverein

Etwas näher an kausale Interpretationen: Dauer der Sportvereinssozialisation

Wenn der Sport als sozialisatorische Variable so geringe Effekte im Gesundheitsstatus im Kindesalter entfaltet, mag dies auch darin begründet sein, daß sportlich eher neuerdings engagierte Kinder mit jenen in den „statistischen Topf“ geworfen werden, die das schon länger tun. Da die zeitliche Dauer der Sportvereinszugehörigkeit erfaßt wurde, kann man jene Kinder, die schon länger im Sportverein Mitglied (und in der Regel aktiv) sind, jenen Kindern in Variablen der Gesundheit gegenüberstellen, bei denen dies nicht der Fall ist.

Tab. 6.22: Effekt der Dauer der Sportvereinskarriere und des Sportvereinsstatus (Jetzt versus Nie) auf Variablen der Gesundheit. N=517 (maximal) Sportvereinskinder und N=447 (maximal) Kinder, die bisher nic Mitglied im Sportverein waren. Kindersportstudie NRW 1992.

	Variablen der Gesundheit					
	große Selbstwertprobleme			viele psychosomatische Beschwerden		
Subgruppe	alle	männlich	weiblich	alle	männlich	weiblich
(1) Mitgliedschaftsstatus:						
Mitglied im Sportverein	18,2%	17,2%	19,6%	16,8%	14,9%	18,7%
Nie-Mitglied im Sportverein	19,7%	17,2%	21,3%	19,2%	16,7%	21,7%
Chi-Quadrat-Test:		Chi^2=6.68, df=2, sehr signifikant			Chi^2=5.512, df=2, signifikant	
(2) Dauer der Mitgliedschaft:						
seit ≤ 1 Jahr Mitglied	16,0%	16,5%	15,2%	16,9%	18,1%	15,2%
2 Jahre Mitglied	26,7%	24,6%	29,4%	18,6%	11,6%	25,5%
seit ≥ 3 Jahren Mitglied	13,7%	12,5%	15,4%	14,3%	12,5%	16,9%
Chi-Quadrat-Test:		nicht signifkant			nicht signifikant	

Wenn es auch so aussieht, als haben die Kinder, die seit längerem im Sportverein Mitglied sind, weniger Selbstwertprobleme und weniger häufig gravierende psychosomatische Beschwerden als diejenigen Kinder, die erst seit kurzem im Sportverein Mitglied sind, so erklären sich diese Unterschiede kovarianzanalytisch nicht durch die Dauer der Sportvereinszugehörigkeit, sondern durch die sozialen Merkmale Geschlecht (nur bei psychosomatischen Beschwerden), Nationalität (deutsche versus nicht-deutsche Kinder) und Schulkarriere/Sozialschicht.

Erst im Abgleich der Kinder, die noch nie im Sportverein waren, mit jenen, die auf eine mindestens dreijährige Sportvereinskarriere zurückblicken können, ergeben sich signifikante Effekte zugunsten dieses „gemischten“ Faktors Sport - mit beinahe durchgängig geringen Selbstwertproblemen und geringeren psychosomatischen Beschwerden bei den Kindern, die schon eine längere Zeit Mitglied im Sportverein sind. Man könnte daraus schließen, daß sich positive gesundheitliche Effekte des Sports im Kindesalter erst dann „einstellen“, wenn man hochselektive Gruppen gegenüberstellt und eine längere Sozialisationswirkung des Sports beobachten kann.

Zusammenfassung und Diskussion

Die Effekte von Sportvariablen, seien sie aktivitätsakzentuiert oder sozial akzentuiert, auf Variablen der Gesundheit/Krankheit im Kindesalter sind sehr gering. Dies liegt wahrscheinlich nicht an der Qualität der Daten, da andere Variablen, insbesondere soziale Determinanten sowie Lärm und Schulstreß, erhebliche Varianzanteile im Gesundheits-Krankheits-Kontinuum von Kindern aufklären.

Dieses Ergebnis steht zunächst im Einklang mit vielen anderen: Die Effektgrößen in den Sammelreferaten von KNOLL (1993) und SCHLICHT (1994) sind ebenfalls sehr gering und meistens insignifikant, und auch in der Jugendsportstudie NRW 1992 war der Sport in Relation zur „weichen" Freizeitgruppe lediglich hinsichtlich gesundheitlich riskanter Verhaltensweisen (Alkohol, Nikotin, Drogen) relativ protektiv, in allen anderen Bereichen gab es ebenfalls nur schwache bzw. insignifikante Effekte.

Bei Kindern kommt wohl hinzu, daß der Sport angesichts der großen Prägekraft von Schule und Elternhaus (noch) keine Wirkung entfalten kann und daß die Kinder erst seit kurzer Zeit im Sportsystem sind. Schließlich sind sie quantitativ bei weitem nicht so sportlich involviert wie Jugendliche; Intensität und Umfang der Sportsozialisation fallen daher wesentlich schwächer aus.

Schließlich dürfte es in Zukunft weitaus lohnender sein, gesundheitlich protektive Variablen als abhängige Variablen des Effektors Sport im Rahmen von Längsschnittstudien zu wählen, als jene dieser Studie, die lediglich korrelativ verbunden sind. Angesichts des prekären gesundheitlichen Status einer nicht kleinen Gruppe von Kindern dürfte dies ein gesellschaftlich wichtiges, für die Forschung interessantes Unterfangen sein!

Desweiteren sollte man als Ergebnis dieser Studie weniger global nach gesundheitlichen Effekten des Sports suchen als quasiexperimentell nach spezifischen Effekten methodisch kontrollierten Sports auf spezifische Krankheits- bzw. Gesundheitsrisiken bzw. Widerstandsquellen (GRRs).

Literatur

AANDERUD, C.: Die Gesellschaft verstößt ihre Kinder. Wertverlust und Erziehung. Hamburg 1995.

ABELE, A./BREHM, W./GALL, T.: Sportliche Aktivität und Wohlbefinden. In: ABELE, A./BECKER, P. (Hrsg.): Wohlbefinden. Theorie - Empirie - Diagnostik. Weinheim 1991, 279-296.

ALTENBERGER, H./MAURER, F. (Hrsg.): Kindliche Welterfahrung in Spiel und Bewegung. Bad Heilbrunn 1992.

ANTONOVSKY, A.: Health, stress and coping. San Francisco 1979.

ARTUS, H. G.: Jugend und Freizeitsport. Gießen 1974.

BAACKE, D.: Die 6- bis 12jährigen. Weinheim 1984.

BACKES, G.: Frauen und soziales Ehrenamt. Augsburg 1987.

BADURA, B.: Soziale Unterstützung und chronische Krankheit. Frankfurt/Main 1981.

BADURA, B./PFAFF, H.: Streß - ein Modernisierungsrisiko? In: Kölner Zeitschrift für Soziologie und Sozialpsychologie 41 (1989), 644-668.

BAIER, A.: Entwicklung der Leistungsmotivation und der Sportmotorik. Schorndorf 1980.

BARKER, R. G. Ecological Psychology. Stanford 1968.

BARKER, R. G./WRIGHT, H. F.: Midwest and its children. New York 1955.

BAUR, J.: Körper- und Bewegungskarrieren. Dialektische Analysen zur Entwicklung von Körper und Bewegung im Kindes- und Jugendalter. Schorndorf 1989.

BAUR, J.: Zur Beteiligung der verschiedenen Altersgruppen am Sport und Folgerungen für das Ausbildungssystem des Deutschen Sportbundes. In: JÜTTING, D. H. (Hrsg.): Die Ausbildung der ÜbungsleiterInnen als qualifizierte LaiInnen. Frankfurt/Main 1992, 121-174.

BAUR, J./BRETTSCHNEIDER, W.-D.: Der Sportverein und seine Jugendlichen. Aachen 1994.

BECK, U.: Risikogesellschaft. Auf dem Weg in eine andere Moderne. Frankfurt/Main 1986.

BEHRENDT, J.-U.: Selbsthilfegruppen vor der Vereinnahmung? In: BADURA, B./V. FERBER, C. (Hrsg.): Selbsthilfe und Selbstorganisation im Gesundheitswesen. München 1981.

BERG, C.: Kinderwelten. Frankfurt/Main 1991.

BOUCHARD, C. et al. (Hrsg.): Exercise, fitness and health. A consens of current knowledge. Champaign 1990.

BRÄHLER, E. et al. : Körperbeschwerden von Kindern im Alter von 8 - 15 Jahren. In: BRÄHLER, E. (Hrsg.): Körpererleben. Berlin 1986, 253-266.

BRASS, J./HARTMANN, D.: Die Skateboardscene am Kölner Domplateau - Ein Beispiel für eine Asphaltbewegungsscene. In: HILDENBRANDT, R./LANDAU, G./SCHMIDT, W. (Hrsg.): Kindliche Lebens- und Bewegungswelt im Umbruch. Hamburg 1994, 63-71.

BRETTSCHNEIDER, W.-D./BAUR, J./BRÄUTIGAM, M. (Hrsg.): Bewegungswelt von Kindern und Jugendlichen. Schorndorf 1989.

BRETTSCHNEIDER, W.-D./BRÄUTIGAM, M.: Sport in der Alltagswelt von Jugendlichen. Frechen 1990.

BRINKHOFF, K.-P.: Zwischen Verein und Vereinzelung. Jugend und Sport im Individualisierungsprozeß. Schorndorf 1992.

BRINKHOFF, K.-P.: Trades, Trends und Traditionen. In: Sportpädagogik 18 (1994) 2, 25ff.

BRINKHOFF, K.-P.: Sportchancen im Kindes- und Jugendalter. Soziale Ungleichheiten und die Vision: Sport für alle. In: Sportunterricht 44 (1995) 11, 463 -473.

BRINKHOFF, K.-P.: Sport und Sozialisation im Jugendalter: Entwicklung, soziale Unterstützung und Gesundheit. Weinheim 1998.

BRONFENBRENNER, U.: Die Ökologie der menschlichen Entwicklung. Stuttgart 1981.

BROWN, D.R.: Exercise, fitness and mental health. In: BOUCHARD, C. et al. (Hrsg.): Exercise, fitness and health: A consens of current knowledge. Champaign 1990, 607-623.

BÜCHNER, P.: Einführung in die Soziologie der Erziehung und des Bildungswesens. Darmstadt 1985.

BÜCHNER, P.: Kindliche Bewegungswelt im Wandel: Kindersportkultur als neue Form kindlicher Freizeitsozialisation. In: HILDENBRANDT, R./LANDAU, G./SCHMIDT, W. (Hrsg.): Kindliche Lebens- und Bewegungswelt im Umbruch. Hamburg 1994, 44-54.

BUNDESMINISTERIUM FÜR GESUNDHEIT: Daten des Gesundheitswesens. Ausgabe 1991. Baden-Baden 1991.

COWEN, E. L.: The wooing of primary prevention. In: American Journal of Community Psychiatry 8 (1980) 3, 258-284.

COWEN, E. L.: Help is where you find it. Four informal helping groups. In: American Psychologist 37 (1982) 4, 385-395.

CREWS, D.J./LANDERS, D. M.: A metaanalytic review of aerobic fitness and reactivity to psychosocial stressors. In: Medicine and science in sports and exercise, 19 (1987), Heft 5, 114-120

DAHRENDORF, R.: Lebenschancen: Anläufe zur sozialen und politischen Theorie. Frankfurt/Main 1979.

DANGSCHAT, J. S.: Du hast keine Chance, also nutze sie! Arme Kinder und Jugendliche in benachteiligten Stadtteilen. In: MANSEL, J./KLOCKE. A. (Hrsg.): Die Jugend von heute. Selbstanspruch, Stigma und Wirklichkeit, Weinheim 1996, 152-173.

DENNISON, G.: The lives of children. New York 1969.

DEUTSCHES JUGENDINSTITUT (Hrsg.): Was tun Kinder am Nachmittag? Ergebnisse einer empirischen Studie zur mittleren Kindheit. Weinheim/München 1992.

DIETRICH, K./HEINEMANN, K. (Hrsg.): Der nichtsportliche Sport. Schorndorf 1989.

DIETRICH, K./LANDAU, G.: Sportpädagogik: Grundlagen, Positionen, Tendenzen. Reinbek 1990.

DÖRNER, K. (Hrsg.): Gemeindepsychiatrie. Stuttgart 1979.

DURKHEIM, E.: Über die Teilung der sozialen Arbeit. Frankfurt/Main 1990 (Original 1897).

EHNI, H./KRETSCHMER, J./SCHERLER, K.: Spiel und Sport mit Kindern. Reinbek 1985.

ENGEL, U./HURRELMANN, K.: Psychosoziale Belastung im Jugendalter. Berlin, New York 1989.

FEND, H./HELMKE, A./RICHTER, P.: Inventar zu Selbstkonzept und Selbstvertrauen. Manuskript. Universität Konstanz 1984.

FÖLLING-ALBERS, M. (Hrsg.): Veränderte Kindheit - Veränderte Grundschule. Frankfurt/Main 1989[3].

FRY, J.: A new approach to medicine. Priorities and principles in health care. Baltimore 1978.

GERSHON, M./BILLER, H. B.: The other helpers: Paraprofessionals and nonprofessionals in mental health. Lexington 1977.

GEULEN, D.: Das vergesellschaftete Subjekt. Zur Grundlegung der Sozialisationstheorie. Frankfurt/Main 1989[2].

GEULEN, D. (Hrsg.): Kindheit. Neue Realitäten und Aspekte. Weinheim 1994[2].

GOLZ, N./ERKELENS, M./SACK, H.-G.: Ein erlebnisorientiertes Sportprogramm zur Behandlung von Depressionen - theoretische Grundlagen und empirische Ergebnisse. In: HÖFLING, G./BUTULLO, W. (Hrsg.): Psychologie für Menschenwürde und Lebensqualität. Bonn 1990, 295-306.

GRUNOW, D.: Formen sozialer Alltäglichkeit: Selbsthilfe im Gesundheitswesen. In: BADURA, B./V. FERBER, C. (Hrsg.): Selbsthilfe und Selbstorganisation im Gesundheitswesen. München 1981.

GRUPE, O.: Spiel, Spiele, Spielen: Bericht über den 5. Sportwissenschaftlichen Hochschultag der Deutschen Vereinigung für Sportwissenschaft in Tübingen (1982). Schorndorf 1983.

GRUPE, O.: Zur Bedeutung von Körper-, Bewegungs- und Spiel-Erfahrungen für die kindliche Entwicklung. In: ALTENBERGER, H./MAURER, F. (Hrsg.): Kindliche Welterfahrung in Spiel und Bewegung. Bad Heilbrunn 1992, 9-38.

GUTSCHMIDT, G.: Kinder in Einelternfamilien und Einzelkinder. In: FÖLLING-ALBERS, M. (Hrsg.): Veränderte Kindheit - Veränderte Grundschule. Frankfurt/Main 1989, 75-84.

HAENSCH, W. et al. (Hrsg.): Armut in Deutschland. Der Armutsbericht des DGB und des Paritätischen Wohlfahrtsverbandes. Reinbek 1994.

HAMMERICH, K.: Soziologische Analysen zur Leistung im Sport. In: Leibeserziehung 20 (1971).

HAVIGHURST, R.J.: Developmental tasks and education. New York 1972.

HECKER, G.: Leistungsentwicklung im Sportunterricht. Weinheim 1991.

HEINEMANN, K.: Einführung in die Soziologie des Sports. 1973, 1980[2], 1990[3].

HENGST, H.: Zum Wandel der Kinderkultur - Neue Erfahrungen in pädagogisch verdünnten Zonen. In: GEULEN, D. (Hrsg.): Kindheit. Neue Realitäten und Aspekte. Weinheim. 1994[2], 96-119.

HILDENBRANDT, R./LANDAU, G./SCHMIDT, W. (Hrsg.): Kindliche Lebens- und Bewegungswelt im Umbruch. Hamburg 1994.

HURRELMANN, K.: Einführung in die Sozialisationstheorie. Weinheim 1986, 1993[2].

HURRELMANN, K.: Sozialisation und Gesundheit. Weinheim/München 1988.

HURRELMANN, K.: Unveröffentlichtes Manuskript. Bielefeld 1991.

HURRELMANN, K./KOLIP, P.: Problembelastung Jugendlicher in unterschiedlichen sozialen Lebenslagen: Maßnahmen der Gesundheitserziehung und der Gesundheitsförderung. In: SFB 227: Prävention und Intervention im Kindes- und Jugendalter. Unveröffentlichter Projektantrag. Bielefeld 1994, 305-357.

IDIS (Institut für Dokumentation und Information, Sozialmedizin und öffentliches Gesundheitswesen): Dokumentation der schulärztlichen Untersuchung Nordrhein-Westfalen. Bielefeld 1994.

JOHNSON, J. H.: Live events as stressors in childhood and adolescence. London 1986.

JUGENDWERK DER DEUTSCHEN SHELL (Hrsg.) Jugendliche und Erwachsene´85. Generationen im Vergleich. 5 Bde. Opladen 1985.

JÜTTING, D. H. (Hrsg.): Die Ausbildung der ÜbungsleiterInnen als qualifizierte LaiInnen. Frankfurt/Main 1992.

KAPLAN, B. M./COWEN, E.L.: Interpersonal helping behavior of industrial foreman. In: Journal of applied Psychology 66 (1981) 5, 633-638.

KLEINE, W.: Leistungsmotivschulung im Grundschulsport. Schorndorf 1980.

KNOLL, M.: Sport und Gesundheit - eine Metaanalyse. Phil. Diss. Univ. Frankfurt/Main 1993.

KRAPPMANN, L./OSWALD, H.: Freunde, Gleichaltrigengruppen, Geflechte. Die soziale Welt der Kinder im Grundschulalter. In: FÖLLING-ALBERS, M. (Hrsg.): Veränderte Kindheit - Veränderte Grundschule. Frankfurt/Main 1989[3], 94-102.

KRAUS, M. F.: Sporttreiben und psychische Gesundheit. Berlin 1987.

KREUTZ, H.: Sport, Zukunftsbezug und soziale Integration der Jugend. In: KREUTZ, H. (Hrsg.): Pragmatische Soziologie. Beiträge zur wissenschaftlichen Diagnose und praktischen Lösung gesellschaftlicher Gegenwartsprobleme. Opladen 1988, 221-230.

KURZ, D.: Elemente des Schulsports. Grundlagen einer pragmatischen Fachdidaktik. Schorndorf 1979.

KURZ, D.: Was suchen die Menschen im Sport? Erwartungen und Bedürfnisse der Zukunft. In: GIESELER, K./GRUPE, O./HEINEMANN, K. (Hrsg.): Menschen im Sport 2000. Dokumentation des Kongresses. Schorndorf 1988, 126-139.

KURZ, D./SACK, H.-G./BRINKHOFF, K.-P.: Kindheit, Jugend und Sport in Nordrhein-Westfalen. Düsseldorf 1996.

LANDAU, G.: Kindliche Spielerfahrung in der Lebenswelt. In: ALTENBERGER, H./MAURER, F. (Hrsg.): Kindliche Welterfahrung in Spiel und Bewegung. Bad Heilbrunn 1992, 53-64.

LANDESAMT FÜR DATENVERARBEITUNG UND STATISTIK NORDRHEIN-WESTFALEN: Statistische Rundschau Ruhrgebiet 1987. Düsseldorf 1988.

LANDESAMT FÜR DATENVERARBEITUNG UND STATISTIK NORDRHEIN-WESTFALEN: Die Bevölkerung in Nordrhein-Westfalen 1988 nach Alter und Geschlecht. Düsseldorf 1989.

LEYENDECKER, B.: Die Invasion fremder Arten - Ein historischer Überblick über den Wandel des Kinderspiels in den Straßen der Stadt. In: BRETTSCHNEIDER, W.-D./BAUR, J./BRÄUTIGAM, M. (Hrsg.): Bewegungswelt von Kindern und Jugendlichen. Schorndorf 1989, 329-337.

LÜDTKE, H.: Jugendliche in organisierter Freizeit. Weinheim 1972.

LUHMANN, N.: Soziologie des Risikos. Berlin 1991.

LÜSCHEN, G.: Soziale Schichtung und soziale Mobilität bei jungen Sportlern.

In: Kölner Zeitschrift für Soziologie und Sozialpsychologie 15 (1963), 74-93.

MANSEL, J./HURRELMANN, K.: Alltagsstreß bei Jugendlichen. Weinheim, München 1991.

MANSEL, J./KLOCKE. A. (Hrsg.): Die Jugend von heute. Selbstanspruch, Stigma und Wirklichkeit, Weinheim 1996.

MAREFKA, M. (Hrsg.): Handbuch der Kindheitsforschung. Neuwied 1993.

MARSH, H. H.: A multidimensional hierarchical model of self-concept: theoretical and empirical identification. In: Educational Psychology Review, 10. Jg. (1990), 77-172.

MINISTERIALBATT DES LANDES NORDRHEIN - WESTFALEN: Landesentwicklungsplan I/II. Düsseldorf 22.6.1979.

MRAZEK, J./RITTNER, V.: Übungsleiter und Trainer im Sportverein. Schorndorf 1991.

NAUCK, B.: Sozialstrukturelle Differenzierung der Lebensbedingungen von Kindern in Ost- und Westeuropa. In: MARKEFKA, M./NAUCK, B. (Hrsg.): Handbuch der Kindheitsforschung. Neuwied 1993, 143-164.

NESTMANN, F.: Alltägliche Helfer. Berlin, New York 1988.

OPASCHOWSKI, H. W.: Sport in der Freizeit. Hamburg 1987.

OERTER, R./DREHER, E.: Jugendalter. In: OERTER, R./MONTADA, L. (Hrsg.): Entwicklungspsychologie. München 1995, 310-395.

PEARLIN, L. I.: The stress process and strategies of intervention. In: HURRELMANN, K./KAUFMANN, F.-X./LÖSEL, F. (Hrsg.): Social Intervention: Potential and Constraints. Berlin New York 1987, 72-88.

POSTMAN, N.: Das Verschwinden der Kindheit. Frankfurt/Main 1987.

PROUT, A./JAMES, A.: Children and elderlys, divergent paths of America`s dependents. In: Demography, 21 (1990), 435-457.

ROGERS, R.W.: Cognitive and physiological processes in fear appeals and attitude change: A revised theory of protection motivation. In: CACIOPPO, J.R./PETTY, R.E. (Hrsg.): Socila psychology. A sourcebook. New York 1983, 153-176.

ROGERS, R.W.: Attitude change and information integration in fear appeals. In: Psychological Reports, 56 (1985), 179-183.

ROLF, H.-G./ZIMMERMANN, P.: Kindheit im Wandel, Weinheim und Basel 1990.

ROSENBERG, M.: Society and the adolescent self-image. Princeton 1968.

SACK, H.-G.: Die Fluktuation Jugendlicher im Sportverein. 2 Bde. Frankfurt/Main 1980.

SACK, H.-G.: Interindividuelle Persönlichkeitsunterschiede und Sportengagement. In: KIRKCALDY, B. D. (Hrsg.): Individual differences in sport behavior. Köln 1982, 99-158.

SACK, H.-G.: Soziale Funktionen des Sportvereins im Jugendalter. 2 Bde. Frankfurt/Main 1984 u. 1985.

SACK, H.-G.: Zum Sportbegriff von Jugendlichen. In: BRETTSCHNEIDER, W.-D./BAUR, J./BRÄUTIGAM, M. (Hrsg.): Sport im Alltag von Jugendlichen. Schorndorf 1989, 68 - 94.

SACK, H.-G., HENNRICH, R. : Kommerzielle Sporteinrichtungen in Berlin (West) - Angebote, Nutzung, Stellenwert. Berlin 1989.

SCHERLER, K.: Sensomotorische Entwicklung und materiale Erfahrung. Schorndorf 1975.
SCHLAGENHAUF, K. : Sportvereine in der Bundesrepublik Deutschland. Teil I. Schorndorf 1977.
SCHLEUSENER, D.: Der Einfluß von Sporttherapie auf das Schlafverhalten bei Depressiven. Diplomarbeit Psychologie. FU Berlin 1990.
SCHLICHT, W.: Sport und Primärprävention. Göttingen 1994.
SCHLICHT, W.: Wohlbefinden und Gesundheit durch Sport. Schorndorf 1995.
SCHMIDT, W.: (Freies) Fußballspielen von Kindern und Jugendlichen im historischen Vergleich. In: BRETTSCHNEIDER, W.-D./BAUR, J./BRÄUTIGAM, M. (Hrsg.): Sport im Alltag von Jugendlichen. Schorndorf 1989, 319-328.
SCHMIDT, W.: Veränderte Kindheit - veränderte Bewegungs- und Sportwelt: Analysen und pädagogische Befunde. In: HILDENBRANDT, R./LANDAU, G./SCHMIDT, W. (Hrsg.): Kindliche Lebens- und Bewegungswelt im Umbruch. Hamburg 1994, 55-62.
SCHMIDT, W.: Veränderte Kindheit - veränderte Bewegungswelt: Analysen und Befunde. In: Sportwissenschaft, 27. Jg. (1997), 2, 143-160.
SCHRÖDER, J.: Jugendarbeit und Sportverein 2000: Projekt der Deutschen Sportjugend und des Instituts für Sportwissenschaften der Universität Göttingen. Aachen 1991.
SCHWARZER, R./LEPPIN, A.: Sozialer Rückhalt und Gesundheit. Göttingen 1989.
SCHWARZER, R.: Psychologie des Gesundheitsverhaltens. Göttingen 1992.
SENATSVERWALTUNG FÜR GESUNDHEIT: Ergebnisse der Einschulungsuntersuchungen 1990 in Berlin-West. Berlin 1994.
SINUS-INSTITUT: Jugend privat. Verwöhnt? Bindungslos? Hedonistisch? Opladen 1985.
SOBEY, F.: The non-professional revolution in mental health. New York 1970.
STATISTISCHES BUNDESAMT (Hrsg.): Mikrozensus 1988. Bevölkerung und Erwerbstätigkeit. Fachserie 1, Reihe 3: Haushalt und Familien Wiesbaden 1988.
SUTTON-SMITH , B.: Die Dialektik des Spiels. Schorndorf 1978.
THORNES, B.: Putting a price on children. In: Contemparny Sociology, 14 (1985), 6, S. 695 - 698.
ULICH, D.: Krise und Entwicklung. München Weinheim 1987.
WEINSTEIN, N. D.: Effects of personal experience on self-protective behavior. In: Psychological Bulletin, 105 (1989), 31-50.
WEINSTEIN, N.D./NICOLICH, M. : Correct and incorrect interpretations of correlations between risk perceptions and risk behaviors. In: Health Psychology, 12 (1993), 235-245.
WILCOX, B./BIRKEL, R. C.: Social networks and the help-seeking process. A structural perspective. In: NADLER, A./FISHER, J. D./DEPAULO, M. B. (Eds.): New directions in helping, Vol. 3. New York 1984.
WINKLER, J./KARHAUSEN, R.-R./MEIER, R.: Verbände im Sport. Schorndorf 1985.
ZEIHER, H.: Über den Umgang mit der Zeit bei Kindern. In: FÖLLING-ALBERS, M. (Hrsg.): Veränderte Kindheit - Veränderte Grundschule. Frankfurt/Main 1989^3, 103-111.

ZEIHER, H.: Die vielen Räume des Kindes - zum Wandel räumlicher Lebensprägungen seit 1945. In: PREUSS-LAUSITZ, U. (Hrsg.): Kriegskinder, Konsumkinder, Krisenkinder. Weinheim 1989.

ZEIHER, H.: Modernisierungen in den sozialen Formen von Gleichaltrigenkontakten. In: GEULEN, D.: Kindheit. Neue Realitäten und Aspekte. Weinheim 1994², 76-95.

ZIMMER, R.: Motorik und Entwicklung bei Kindern im Vorschulalter. Schorndorf 1981.

ZINNECKER, J.: Straßensozialisation - Versuch einen unterschätzten Lernort zu thematisieren. In: Zeitschrift für Pädagogik, 25 (1979), 727-746.

ZINNECKER, J.: Die Versportung jugendlicher Körper. In: BRETTSCHNEIDER, W.-D./BAUR, J./BRÄUTIGAM, M. (Hrsg.): Sport im Alltag von Jugendlichen. Schorndorf 1989, 133-159.

ZINNECKER, J./SILBEREISEN, R. K.: Kindheit in Deutschland. Aktueller Survey über Kinder und ihre Eltern. Weinheim 1996.